『十三五』国家重点图书出版规划项目
国家出版基金资助项目

社会保障与减贫发展

中国扶贫攻坚前沿问题研究丛书

ZHONGGUO FUPIN GONGJIAN QIANYAN WENTI YANJIU CONGSHU

丛书主编◇黄承伟
本册著者◇左　停　等

湖南人民出版社

中国扶贫攻坚前沿问题研究丛书编委会

总序

加强中国新时代脱贫攻坚的理论创新和实践创新研究

习近平总书记在2018年新年贺词中指出："到2020年我国现行标准下农村贫困人口实现脱贫，是我们的庄严承诺。一诺千金。到2020年只有3年的时间，全社会要行动起来，尽锐出战，精准施策，不断夺取新胜利。3年后如期打赢脱贫攻坚战，这在中华民族几千年历史发展上将是首次整体消除绝对贫困现象，让我们一起来完成这项对中华民族、对整个人类都具有重大意义的伟业。"这既是打赢脱贫攻坚战的动员令，也为加强脱贫攻坚实践总结、理论研究指明了方向。

一

中国改革开放以来的扶贫开发取得了举世瞩目的减贫成就，新时代脱贫攻坚取得决定性进展，创造了人类发展史上的奇迹。

中国曾是世界上贫困人口最多的国家，也是世界上最早进行国家救助的国家之一。几千年来，在中华民族发展史上，扶危济困、改善民生始终是中国传统文化的内在追求。从先秦诸子百家倡导的"仁爱""民本""兼爱""大同"等思想理念，到中国共产党消除贫困、改善民生的使命追求，消除贫困始终是华夏民族孜孜不倦的向往追求。中国共产党成立至今97年来，一直把为人民谋幸福、为中华民族谋复兴作为使命。中华人民共和国成立以后，更是把全心全意为人民服务作为执政理念和根本宗旨，建立了社会主义制度，为消除贫困奠定了制度基础。改革开放以来，特别是从 20 世纪 80 年代中期开始，我国开始实施有组织、有计划、大规模的扶贫开发，先后制定实施了《国家八七扶贫攻坚计划（1994—2000 年）》《中国农村扶贫开发纲要（2001—2010 年）》，2011 年颁布实施《中国农村扶贫开发纲要（2011—2020 年）》。改革开放以来的中国扶贫开发取得了举世瞩目的成就，7 亿多贫困人口脱贫，对全球减贫贡献率超过 70%。

2012 年 11 月，中国共产党召开第十八次全国代表大会。此后，以习近平同志为核心的党中央把扶贫开发纳入“五位一体”总体布局和“四个全面”战略布局进行部署，把贫困人口脱贫作为全面建成小康社会、实现第一个百年目标的底线任务和标志性指标，在全国范围全面打响了脱贫攻坚战，中国扶贫开发进入新时代脱贫攻坚阶段。经过全党全国全社会的共同努力，中国新时代脱贫攻坚战取得决定性进展。截至 2017 年末，全国农村贫困人口从 2012 年末的 9899 万人减少至 3046 万人，减贫幅度达到 70%；贫困发生率从 2012 年末的 10.2% 下降至 3.1%，累计下降 7.1 个百分点；年均脱贫人数 1370 万人，是 1994—2010 年间年均减贫人数的两倍多，取得了中国减贫历史上最好的成绩。脱贫攻坚明显改善了贫困地区的生态环境，促进了贫困地区农村基础条件的明显改善和公共服务水平的明显提升，明显提高了贫困地区基层治理能力和管理水平；脱贫攻坚激发了贫困地区贫困群众的内生动力，为建立稳定脱贫长效机制奠定了基础；脱贫攻坚还培养锤炼了一大批干部和人才，营造了良好的社会氛围。

联合国秘书长古特雷斯在致“2017 减贫与发展高层论坛”的贺信中，高度评价中国的精准扶贫成就，称赞“精准减贫方略是帮助贫困人口、实现 2030 年可持续发展议程宏伟目标的唯一途径。中国已实现数亿人脱贫，中国的经验可以为其他发展中国家提供有益借鉴”。脱贫攻坚不仅成为中国特色道路自信、理论自信、制度自信、文化自信的生动写照，而且也成为全球反贫困事业的亮丽风景。

二

习近平扶贫思想为新时代脱贫攻坚理论创新和实践创新研究提供了指导思想。根据党的十九大关于脱贫攻坚的新部署新要求，新时代脱贫攻坚进入了决战决胜阶段，形成了新时代脱贫攻坚理论创新和实践创新研究的宏观背景。

习近平扶贫思想成为新时代中国特色社会主义思想的伟大创新，为新时代脱贫攻坚理论创新和实践创新研究提供了根本遵循。第一，习近平扶贫思想是马克思主义反贫困理论的继承和发展。习近平运用马克思主义立场、观点、方法，深刻思考中国贫困问题演变规律，基于长期担任地方领导的实践积淀，深刻阐述了中国扶贫开发在治国理政中的战略地位作用，科学提出了精准扶贫精准脱贫方略，鲜明指出了深化国际减贫合作、共建人类命运共同体的前进方向，是马克思主义反贫困理论中国化的最新成果。第二，习近平扶贫思想体现了中国传统优秀文化继承及与现代的结合。习近平创新性地提出文化自信，作为“四个自信”的重要内容。显然，中国几千年的优秀传统文化滋养和涵养着习近平扶贫开发思想。第三，习近平扶贫思想具有丰富内涵。坚持党对脱贫攻坚的领导，是政治基础；实施精准扶贫精准脱贫，是思想内核；构建大扶贫格局，是动力保障；激发内生动力，是目标导向；实行最严格考核制度，是根本要求；携手共建人类命运共同体，是价值取向。六个方面的重要思想逻辑严密、自成体系，具有长远性、普遍性，是中国特色社会主义的重要理论创新和实践创新。第四，习近平扶贫思想具有鲜明的理论品格。集中体现在人民性、实践性、科学性、开放性、国际性等方面，这些理论品格和新时代中国特色社会主义思想所贯穿的精神实质完全一致，为我们解决贫困问题、制定更好的扶贫政策提供了思想方法和指导原则。第五，习近平扶贫思想的核心——精准扶贫精准脱贫方略，不仅为打赢脱贫攻坚战提供了理论武装和思想动力，而且对推进国家治理体系和治理能力现代化具有方法论的意义。第六，习近平扶贫思想呈现出巨大的国际价值。这种价值体现在习近平扶贫思想回应了其他发展中国家在解决贫困问题中的世界难题，比如：如何在经济下行、经济复苏缓慢进程中发挥政府在减贫中的主导作用，更好地动员更多力量、构建更完善有效的贫困治理体系？如何通过由上到下、由下到上的互动，形成一个更精准的识别机制，把大规模的贫困人口识别出来？如何采用更综合性、更体系化的机制应对综合性贫困、多维贫困的治理挑战？等等。伟大的思想引领伟大的实践。习近平扶贫思想的中国实践既是扶贫理论实践研究的动力，更为新时代脱贫攻坚理论创新提供了广阔的发展空间。

新时代脱贫攻坚的艰巨性、复杂性进一步凸显，对新时代脱贫攻坚理论创新和实践创新研究提出了新挑战、新需求。习近平总书记指出，脱贫攻坚不是敲锣打鼓一下子就能够完成的。随着攻坚进入深水区、决胜期，其艰巨性、复杂性在多个方面呈现。第一，在最贫困的地方按照最精准的要求开展扶贫工作，各种不精准问题的必然性就是其中的重要挑战。这些挑战在实践中贯穿精准扶贫真正生根落地的全过程。如何通过深入总结不同的实践，总结各种成功做法，从而促进精准扶贫真正落地生根，成为需要研究的重要议题。第二，党的十九大把精准脱贫作为三大攻坚战之一，而且有明确的时限、明确的目标，是中国共产党对人民、对全球的庄严承诺，必须兑现。打好精准脱贫攻坚战，攻克深度贫困地区脱贫任务是关键的关键。深度贫困问题，包括深度贫困区域、深度贫困群体以及深度贫困中的深度贫困。所谓深度贫困中的深度贫困，是指老人、留守妇女、残疾人等深度贫困群体中的特殊贫困群体，解决这类特殊贫困群体难度更大、更复杂，是“坚”中之“坚”。第三，激发内生动力的问题。习近平总书记高度重视扶贫同扶志扶智相结合，多次对此做出重要论述、重要批示。贫困人口内生动力的激发培育是一个世界难题，不少拉美国家陷入福利陷阱，形成“养懒汉”现象，根本原因就是没有把内生动力的建立、提高作为扶贫的根本目标。对于我国脱贫攻坚实践中出现的各种对政府过于依赖的思想、行为，必须予以高度关注和切实解决。同时，内生动力的建立需要以社会整体发展、整体提升为支撑。如果整个社会风气没有在脱贫攻坚战中得到相应的改善，全社会互助互爱的社会氛围没有在高强度的脱贫攻坚投入中形成，都是脱贫攻坚战没能打好的表现。这也体现了脱贫攻坚战的艰巨性和复杂性。上述三个方面的问题，是目前最突出的，需要持续、深入地研究，寻找问题演变规律，形成破解难题对策。

新时代脱贫攻坚的战略性、长期性特征逐步呈现，要求新时代脱贫攻坚理论创新和实践创新研究立足当前、面向长远。脱贫攻坚的战略性和长期性集中体现在习近平总书记在党的十九大报告中提出的“脱真贫、真脱贫”要求上。这六个字富含哲理，意味着脱贫攻坚既是短时间内要实现的目标，更是长远治理要实现的目标。“脱真贫”，要求各种资源一定要瞄准贫困人口，一定要保证经济社会发展中落在后面的区域和群体能够通过精准扶持，赶上主流发展的水平。这是解决不平衡、不充分发展的前提，是实现共同富裕的基础。如何把脱真贫落到实处，不仅是短期问题，更是长期问题。还应该看到，脱贫攻坚建立的治理体系，不是到 2020 年就结束了，而是将在 2020 年后的扶贫工作中继续发挥作用，确保始终实现脱真贫。“真脱贫”，富含一系列精准脱贫体系。从政策资源的整合投入、大扶贫格局的完善、东西部扶贫协作、攻克深度贫困地区脱贫任务、扶贫同扶志扶智结合，到实行最严格的考核评估制度，都是围绕真脱贫而逐步形成的精准脱贫体系。同样，这套治理体系也不应随着 2020 年脱贫攻坚战的结束而结束，而是要在新征程的发展中继续发挥真脱贫的作用。由此，扶贫理论实践的研究，不仅要总结研究经验的有效性，更需要从制度、机制、理念等层面研究脱贫攻坚制度体系对于国家更平衡发展、更充分发展，为我们实现共同富裕的进程奠定基础的角度，进行总结和判断、提炼。

脱贫攻坚取得决定性进展所呈现的多重意义及深远影响，为新时代脱贫攻坚理论创新和实践创新研究提供了新视角新议题。就一般性的总结来说，脱贫攻坚成效明显，贫困人口大幅度减少，贫困地区基础设施明显改善，公共服务水平不断提高，同时锻炼了干部，促进了大扶贫格局的完善，营造了更好的社会氛围。除此之外，脱贫攻坚的意义和影响还体现在以下方面：第一，打赢脱贫攻坚战是中国2020年前发展的底线任务。实际上，从人类发展史看，任何的发展阶段，减贫都是必须面对的底线任务。如何分析其中蕴含的规律，需要深入研究。第二，脱贫攻坚中形成的理论和实践启示，对于农村治理、乡村振兴、新发展理念的落实，都具有重要价值，这些价值需要总结、提炼和转化。第三，在脱贫攻坚中体现出的“短板意识”“底线思维”，是国家治理的宝贵经验。“短板意识”不仅重视在现实发展进程中促进均衡发展，促进不平等状况的改善，更重要的是提供了科学的思维方法，这对完善政策，提升社会经济发展的包容性有重要启示。第四，从价值观层面看，脱贫攻坚是以人民为中心的发展思想的生动体现和实践。以人民为中心是中国共产党最重要的发展理念，是初心和使命。脱贫攻坚正是最能呈现共产党执政理念、呈现初心的最生动实践。如何理解和体现习近平扶贫思想的价值观及其影响，是需要加强研究的重要内容。第五，脱贫攻坚成就成为坚定“四个自信”的重要载体。有效解决最底层、最贫困人群的脱贫和发展问题，体现发展尊严，这是中国特色社会主义制度优越性的呈现，这就是制度自信、道路自信、理论自信和文化自信的底气。第六，脱贫攻坚是国家治理体系和治理能力现代化的呈现。习近平扶贫思想引领下的脱贫攻坚，逐步建立中国特色扶贫制度体系，是国家治理体系的重要组成部分。打赢脱贫攻坚战的过程，实际上就是国家治理能力现代化的过程。可见，新时代脱贫攻坚理论实践研究，不仅需要从直接影响效果层面进行全面总结，而且需要从更高、更理性层面，从治国理政层面，从中国共产党执政新思想新理念层面进行深入系统的理论凝练。

三

习近平扶贫思想指引下的新时代脱贫攻坚的理论创新和实践创新，产生了一系列总结研究新议题，这些研究将为打赢脱贫攻坚战提供理论支撑，将推进中国特色扶贫开发理论的丰富发展以及为全球减贫治理提供中国智慧、中国方案。

新时代脱贫攻坚理论创新和实践创新研究，是习近平扶贫思想引领中国扶贫理论丰富发展的需要。很显然，中国最终要为全球、为全人类的进步做出更大的贡献，扶贫是不可或缺的重要领域。扶贫的贡献不仅仅体现在贫困人口的减少，更体现出支撑减贫成效的理论体系具有普遍价值，而这套中国特色扶贫理论正是在习近平扶贫思想的引领下得到了不断丰富和发展。基于实践创新提炼理论创新成果，既是习近平扶贫思想价值的体现，也是在习近平扶贫思想引领下推动实践创新取得的重要成效。只有经过足够的理性思考和理论提炼，中国的扶贫经验才能形成新的理念，才能既可用于指导脱贫攻坚进程，也可为2020年后扶贫工作提供理性层面的指导。新时代脱贫攻坚理论创新和实践创新的目的，正是适应国家扶贫战略转型、新贫困治理体系构建奠定理论基础的需要。

新时代脱贫攻坚理论创新和实践创新研究，是完善脱贫攻坚顶层设计及其政策体系的需要。脱贫攻坚战打响以来，中央致力于脱贫攻坚的顶层设计，创新建立了责任、政策、投入、动员、考核、督查等六大制度体系，出台了两百多项政策，全党、全国、全社会都动员起来了。从顶层设计到基层落实，各种政策与实际的适应以及产生的综合效应需要评估，以为部分政策的完善提供依据。当然，这里的总结不仅是一般性的经验总结，而更应该是从理性层面进行深入思考的普遍性、规律性总结。这样的总结，才能够为进一步完善顶层设计、完善政策措施提供有力支撑。

新时代脱贫攻坚理论创新和实践创新研究，是深化精准扶贫、不断提高脱贫攻坚管理水平的需要。习近平总书记2017年提出了深化精准扶贫的重要思想。深化精准扶贫，需要对实践进行梳理总结，需要明确深化方向，需要把深化落到实处。只有在深化精准扶贫精准脱贫过程中，不断解决现存问题，才能实现从以顶层设计为主向完善顶层设计和促进政策落实并重转变，促进脱贫攻坚管理水平的不断提高。而只有脱贫攻坚管理水平不断提高，精准扶贫、精准脱贫工作中所产生的问题和风险才能够得到及时的化解和防范。由此证明习近平扶贫思想的科学性和正确性。

新时代脱贫攻坚理论创新和实践创新研究，是充分发挥典型引领作用、有力有效地推进工作的需要。从全国看，各地涌现出各种各样的脱贫攻坚典型。总结、推广一批立得住、叫得响、可复制的好典型，对于引领扶贫工作可以起到提高效果、减少成本、培养队伍、激发理念、推动创新的作用。需要从丰富的成功实践中总结、提炼经验，加以理性地总结运用，充分发挥典型的示范引领作用。

新时代脱贫攻坚理论创新和实践创新研究，是营造良好社会氛围、广泛动员社会参与脱贫攻坚的需要。通过总结研究，其成果一方面用于促进顶层设计、政策措施的不断完善，另一方面通过总结推出一系列生动案例和成功实践，可以让更多人在更大范围形成共识，这对于社会良好氛围的形成无疑具有重要推动作用。比如，2017 年有一位残疾人通过办电商平台，自强自立并带动邻里脱贫，这看起来只是一件小事，但是，它所产生的社会正能量却是不可估量的。其中的精神就需要总结、需要研究。再比如，一些革命老区，在脱贫攻坚中，把老区精神、优秀传统文化结合起来，探索出各种文化扶贫、精神扶贫模式。这既是中国共产党精神财富的传承，更是夯实党的执政基础的重要途径。加强这方面的实践总结和理论研究，其重要性不言而喻。

新时代脱贫攻坚理论创新和实践创新研究，是讲好中国扶贫故事、增强中国软实力和参与全球治理话语权的需要。中国扶贫实践特别是脱贫攻坚波澜壮阔的伟大实践，需要总结，需要研究，需要凝练。通过丰富的中国扶贫故事、科学的中国扶贫理论，可以以理性的方式让国际社会更深入地了解、理解中国的减贫事业。讲好中国扶贫故事，需要对实践的生动呈现，需要用更生动的方式、国际化的语言和视野，促进中国扶贫经验的国际分享。

四

湖南人民出版社组织的“中国扶贫攻坚前沿问题研究”丛书，是新时代脱贫攻坚理论创新和实践创新研究的尝试和探索，也是至今关于新时代脱贫攻坚最为全面的理论读物。

该丛书被列入“十三五”国家重点图书出版规划，并获得2018年国家出版基金资助，这表明这套丛书得到了国家层面的认可，体现了丛书出版的价值。丛书共10卷。1卷1个主题，10个方面的选题都是扶贫攻坚的前沿问题。所谓前沿问题，是指在扶贫实践中呈现出趋势，但在理论研究上尚未深入开展，而且很可能对扶贫政策产生影响的问题集合。

第1卷《减贫目标与减贫手段》，在分析以人民的幸福感作为扶贫目标的背景和意义的基础上，阐释了党和国家与时俱进调整减贫的手段和任务。全书围绕扶贫手段的变与扶贫脱贫目标的不变这一矛盾统一体的对立统一关系展开。

第2卷《多维贫困与贫困治理》，通过总结贫困测量的国际国内理论与实践发展进程及趋势，分析多维贫困的特征及测量方法，探讨当前贫困类型的精准识别问题和未来的发展趋势，阐释了各种贫困治理模式的理论成果和实践效果。

第3卷《三维资本协同反贫困机制》，总结了扶贫从物质资本范式到人力资本范式再到社会资本范式的历程及模式，对扶贫理论框架中涉及的基础概念及物质资本、人力资本、社会资本等三维资本结构做了原创性的界定和内涵延伸，构建了三维资本结构的扶贫理论框架及作用机制，阐述了三维资本协同激发内生动力的机理及对策。

第4卷《社会保障与减贫发展》，从贫困、减贫与社会保障概念出发，阐述了社会保障减贫发展的机理，深入分析社会保障视角下的贫困和贫困人口特征以及社会福利、社会保险、社会救助与减贫发展的关系，总结论证了社会保障与扶贫开发的衔接与协作，对社会保障减贫发展进行了展望。

第5卷《新型城镇化与减贫发展》，围绕新型城镇化快速进程中如何脱贫发展这一主题，深刻地阐述了如何通过建机制、转方式，在城乡统筹发展的框架下实现工业化与农业现代化相协调，人口、经济、资源与环境相协调，大中小城市与小城镇相协调，人口积聚、“市民化”与基本公共服务相协调，按照产城融合、节约集约、生态宜居的路子走下去等诸多重大理论和实践问题。

第6卷《扶贫对象主体性与组织化》，从扶贫对象的组织化定义、内涵、意义出发，对扶贫对象主体性建构过程进行了回顾总结，分析了扶贫对象主体性的现状，阐述了扶贫对象主体性建构动力，从组织化视角分析了扶贫对象主体性的实践，对扶贫对象组织化进行了反思，就社会工作参与扶贫对象组织化提出了相关建议。

第7卷《扶贫机制创新的理论与实践》，系统回顾了中国农村扶贫开发的历程，系统分析新时代脱贫攻坚面临的新形势以及新战略定位，全面阐述扶贫攻坚机制创新的目标任务、农村扶贫开发模式创新发展重点，指出扶贫机制模式创新的发展趋势和规律，阐释了扶贫机制的理论创新和实践创新。

第8卷《政府市场社会大扶贫格局》，针对扶贫工作“政府热、社会弱、市场冷”的局面，阐述构建政府、市场和社会三者之间各司其职、协调发展、共同作用的和谐互动模式和符合国情、政情的“政府主导、市场能动、社会参与”的中国特色大扶贫格局，总结提炼了国内外引导并鼓励社会力量和市场力量参与扶贫工作的经验及模式。

第9卷《政治制度优势与贫困治理》，以中国减贫发展的政治制度承诺为导论，回顾了中国减贫发展的政治逻辑，对深化贫困治理面临的制度挑战进行分析，阐述了精准扶贫与中国政治制度的立体嵌构关系，总结了贫困治理与社会建设的关系和以党建促扶贫的政治定力，通过地方探索的成功案例，呈现了政治制度优势与贫困治理关系，最后以从贫困治理到建设人类命运共同体的大国担当作为结论。

第 10 卷《精准扶贫精准脱贫方略》，系统地分析和阐释了精准扶贫精准脱贫方略提出与形成的国际国内背景、基本内涵、重要内容、实施体系和重大意义，总结评估了精准扶贫精准脱贫从顶层设计到基层落实的实践现状、主要做法、经验和模式。以习近平精准扶贫思想为指导，论证了精准扶贫精准脱贫方略的创新发展方向。

丛书体现了以下特点：一是始终坚持以习近平扶贫思想为指导，二是始终坚持问题导向，三是坚持规范性与实证性相结合，四是坚持理论性和前瞻性并重。

五

党的十九大把打好精准脱贫攻坚战作为决胜全面小康社会的三大攻坚战之一，再次展现了中国共产党决战决胜贫困的信心和决心。2018 年 5 月 31 日，习近平总书记主持召开中央政治局会议，审议《关于打赢脱贫攻坚战三年行动的指导意见》，对未来三年打赢脱贫攻坚战做出全面部署，新时代脱贫攻坚的理论创新和实践创新研究的重要性将进一步凸显。

到 2020 年，中国将在人类历史上第一次消灭绝对贫困问题，这注定会载入人类发展的史册。但消灭绝对贫困现象，并不意味着中国与贫困做斗争的事业终结。随着经济社会的快速转型，相对贫困问题的有效治理将成为推动乡村振兴战略、城乡一体化发展和社会主义现代化建设中的重大议题。

2020 年后中国将继续加强扶贫工作。首先，这是由中国共产党的性质决定的。中国共产党的初心和使命，就是为中国人民谋幸福，为中华民族谋复兴。扶贫开发，最能体现中国共产党的初心和使命，最能体现中国共产党以人民为中心的发展思想，最能体现中国共产党的宗旨和社会主义的本质要求。其次，理论和国际发展实践表明，任何社会，即使是发达国家，总会存在一定比例的相对贫困人口。扶贫开发，是中国解决新时代不平衡不充分发展主要矛盾的重要举措，是实施乡村振兴战略的重要基础，是逐步实现共同富裕的重要途径。再次，从国内外减贫历史看，扶贫工作往往会进入“扶贫—脱贫—返贫”的恶性循环，要打破这一循环，就必须始终保持对扶贫工作的重视，避免贫富差距越拉越大，增加工作成本及难度。最后，我国是全球最大的发展中国家，人口众多，不管采取什么标准，相对贫困人口规模都不会小，短期内很难像西方国家那样主要通过福利救济兜底解决贫困问题，必须坚持开发式扶贫和保障性扶贫结合，不仅要减贫，而且要通过开发增强贫困人口的劳动技能，提升民族的整体素质。

今后三年，中国政府在全力打赢打好脱贫攻坚战的同时，将同时研究2020年后扶贫战略，这既是建立稳定脱贫机制的需要，更是实现脱贫攻坚战和战后扶贫工作无缝衔接的需要；既是中国共产党向第二个百年奋斗目标进军的需要，也是在提前10年完成联合国2030年发展议程减贫目标的基础上继续引领全球减贫事业、为全人类做出更大贡献的需要。

立足当前三年，面向新征程的长远，加强新时代脱贫攻坚理论创新和实践创新研究，更显得紧迫而重要。一方面，需要加强精准扶贫精准脱贫前沿问题研究，为完善相关政策、确保打赢脱贫攻坚战提供参考。另一方面，需要加强2020年后扶贫工作的相关研究。可以预期，中国在2020年后将瞄准相对贫困问题，需要在扶贫标准、目标任务、工作范围、基本方略、体制机制、政策体系、保障措施等方面开展深入研究，同时有力、有效地向国际社会推介习近平扶贫思想和中国减贫方案，为全球减贫贡献中国智慧。

但愿本丛书的出版，能够为推动中国新时代脱贫攻坚理论创新和实践创新研究贡献一份微薄力量。

2018年6月

目录

·第一章·

贫困、减贫与社会保障

贫困与反贫困问题一直是人们关注的热点问题，但不同时期、不同背景下人们的关注重点有所不同。人们基于不同的政治、经济和文化背景，对贫困、贫困的表征和贫困的成因有着不同的认识和分析。20世纪80年代开始的中国扶贫开发，重点聚焦在解决农村“生产能力贫困”问题，着眼于贫困人群的生产能力的提高，尤其是农业生产能力的提高。“授人以渔”这一以生产为中心的扶贫方法对于解决生存型自然经济（subsistence economy），特别是对于具有生产发展潜力的人群的贫困问题非常有效，形成了中国特色的开发式扶贫方法和体系。进入21世纪，随着市场经济体系的发展，需要从贫困人口自身所具有的脆弱性以及面临的市场和社会转型风险的角度来理解和解释贫困表征和贫困成因。脆弱性-风险-贫困分析框架认为：一方面，许多贫困人口本身具有较高的脆弱性，外部环境中的风险对贫困人口造成的冲击比非贫困群体的要大；另一方面，由于贫困人口缺乏社会安全保障机制，因此无法及时防范和化解风险，当社会风险造成的损失超过脆弱性人群的承受范围时，就会产生贫困。从这个角度分析，为贫困人口建立起完善的社会保障制度，是降低社会风险和贫困发生率的必要条件，当前中国实施的脱贫攻坚战的多样化政策举措体现了开发式扶贫与保障性扶贫并举的制度安排。

第二次世界大战以后，世界范围内正式的社会保障制度逐步建立，目前在发达国家已经形成了比较完善的社会保障体系，社会保护也成为发达国家反贫困的支柱政策；然而就包括中国在内的大多数发展中国家而言，社会保障体系还处于成长阶段。中国各界对社会保障的反贫困作用一直存在争议，比如发展中国家对于社会保障制度的承受性如何，经济发展的涓滴效应是否能够取代社会保障在减贫中的作用，以及社会保障对经济发展的排挤作用等。此外，社会保障减贫发展的机理有待进一步建构和达成共识。

中国制度化的扶贫开发经历了近四十年的发展，取得了举世瞩目的减贫成就。在当前的脱贫攻坚战中，社会保障与减贫的内在联系密切，社会保障既是减贫发展的重要目标，也是减贫发展的重要手段。在现阶段下的扶贫战略中，“实现贫困人口‘两不愁、三保障’”是减贫的具体目标，其中“三保障”即是义务教育、基础医疗和住房安全有保障；同时，扶贫工作中正在越来越多地使用保障性扶贫措施，中央提出的“五个一批”措施中，最后一项即为“社会保障兜底一批”，还特别提出运用低保政策为扶贫脱贫保基本、兜底线。

可以预见，在我国未来的减贫发展战略中，社会保障制度的作用会愈发凸显。首先，作为减贫政策工具，社会保障直接且具体的帮扶功能会越来越明显；其次，社会保障在预防贫困发生方面有着独特的作用，社会保障可以帮助一些困难群体渡过难关、避免陷入贫困；再次，社会保障制度本身也是一项社会基础设施，会成为包容性经济增长的重要环境条件进而促进广泛就业，从而间接地缓解相对贫困问题；最后，完善社会保障制度也是我国社会发展的一个重要目标，而且伴随着减贫发展的深入，社会保障体系会得到进一步发展，更有利于社会贫困人口和弱势群体。

本研究从社会保障的视角审视贫困现象，在不同章节回顾我国扶贫开发，特别是面向贫困人口的社会保障制度建设的现状，并重点考察在我国的反贫困进程以及社会保障进程中社会保障减贫发展的机理、社会保障在反贫困中的作用、社会保障减贫发展面临的挑战以及未来社会保障减贫发展的方向等。

一、贫困与反贫困

贫困问题是当今最为重要的世界性问题之一。在物质文明高度发达的今天，仍然有人不时面对着饥饿和疾病的威胁，贫困的威胁冲击着人类社会的底线，也是生活在现代文明社会的人类所无法接受的，这是贫困问题受到关注的基本原因。人们对于贫困成因的认识千差万别，本质上是由于人们对“贫困”的理解有所不同，“贫困”是一个相对概念——在一国被认为是“必须提供救助”的情况，在别国则很可能是中等收入人群的正常生活状态。因此，要缓解一国的贫困问题，就必须立足于本国的实际情况并进行分析和应对。

改革开放四十年来，中国发展迅速，从百业凋零的谷底迅速上升至国内生产总值总量排名世界第二。但快速发展成就的背后依然有一部分人的贫困状态没有得到同步改善，而且社会的变革转型还带来了不少的新型社会风险，增加了社会弱势群体的脆弱性，进而增加了弱势群体因无力消解风险而跌入贫困的可能。农村人口受到制度政策的限制、自然灾害和市场经济波动的冲击比城市人口更大，上述影响对于农村贫困人口而言尤为明显。因此，充分认识我国当前存在的风险、分析贫困人口的脆弱性和致贫原因，是消除绝对贫困、缓解相对贫困的前提，而在农村地区构建起完善的社会安全网制度体系，对降低贫困人口的脆弱性、缓解相对贫困问题显得尤为重要。

（一）贫困的理解

贫困是一种伴随人类社会发生、发展的复杂社会经济现象。贫困问题研究涉及多个学科领域，不同背景的人对贫困有着不同的认知。贫困问题研究最早可追溯到空想社会主义者对资本主义制度弊端和祸害的抨击，贫困被视为制度的产物。政府关注贫困问题始于 1601 年英国颁布的《济贫法》。20 世纪 60 年代，经济学家冈纳 · 缪尔达尔将“反贫困”作为研究术语而提出。[①]随着对贫困概念、类型、成因的认知的不断深化，贫困研究、反贫困理论和反贫困干预政策也日益丰富和多样化。

贫困问题由来已久，其内涵随着时代的改变而不断发生变化，而且在不同国家、不同文化背景之下呈现差异。贫困研究的伊始，人们更多地是关注物质或生活资料的匮乏，认为贫困是“占有的物质财富的寡淡”（亚当 · 斯密）。[②] 后来有人将贫困扩大到社会参与机会的缺少和权利的缺乏，认为贫困是“低收入和低消费，还指在教育、医疗卫生、营养以及人类发展的其他领域取得的成就较少，还应当包括没有权利、没有发言权、脆弱性和恐惧感”（世界银行）。[③] 即使对贫困的理解存在差异，但“消除贫困”仍然是国际社会与各国政府的共识和共同承诺。

一般而言，贫困对象是人口、家庭或群体，但某些贫困人口在地理上相对集中，因而就产生了区域性贫困和贫困区域的概念。区域性贫困概念对应于个体性贫困概念，个体性贫困是指在相同的制度环境中，在大约均质的空间区域中，某些个体由于身体素质较差、文化程度较低等自我发展能力受限所造成的一种贫困状态。个体性贫困的发生具有绝对性，与区域无必然联系，发达国家也有大量的个体贫困人口。从地点分布角度提出的区域性贫困概念，揭示了贫困发生与区域、个体之间的关系，对反贫困战略的选择具有现实意义。[④] 区域性贫困是指在不同的区域之间由于自然条件和社会发展差异，致使某些区域生活资源的供给相对贫乏、贫困人口相

---

① 冈纳 · 缪尔达尔. 世界贫困的挑战——世界反贫困大纲［M］. 顾朝阳，张海红，高晓宇，叶立新，译. 北京：北京经济学院出版社，1991.

② 亚当 · 斯密. 国民财富的性质和原因研究（上卷）［M］. 郭大力，王亚南，译. 北京：商务印书馆，1972：26.

③ 世界银行. 2000/2001 年世界发展报告［R］. 北京：中国财政经济出版社，2001：6-12.

④ 郑宝华，张兰英. 中国农村反贫困词汇释义［M］. 北京：中国发展出版社，2004：32-33.

对集中，从而处于贫困状态①。由于贫困的分布具有区域特征，因而就有最不发达国家、集中连片贫困区、扶贫工作重点县和贫困村等提法。

从地域分布来看，我国的贫困多发生在山地或丘陵、地表土壤肥力缺乏的地区以及少数民族聚居区，例如大别山连片贫困区和黔西南州连片贫困区；就人口特征而言，贫困人口中以老人和儿童为多数，其中农村老人和儿童更是贫困人群的常见主体。在经历了长时间的农村扶贫开发工作之后，当前农村贫困人口中的老、弱、病、残、幼所占比例于过去有所增加，这些人难以通过促进就业、劳务输出等方式脱离贫困，而是需要社会保障制度体系帮助维持生存，这也是扶贫进入攻坚阶段的重要原因之一。

除了受区域特征影响之外，贫困人口的一些社会和生理特征也会增加该人群的贫困发生率和贫困距。从全球范围来看，容易发生贫困的人群包括：受到歧视的人群、社会边缘人群、特定种族和阶层人群及土著居民、移民和包身工、难民及无处安身人员、残疾人、病人及老年人。弱势群体和脆弱群体更容易陷入贫困。弱势群体是指由于个人生理、社会以及生态等原因，导致在经济、政治、社会和心理等方面处于劣势，需要社会提供支持的社会群体②。与弱势群体相关联的是脆弱群体，脆弱群体是指容易遭受风险和受到外部冲击，并且自身抵抗这些风险和冲击能力很低的人群，某些脆弱性因素的作用可能导致一些家庭陷入贫困③。弱势群体是政策维度的概念，脆弱群体则是社会生理维度的概念。弱势群体可分成生理性弱势群体、社会性弱势群体和自然性弱势群体。生理性弱势群体主要包括残疾人、儿童和老年人等；社会性弱势群体主要是由社会原因，如社会急剧转型导致的失业下岗人员；自然性弱势群体主要包括生态脆弱地区的

---

① 康晓光．中国贫困与反贫困理论［M］．南宁：广西人民出版社，1995：9.

② 杜倩萍．草根非政府组织扶助弱势群体功能探究［M］．北京：社会科学文献出版社，2012：41.

③ 郑宝华，张兰英．中国农村反贫困词汇释义［M］．北京：中国发展出版社，2004：46.

人口和遭受自然灾害的灾民等。[①] 在很多情况下，贫困的妇女和女孩最有可能陷入终生贫困。[②] 戴安娜·皮尔斯首次提出“贫困女性化”概念，她认为妇女是贫困中的最贫困者，贫困人口中的女性人口、所有贫困家庭中以女性为户主的比重不断攀升，其贫困程度在加深。[③]

贫困老年人是更为弱势的特殊群体，老年贫困主要源于老年人经济自立能力不足和外部经济支持不足。对于贫困老年人而言，经济上的自立能力，或者说经济收入水平会左右其心理、精神上的自立性。[④] 而物质生活拮据、家庭关系不和睦、医药费昂贵、精神文化生活单调、家务劳动繁重等因素都会对贫困老年人的心理产生各种不良影响。[⑤]

尽管对于贫困，应当从结构与文化两方面去理解，但各国在制定具体的减贫战略时，更多的是从结构解释方面来看待贫困。文化解释更倾向于贫困问题中的个人和意识，而结构解释更加注重贫困的客观状态以及由制度与政策派生的致贫因素，认为贫困只是暂时的经济现象，可以通过改变外在的因素去缓解甚至消除。[⑥]

社会保障为贫困分析提供了独特且切合实际的视角，在多数情况下，贫困与缺乏安全保障有关，与社会供给的预防、支持和保护的不足有关。随着贫困研究的深入，贫困的表现开始从生存性需求不足转变为社会性需

---

① 陈成文. 社会弱者论：体制转换时期社会弱者的生活状况与社会支持 [M]. 北京：时事出版社，2000：250-281.

② 吴忠，黄承伟，李小云，等. 国际减贫理论与前沿问题 2010 [M]. 北京：中国农业出版社，2010：71.

③ 霍萱，林闽钢. 为什么贫困有一张女性的面孔——国际视野下的“贫困女性化”及其政策 [J]. 社会保障研究. 2015，4.

④ 马丽娜，汤哲，关绍晨，等. 北京老年人家庭关系对心理健康的影响 [J]. 实用老年医学，2010，2.

⑤ 栾文敬，杨帆，串红丽，等. 我国老年人心理健康自评及其影响因素研究 [J]. 西北大学学报（哲学社会科学版），2012，3.

⑥ 周怡. 贫困研究：结构解释与文化解释的对垒 [J]. 社会学研究，2002，3.

求不足，“看不起病”“上不起学”“无安身之所”也是贫困的表征，因此“不愁吃、不愁穿”，“教育、医疗、住房有保障”也成了脱贫目标，而我国扶贫工作也逐步重视贫困人口社会性需求的满足。然而，贫困问题不仅仅是社会性需求不足，还表现为保护性需求缺乏，仅仅解决社会性基本需求已经不能完全与反贫困要求相契合。而社会保障制度兼具社会性和保护性，因此需要充分发挥其降低风险、提高安全感的作用。

（二）脆弱性与贫困

学界对“脆弱性”的研究起源于对自然灾害的研究，目前“脆弱性”的研究涉及多学科、多领域，因此“脆弱性”的概念界定并不统一。一般来说，脆弱性是指由于系统（子系统、系统组分）对系统内外扰动的敏感性以及缺乏应对能力从而使系统的结构和功能容易发生改变的一种属性。[①]它是系统内部的、与生俱来的一种属性，只是当系统遭受扰动时这种属性才表现出来；系统面对扰动的敏感性以及缺乏应对能力是系统脆弱性的主要表现。[②]

脆弱性研究逐步从主要研究自然转变为主要研究社会和社会中的人。传统的脆弱性研究更关注风险或灾难的特征和结构属性及其导致的生物物理损失。20 世纪末，研究者开始关注灾难对人口和社会的影响，尤其是灾难后果在社会群体及其居住空间中的不均衡分布，相关学者提出了脆弱性的社会维度研究，使得“社会脆弱性”术语得到广泛应用。[③]

“社会脆弱性”是脆弱性的维度之一，是暴露于自然因素或人为因素扰动下的社会系统，由于自身的敏感性特征和缺乏对不利扰动的应对能力

---

① 李鹤，张平宇，程叶青. 脆弱性的概念及其评价方法［J］. 地理科学进展，2008，2.

② 李鹤，张平宇，程叶青. 脆弱性的概念及其评价方法［J］. 地理科学进展，2008，2.

③ 黄晓军，黄馨，崔彩兰，等. 社会脆弱性概念、分析框架与评价方法［J］. 地理科学进展，2014，11.

而使系统受到的负面影响或损害状态①。社会脆弱性特征包括：（1）自然因素或人为因素扰动，主要包括自然灾害、气候变化、资源衰竭、环境污染、土地利用变化等，可能源于社会系统之外或社会系统自身，也可能受多重压力影响；（2）社会系统的内在结构特征是社会脆弱性产生的主要原因，外部扰动是社会系统脆弱性变化的驱动因素，扰动对社会系统施加的影响并不均衡，取决于系统的结构特征和应对能力，扰动与社会系统之间的相互作用加剧或缓解社会脆弱性状态；（3）社会脆弱性描述了暴露于扰动过程中社会群体的敏感性特征及其对扰动的应对能力特征，因此，它是一个关于暴露度、敏感性和应对能力的函数；（4）社会脆弱性具有明显的尺度特征，包括社会系统中的个体、家庭和群体尺度以及空间上的地方、区域和国家尺度②。

由以上梳理可知，“贫困人口的脆弱性”一般即指贫困人口的社会脆弱性。贫穷与社会脆弱性紧密相关。贫穷被认为是产生脆弱性的重要因子之一，正是由于弱势群体与精英群体、贫困地区与富裕地区在资源获取上的差异性，导致了不同人群之间灾害风险承受能力的差别③。但从贫困的成因来看，贫困群体高于非贫困群体的脆弱性也恰恰是造成贫困的重要原因之一，因此两者之间并非是简单的因果关系，而是相互影响、相互作用的。

农村贫困脆弱性评估有三大类指标：（1）风险因素，特别是粮食安全风险，即地区或人群的食物不足的风险，风险越高，地区或人群的脆弱性越高；（2）抵御风险的能力，即地区或人群所具有的应付风险的能力，抵

---

① 黄晓军，黄馨，崔彩兰，等. 社会脆弱性概念、分析框架与评价方法 [J]. 地理科学进展，2014，11.

② 黄晓军，黄馨，崔彩兰，等. 社会脆弱性概念、分析框架与评价方法 [J]. 地理科学进展，2014，11.

③ 周利敏. 从自然脆弱性到社会脆弱性：灾害研究的范式转型 [J]. 思想战线，2012，2.

御风险的能力越强，则地区或人群的脆弱性越低；（3）社会服务体系，反映某一地区的整个社会发展水平，发展水平越高，越有利于该地区或人群抵御各种风险。[①] 三者综合起来，则可以较为全面地反映地区或人群的脆弱性程度，进而找出造成脆弱性的直接原因，采取相应的措施。此外，风险种类和风险高低也是社会脆弱性分析的两个重要因素。

风险相关的脆弱性分析框架在社会脆弱性的分析框架中有所应用，比如政治经济学视角下的“压力-释放”模型，社会-生态视角下的地方-风险模型以及综合视角下的 MOVE 框架等。[②] 社会脆弱性的分析框架为运用风险-脆弱性框架分析贫困地区、贫困人口的脆弱性以及贫困的根源提供了参考与借鉴。

从当前贫困状况来看，部分贫困人口已通过多种渠道成功脱贫，而“剩余贫困人口”越来越向重症患者、残疾人口、文盲半文盲等低学历人口集中，剩余贫困人口的自我发展能力低，容易受自然灾害等外界因素的影响，抵御风险的能力比较差，极易致贫或返贫，可以说这一人群的贫困属于“真性贫困”。这部分群体可分为三类：农村鳏寡孤独者、自然资源匮乏的农村地区的困难群体、自然灾害频发的农村地区的困难群体。[③]

（三）风险敞口与保障缺失

随着人类社会的发展，人们开始注意到生活中的各种风险。系统认识贫困人口的风险是减少风险负面作用、发挥风险积极作用的重要基础。传统社会中，干旱、洪涝、地震等自然灾害是农村居民所面临的特殊风险，这些风险随时都会诱发农村居民的脆弱性暴露。但随着社会的发展，农村

① 韩峥. 广西西部十县农村脆弱性分析及对策建议［J］. 农业经济，2002，5.

② 黄晓军，黄馨，崔彩兰，等. 社会脆弱性概念、分析框架与评价方法［J］. 地理科学进展，2014，11.

③ 唐钧. 中国的贫困状况与整合性反贫困策略［J］. 社会发展研究，2015，2.

居民面临的社会风险越来越多，社会风险成为导致贫困的主要原因之一。风险与人类社会始终相伴而生，并且无处不在。德国社会学家乌尔里希·贝克认为，风险可以被界定为系统地处理现代化自身引致的危险和不安全感的方式。① 通俗地来说，风险即指可能在未来发生的、有危险或者造成不良后果的事。②

从人的生命周期来看，尽管每个人的生命长短和发展轨迹各有不同，但人在不同的生命阶段所要经历的风险类型却大致相同。儿童阶段既是能力发展的初始阶段，也是最容易遭受生命威胁的阶段，营养供给不足、行为模仿的对象错误等都可能阻碍其日后发展；在青年与中年时期，人与社会的互动占据了大多数时间，辍学、失业、婚姻的失败等风险给人造成的不仅仅是金钱上的损失，还有可能是社会地位的降低以及尊严的丧失；而在老年阶段，则可能会因为生命前期的积累不足而陷入穷困潦倒的境地，而低质量的生活状态则会反过来诱使疾病、残疾、孤独和失去生活希望等风险的发生。此外，疾病风险以及社会环境造成的风险同样会导致个体风险的出现。由此来看，风险在人的一生中从未消失，只是出现的形式发生了改变。只有认识到风险的规律性，才有可能系统研究和规避风险。

在众多有关风险的研究中，德伯拉·勒普顿归类出三种风险范式：以玛丽·道格拉斯等人为代表的利用文化人类学方法研究风险的文化/象征理论，以安东尼·吉登斯和乌尔里希·贝克为代表的风险社会理论以及弗朗索瓦·艾瓦尔德等人借助米歇尔·福柯的理论提出的治理性（governmentality）理论。③ 风险文化理论与风险社会理论分别展示了研究者对现代社会中的风险的不同理解。风险文化理论认为，现代社会中增加的风险多不是社会风险，而是人们的风险意识；人们对风险的感知取决于特定的社

① 乌尔里希·贝克. 风险社会［M］. 何博闻，译. 南京：译林出版社，2004：19.
② 引自《牛津高阶汉英双解词典》中对于“risk”一词的解释。
③ 刘娜. 风险与风险社会研究述评［J］. 现代经济信息，2015，24.

会文化背景。因此，要消弭风险，就必须重塑人们对风险的认知。风险文化理论过于强调应对风险时个体对风险的感知能力和文化信念，夸大了社会边缘群体应对风险的作用、忽视了现代社会制度性的作用。① 而风险社会理论则认为，风险可以通过调整社会制度得到控制。因此相比于贝克等用制度化方式控制风险的理论来说，风险文化理论在理解和消减我国贫困风险的适用性稍弱。

认识风险、研究风险，不仅是为了拓展人类认知的边界，还为了更好地管理风险。而之所以要管理风险，是因为人们正处于一个“风险社会”之中。“风险”有诸多种类，“社会风险（social risk）”尽管只是其中一类，但其产生的影响正随着工业社会的发展而愈发显著。广义的“社会风险”含义范围极广，已超出了社会学的讨论范围；而从狭义来看，“社会风险”主要是指发生社会失序和社会混乱的可能性，② 是与政治风险、经济风险、文化风险等相并列的一种风险。③ 准确理解“风险”与“社会风险”的概念，是准确理解“风险社会”的前提。

“风险社会”一词最早由乌尔里希·贝克于1986年出版的《风险社会》一书中提出，随后乌尔里希·贝克将之不断深化，使其逐渐成为“风险社会”理论体系。另一位制度主义的代表人物——安东尼·吉登斯将社会的现代性和关于风险社会的论述相结合，他关于风险社会的论述，与贝克关于风险社会的观点既有一致之处，也有各自特色。此后对于风险社会的理解可以从三个视角展开：以克里斯托弗·劳的“新风险”理论为代表的现实主义角度，以凡·普里特威茨的“灾难悖论”理论和斯科特·拉什等人提出的“风险文化”理论为代表的文化意义角度，以及以乌尔里希·

---

① 张广利，王伯承. 西方脉络与中国图景：风险文化理论及其本土调适［J］. 湖北民族学院学报（哲学社会科学版），2017，1.

② 冯必扬. 社会风险：视角、内涵与成因［J］. 天津社会科学，2004，2.

③ 冯必扬. 社会风险与风险社会关系探析［J］. 江苏行政学院学报，2008，5.

贝克和安东尼·吉登斯为代表的制度主义角度。①

在“风险社会”的提出者贝克看来，“风险社会”是指现代性的一个阶段，在这个阶段，工业化社会道路上所产生的威胁开始占主导地位。②一方面，社会风险与风险社会的关联性可以表述为：首先，社会风险与风险社会都涉及社会与风险这两个范畴，是对这两个范畴之间相互关系的不同表征；其次，社会风险与风险社会都指向损失的可能性，这正是风险的本质特征；再者，它们之间相互影响。另一方面，风险社会与社会风险二者之间也有不可混淆的区别，二者在时间维度上、社会内涵上、风险内涵上等八个方面均有差异。③

风险即指发生损失的可能性，这种可能性会导致脆弱性的暴露，并最终以损失的形式体现出来；社会风险是指社会作为一个整体可能遭受的损失，它并不指代任何一个具体个体的损失，而是社会层面的损失；风险社会是社会发展的一个阶段，在这个阶段内，社会成员面临着各种各样的风险，但由于个体脆弱性程度的差异，风险最终是否转化为损失则因人而异，既与自身的禀赋相关，也与身处社会和地区的社会保障的健全程度相关。

我国风险社会的特征具有一定的特殊性。其一，作为中等收入国家，我国社会中的风险已不再以战争、饥荒、瘟疫为表征，而是与其他中等收入和高收入国家一样，风险在国家层面表现为人口老龄化所带来的问题、环境污染、市场波动等，个体层面则表现为个体在生命周期内所面临的各种诸如疾病、伤残、衰老、失业等风险，例如我国企业职工社会保险即根据人类生命周期内的风险种类划分为养老、医疗、失业、工伤和生育五种社会保险。其二，作为世界上发展最快的国家之一，我国又面临着多重失

---

① 杨雪冬. 风险社会理论述评 [J]. 国家行政学院学报，2005，1.

② 杨雪冬. 风险社会理论述评 [J]. 国家行政学院学报，2005，1.

③ 冯必扬. 社会风险与风险社会关系探析 [J]. 江苏行政学院学报，2008，5.

衡问题，经济发展与社会发展失衡、城市发展与农村发展失衡、东部地区发展与中西部地区发展失衡等，这些失衡给不同发展水平和制度设计下的地区人口带来了不同的发展轨迹，尤其对发展落后地区的居民来说更是如此。

从我国的风险社会的特征可知，我国社会“整体上已进入一个高社会风险的发展阶段，其中有部分社会群体则进入高端社会风险区”，占我国人口大多数的农民群体是这一“部分社会群体”的主体，这已为国内研究者公认。也就是说，中国的社会风险是严峻的“三农”问题的一部分，而农民群体则处于高端社会风险区，① 这也是我国贫困人口中从事农业生产活动以及农村地区的居民占多数的原因，农民处于较高的社会风险之中，具有高度的脆弱性和薄弱的抗逆能力，更容易滑落至贫困境遇中。

我国农村地区以及生活在该地区的居民的风险，相较于城市来说则更为复杂。一方面，由区域性天气、地理、水文等特征造成的自然风险在农村地区仍然存在；另一方面，中国社会转型时期产生的新的风险在农村地区得到了更为直接的暴露，农村地区的风险敞口更大，而保护与防御机制更为匮乏。例如，在城市中的正式职工能够获得劳动法和多重社会保险的庇护，但是在农村地区从事农业生产活动的农民，即便在农业现代化进程中更多地受到工伤的威胁，却无人对其承受的风险进行保护。类似的情况还体现在农民工群体身上。正是由于没有建立起农民工的保护机制，这一群体总是引起其他社会问题的发生，例如留守人口问题、子女的教育公平问题、工资拖欠问题以及工伤赔偿问题等。因此，我国农村地区风险的种类更加多样化，风险的冲击更具有叠加效应。对于身处高风险区域的居民来说，即使他们与发达地区人口的脆弱性相差无几，但由于面临着比发达地区人群更高的风险和更稀缺的抵御风险的资源，因此跳出低质量生存境

---

① 钟玲，左停. 制度、政策与穷人的脆弱性［J］. 经济研究参考，2012，38.

况的困难就会更大，而这些困难无法单靠个人或外界推动而化解，必须双方同时发力、相互作用才能奏效。

（四）风险-不安全-贫困的逻辑联系

正是由于对贫困成因的认识千差万别，人们对解决贫困问题的分析框架也见仁见智。当前贫困分析框架中运用得较为广泛的有三种，即社会排斥分析框架、脆弱性分析框架以及可持续性分析框架。从分析的出发点、分析对象的范围、对致贫原因的切入点的侧重来看，社会排斥分析框架适用于贫困个体的研究，而脆弱性分析框架和可持续性分析框架则更适合以家庭为单元的贫困分析。① 也有研究者将这三个分析框架整合成“可持续性-脆弱性-社会排斥”三维的贫困分析框架——“行动-结构”分析框架，并将之用于中国贫困地区的实证调查与理论分析之中。②③

贫困并不是一个孤立的现象，其产生有三个方面的条件：（1）特定人群自身的境况，其生计系统以脆弱性为主要特征；（2）特定人群周遭的各种风险，这些风险容易进一步恶化他们的生计状况；（3）特定人群缺乏有效的安全防范和风险缓解机制，因而无法得到有效的保护（见图 1-1）。④

从风险-脆弱性-贫困视角来看，贫困人口总是处于比一般人更多、更强的风险之中；同时，他们的抵抗能力却比一般人更为低弱，⑤ 即抗逆能

① 唐丽霞，李小云，左停. 社会排斥、脆弱性和可持续生计：贫困的三种分析框架及比较［J］. 贵州社会科学，2010，12.

② 李雪萍，王蒙. 多维贫困“行动-结构”分析框架下的生计脆弱——基于武陵山区的实证调查与理论分析［J］. 华中师范大学学报（人文社会科学版），2014，5.

③ 马爽，耿梓豪，陈昭妃，等. 基于“可持续生计-脆弱性-社会排斥”多维分析框架下唐县“精准扶贫”政策落实问题的探究与建议［J］. 新丝路，2016，5.

④ 左停，徐秀丽，齐顾波. 构筑农村社会安全网：缓解农村贫困的战略性制度创新［J］. 中国农村经济，2004，12.

⑤ 左停，徐秀丽，齐顾波. 构筑农村社会安全网：缓解农村贫困的战略性制度创新［J］. 中国农村经济，2004，12.

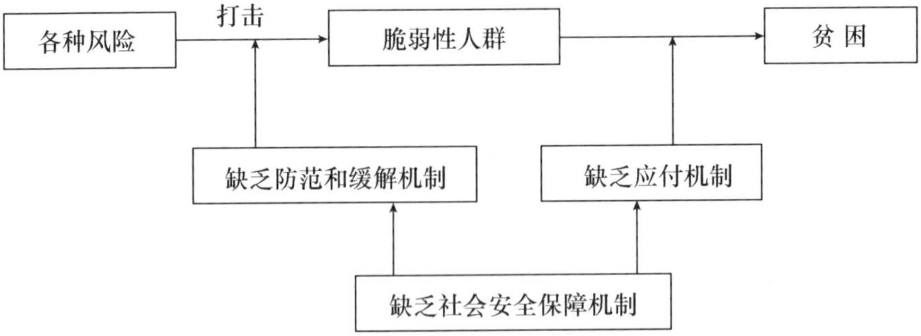

图 1-1 从风险的角度审视贫困

图片来源：左停，徐秀丽，齐顾波．构筑农村社会安全网：缓解农村贫困的战略性制度创新［J］．中国农村经济，2004，12.

力较低；从 20 世纪 40 年代末起的计划经济体制时期开始，我国在农村实行的许多政策，包括城乡隔离政策以及城市和工业优先发展的经济政策，实际上对农村发展起到阻碍作用，即使随着改革开放与农村家庭联产承包责任制的实行，农村社会经济得以发展，但农村的普适性的社会保护机制仍然没有建立起来。

地区性的贫困与当地的社会保障制度的健全程度是相互影响的。在中国，一方面，贫困地区缺乏完善的社会保障制度来帮助农村居民增加收入、抵御风险，因此很容易陷入贫困；另一方面，恰恰由于贫困的境况和财政压力，该地区难以建立起完善的社会保障制度。内在的高度脆弱性以及外在的风险应对机制的匮乏，使得我国农村贫困人口不仅贫困易、脱贫难，而且容易陷入“脱贫又返贫”的泥淖中无法自拔，而扶贫工作似乎也将陷入“扶贫—脱贫—返贫—再扶贫”的无效状态，农村反贫困态势曾经在很长一段时期内十分严峻。

一般来说，要减少贫困的发生，就需要加强对低收入人口的直接转移支付，以及提升他们通过劳动获取报酬的能力，这也是过去我国农村开发式扶贫所秉持的理念。但随着时代的发展，我们逐渐认识到，降低贫困易感人群的贫困发生率，还需要增强他们的抗逆能力。

从个人角度来说，增强抗逆性（resilience）意味着调整财产结构以增强经济上的抗风险能力、改善营养水平以提高抵抗疾病的能力等；而从社会和国家角度来看，增强抗逆性则意味着国家为全民提供基本服务、解决个人生命周期中的脆弱性、提倡充分就业、加强社会保障、弘扬社会包容性和能力建设等。① 抗逆性的高低更多地体现在人与社会的关系之中，换句话说，在减少贫困发生率的进程中，仅仅认识到由制度与政策导致了贫困是不够的，还需要切实对现有的制度和政策做出改变，因此，需要国家付出更多的努力。其中，增加反贫困策略中社会保障的制度性安排是增强贫困人口抗逆性的一个重要方面。

二、减贫发展中社会保障的制度嵌入

本节将从社会保障的功能与作用来分析社会保障在减贫发展过程中担当的角色。社会保障起源于西方资本主义社会，起初是一种惩戒性的救济，如今却是一种全面性的促进人的发展的保护，社会保障的制度设计和政策目标经历了很大转变，其具体的制度设计在不同国家也各有特点。一般认为，社会保障具有调节收入分配、维护社会稳定、实现社会公平的作用。结合我国当前扶贫开发中对于社会保障兜底脱贫方式的运用，社会保障还具有实现收入再分配、补偿经济损失、保基本与兜底线和提升弱势群体幸福感等作用。在过去，多个国际组织制定的减贫发展战略中均认为向贫困人口提供社会保障是必要的措施之一；如今各国实施的减贫发展战略中，也同样注重通过国家救助满足贫困人口的基本生活、医疗和教育需

① 联合国开发计划署人类发展报告研究处. 2014 年人类发展报告 [R]. 2014：83.

求，这一做法在不同收入等级的国家均得到了实践，并以不同形式的社会救助计划体现出来。因此，社会保障作为重要减贫措施的工具性价值在全世界范围内都得到了认可，并在一些经济实力较强的国家被作为发展的目标而存在。

（一）社会保障的概念与体系

从广义上来说，社会保障可被理解为任何通过社会化的手段向社会成员提供的保护与帮助；狭义上来说，社会保障是以国家为责任主体的一种制度建设。一般认为现代社会保障制度以 1601 年英国《济贫法》的颁布为开端，时至今日，几乎所有的国家都建立起了一定程度的社会保障体系，社会保障的理念、方式和范围都发生了巨大的改变，但其本质仍是“社会性的保护措施”。正是因为这个本质，社会保障才是贫困人口最需要的一种制度安排。因为贫困人口相比于其他人群来说更加缺少自我保护机制，所以更需要通过社会保护机制来弥补个人能力上的缺陷、防止损失以及对个人造成过重的冲击。

社会保障的概念既可以从社会保障所包含的内容来界定，如国际社会保障协会（International Social Security Association）将社会保障定义为“任何由立法确立的社会保护（social protection）方案或其他任何强制性的安排，在一定程度上为个人提供当面对年老、幸存（survivorship）、无能力（incapacity）、残疾（disability）、失业以及育儿等意外事故时的收入保障，此外可能还会提供治疗性或预防性的医疗保健”；[①] 也可以从功能的角度，将社会保障定义为“国家通过立法并依法采取强制手段对国民收入进行再分配，对暂时或永久失去劳动能力及因各种原因造成生活困难的社会成员

---

① 国际社会保障协会. Understanding Social Security [EB/OL]. (2016-3-19). https://www.issa.int/zh/topics/understanding/introduction.

提供基本生活保障、分散个人的风险，以保证劳动力再生产、社会安定、经济有序进行的措施、制度和事业的总称”。①

综上所述，尽管国内国外对社会保障的定义的表述有所差异，但基本上都认同：其一，社会保障应当以政府为责任主体，以立法为依据，以保护社会成员免于遭受社会风险为目标，以现金或津贴为手段。其二，社会保障制度是现代国家在发展中所必须具备的一种制度，它既可以被看作是实现社会财富再分配、维护社会公平的一种不可或缺的工具，也可以被当作现代国家在经济、政治和社会全面发展的制度建设的一个重要的目标。我国的社会保障一般包括社会救助、社会福利、社会保险和社会优抚等部分。

由于社会保障牵涉人们生活的方方面面，其政策实施所产生的作用也是多方面的。从宏观层面来看，社会保障稳定政治、调控经济，微观层面上社会保障则可分散个体风险、减少贫困；② 从经济、政治和社会角度来看，社会保障在经济上可以调节社会收入分配、影响国民经济发展和促进资本市场发展，可以维护社会稳定、缓和社会矛盾，政治上可以调整不同利益集团、利益群体和社会阶层的利益等。③ 其他对于功能的分类还有诸如分配功能、稳定功能、保基本和促发展功能等。④

结合当前我国社会保障制度体系构成，以及当前扶贫进程中对于社会保障兜底脱贫方式的运用来看，社会保障发挥的作用包括如下方面。

1. 实现社会再分配，增强社会公平。社会保障制度能够通过国家的手段实现转移支付，有利于缩小因市场配置资源导致的收入差距，降低社会的相对贫困程度。社会保障与国家税收发挥的再分配作用相似，但社会保

---

① 李珍. 社会保障理论（第 2 版）[M]. 北京：中国劳动出版社，2007：9.

② 李珍. 社会保障理论（第 2 版）[M]. 北京：中国劳动出版社，2007：21-22.

③ 宋士云. 社会保障学 [M]. 北京：对外经济贸易大学出版社，2010：25-27.

④ 刘晓梅，邵文娟. 社会保障学 [M]. 北京：清华大学出版社，2014.

障与税收相比，更聚焦于社会弱势群体和社会风险，并且能够带来更多的正外部性，在未来更长时期内帮助社会实现在稳定中发展。

2. 保护人力资本，增加幸福指数。我国的社会福利制度主要包括了老年福利、儿童福利、残疾人福利和妇女福利等子项目，是满足社会特殊群体需求、增加其精神慰藉和幸福指数的重要途径，其制度作用不可替代。与社会救助不同，社会福利一方面更加注重风险的防范与预防，另一方面通过投资于人力资本，能够帮助人们积累资产，并且能够带来收益。[①] 从基本需求上来说，社会福利制度是对那些通过保险制度、救助制度无法充分保障的群体的基本生存需求的满足；从精神方面来看，因为社会福利更加强调为弱势群体提供服务，因此通过社会福利能够提高精神满足、社会包容和主观幸福感，而这些收益正是当前社会保障其他制度设计所无法带给贫困人口的。在扶贫工作中，除各类农业补贴外，一些地方政府提供的高龄老人津贴、残疾人护理津贴等均是社会福利政策的表现，还有些地方探索让有劳动能力的贫困者有偿照护贫困老人的做法，更是对扶贫模式和社会福利政策的探索与创新。

3. 分摊社会风险，为受损者提供补偿。社会保险制度作为一种分散风险的手段正在受到越来越多的重视。与其他分散风险的方式相比，社会保险具有一些突出的优势。例如，社会保险比商业保险具有更低的准入门槛、更大的参保基数、更强的风险应对能力；与基于行业和血缘的非正式保障相比，社会保险具有更高的强制力和跨域能力；与储蓄相比，具有更高的保值增值能力；与金融投资相比，社会保险参保人的津贴收入则更加稳定。因此，更能够与贫困人口要求增加财富却又无力承担抵御过高风险的需求相契合。此外，社会保险制度在应对贫困人口中老年人占比提高的问题时，也比其他的救助方式更为可持续。

---

① 林闽钢. 中国社会福利发展战略：从消极走向积极［J］. 国家行政学院学报，2015，2.

4. 保基本、兜底线，减少绝对贫困。社会救助制度在减贫行动当中，发挥了最直接和兜底性的作用，也是实现到2020年消除绝对贫困、全面建成小康社会的重要保障。在过去，除开发式扶贫以外，对农村深度贫困人口发挥救助和兜底作用的政策主要是低保与五保制度。如今，随着2014年《社会救助暂行办法》的颁布，目前我国已形成“8+1”社会救助体系；新时期脱贫攻坚计划中，低保与扶贫制度之间衔接的加强也有利于实现对深度贫困人口的切实兜底，防止对贫困人口的遗漏。

综上所述，社会救助制度正逐渐增强在减少支出型贫困、满足贫困者发展性需求上的作用；尤其在主要依靠市场手段帮助贫困人口增收脱贫时，建立起稳定的兜底性政策措施是防止返贫的必要条件。

表 1-1　我国社会保障在农村扶贫中所发挥的作用

社会保障制度	作用机理	政策目标
社会福利与服务	为贫困人口直接提供直接享用的福利和服务，也可以提供中间性的、作为发展资本的福利	提供现金津贴、提供社会服务、增加贫困人口的财产和人力资本；减少疾病的发生、减少不必要的支出
社会保险与就业促进	保险所得与贡献相连，满足对社会保障的差异化需求；防范工作风险，促进健康，帮助重返工作岗位和重新融入社会	减少风险造成的损失；实现社会财富的代际再分配。一部分社会保险也具有社会投资、增加收入的性质
社会救助	社会财富的横向再分配，维护基本生存需求和人的基本尊严，同时要求受助者的行为做出改变	保基本、兜底线，成为防止低收入人群跌入贫困的最后一道防线，与其他社会救助政策相配合以减少支出型贫困

续表

社会保障制度	作用机理	政策目标
社会预防	防范各种风险的发生，或增加人们的风险抵抗能力，减少风险和灾害的发生	预防保护对于建设社会保护网也同样重要。具体的政策不仅见于社会保障部门，还可见于卫生计生部门开展的免疫、疾病预防、保健工作等，提高贫困人口的身体素质、营养水平

（二）国外社会保障减贫发展的做法

在缓解贫困与消灭贫困的过程中，无疑需要大力发展本国经济，因为只有经济发展了才能具备解决贫困问题的财政实力。然而，经济发展不会自动消除贫困，只有国家和社会通过相关的社会保障制度来创造更大的平等、更多的机会，才能缓解乃至消灭贫困这一问题。尽管许多社会保障计划的制订都不是以减轻、消灭贫困为中心目标，但社会保障计划又确实是以消灭贫困为目的；[①] 从反贫困战略的角度来看，许多国际组织和国家都把社会保障作为一种重要的减贫发展的制度安排。

1. 国际社会的社会保障减贫战略。在世纪之交，联合国召开了两个会议——1995 年哥本哈根社会发展世界首脑会议和 2000 年联合国千年首脑会议，对面向 21 世纪全球减贫战略作了总体部署。这两次会议所形成的重要成果——《哥本哈根社会发展问题宣言和行动纲领》（分为《宣言》和《行动纲领》）和《联合国千年发展目标》，是指导全球减贫事业的纲领性文件和行动指南。[②]

---

① 郑功成. 社会保障学［M］. 北京：商务印书馆，2000：189.

② 谭诗斌. 现代贫困学导论［M］. 武汉：湖北人民出版社，2012：303.

在《宣言》和《行动纲领》中，均提出应当为贫困人口提供社会保护，只是在表述方式上有所不同，如《宣言》提出要“促进和实现人人享有平等的良好教育和基本保健服务的目标”；《行动纲领》则设计了“加强社会保护和减少易受伤害情况”的减贫战略框架。[①] 2000年召开的联合国千年首脑会议通过的《千年宣言》，设立了到2015年要实现的8项目标，其中包括“消灭极端贫穷和饥饿”和“实现普及初等教育”等，[②] 体现出对减少世界贫困人口、建立公正的社会秩序的关注。

以哥本哈根会议和千年首脑会议为起点，此后许多国际组织也相继推出了基于组织目标的减贫与发展战略。在世界银行《2000/2001年世界发展报告》中，为了消除贫困，世界银行认为应当扩大贫困人口的机会、为他们赋权以及增加他们的安全保护，其中“增加穷人的安全保护”包括“建立规范化的风险应对机制、建立起风险应对体系和解决国内冲突等”。[③]

2015年，联合国系统推出了可持续发展指标的报告《变革我们的世界：2030年可持续发展议程》，提出了17项发展目标，其中目标1即为在全世界消除一切形式的贫困，这一目标下的第三款要求“执行适合本国国情的全民社会保障制度和措施，包括制定最低标准，到2030年在较大程度上覆盖穷人和弱势群体”；[④] 此外，其他诸如“减少不平等”“增进健康与福祉”“促进公平正义”等目标都需要通过建立益贫式的社会保障制度来实现。

其他具有代表性的国际减贫战略还有国际劳工组织的体面劳动议程、世界银行的以农业促发展议程以及亚洲开发银行的以共享式增长为基石的

---

① 谭诗斌. 现代贫困学导论［M］. 武汉：湖北人民出版社，2012：304-305.

② 谭诗斌. 现代贫困学导论［M］. 武汉：湖北人民出版社，2012：306-307.

③ 世界银行. 2000/2001年世界发展报告［R］. 北京：中国财政经济出版社，2001：6-12.

④ 中华人民共和国外交部. 变革我们的世界：2030年可持续发展议程［EB/OL］.（2016-01-13）. http：//www.fmprc.gov.cn/web/ziliao_674904/zt_674979/dnzt_674981/xzxzt/xpjdmgjxgsfw_684149/zxxx_684151/t1331382.shtml.

2020 战略议程等。[①] 在以上三个重要国际组织的减贫战略议程中，均提到了应当为目标群体提供社会保障、社会保护以及社会安全网。

从以上国际社会的反贫困措施不难看出，为贫困人口构建起以社会保障（social security）体系为核心的社会保护（social protection）机制，是减轻贫困人口的脆弱性、增强贫困人口应对风险能力的关键所在。实际上，从多国的做法来看，构建完善的社会保障和社会福利体系一直承担着防范风险、减少贫困的重任。

2. 其他国家的社会保障减贫战略。梳理世界各国反贫困的历程和现状，各国的反贫困模式大致包括以下几种：通过优先发展经济、促进经济增长来达到消减贫困目的的增长优先模式；将经济增长与财产制度有限变革相结合的增长与再分配同步进行的模式；以政府为主导对资源进行瞄准贫困地区或贫困人口的定向配置，通过开发贫困人口的生产能力，达到自主脱贫的发展援助模式；以及社会福利援助方案（或称社会福利减贫模式），该种模式本质上是国家通过财政手段实行的国民收入再分配方案。[②] 不同的反贫困模式适用于不同社会条件、历史背景下的国家，其中，社会福利减贫模式以及与之相近的社会救助减贫正受到越来越多的关注。

社会福利减贫模式发端于 19 世纪末，在第二次世界大战后迅速发展，并成为一个时代的标记（福利国家的建立）。从发达国家的社会福利制度来看，社会福利政策除一小部分专门针对贫困人口及其家庭外，其余则是对全体公民实施；尽管如此，贫困人口还是可以从广泛的、一般性的福利政策中受惠。福利政策的反贫困作用，是通过缩小各阶级之间的实际收入

---

① 谭诗斌. 现代贫困学导论［M］. 武汉：湖北人民出版社，2012：309-318.

② 李华. 国际社会保障动态：反贫困模式与管理［M］. 上海：上海人民出版社，2015：108-113.

差距来实现的，其实质是国民收入的再分配。[①]

虽然社会福利援助方案多在发达国家实施，但从更广义上的“提供社会保护”概念上来看，世界上大多数国家均出台了针对贫困人口的社会救助政策，建立了反贫困的最基本社会保护制度，并构成整体社会保障或社会福利的重要组成部分。[②] 如孟加拉专门针对寡居与老年妇女设立的“老年津贴计划与救助”，无条件转移支付项目每月给受救助者发放 1.2 美元的津贴；又如玻利维亚则针对 65 岁及以上人口实施了普惠性非缴费型养老津贴，每年向每位老人支付 248 美元。[③]

在非洲，反贫困战略呈现出多样化的状态。一些国家引进了一些新的社会保险计划，如纳米比亚新增了生育与疾病计划；而在有的国家，社会保障财政支出占 GDP 比重不升反降，或维持在低水平不动，即国家对社会保障的重视程度下降，如喀麦隆和肯尼亚。[④] 以南非的社会保障减贫战略为例：南非位于撒哈拉沙漠以南的非洲地区，总人口 5495.69 万。2015 年南非人均 GNI（国民总收入）为 6050 美元，[⑤] 按照世界银行的划分标准，与中国同属于中高等收入国家。1994 年南非进行了社会保障制度改革，打破了原制度中的种族歧视性规定，更多地关注黑人的贫困消减问题。具体来说，南非社会保障计划的实施分为以下几个方面：（1）社会救助全覆盖。包括：①社会养老金；②残疾人补助金；③退伍军人津贴；④依赖护理者补助金；⑤收养儿童补助金；⑥子女抚养补助金；⑦资助金，主要用于补贴老人、残疾人的护理费用。（2）基本医疗全覆盖。对孕妇、哺乳母

① 李华. 国际社会保障动态：反贫困模式与管理［M］. 上海：上海人民出版社，2015：108-115.

② 李华. 国际社会保障动态：反贫困模式与管理［M］. 上海：上海人民出版社，2015：251.

③ TOWNSEND P. Building decent societies［M］. Palgrave Macmillan，2009：256-257.

④ TOWNSEND P. Building decent societies［M］. Palgrave Macmillan，2009：248.

⑤ 新浪财经. 全球宏观经济数据［EB/OL］.（2017-03-27）. http：//finance. sina. com. cn/worldmac/nation_ZA. shtml.

亲和6岁以下儿童的免费医疗政策，全民基本实行了医疗免费政策（但为富人提供医疗服务的私人医疗机构仍占医疗机构总数的60%）。（3）改善住房条件。政府新建免费住房提供给符合条件的黑人贫困者居住，提供廉租房给低收入家庭，其中黑人占租房户的比例最大。[①]

在拉丁美洲，普遍使用的反贫困方式是实施“有条件的现金转移支付（Conditional Cash Transfer）”项目，该项目对于改善贫困状态、促进性别发展、改善教育、提高营养和健康状况等取得了显著效果。如巴西的营养补贴计划（Bolsa Alimentaocao）要求接受者中的孕妇进行产前检查和营养水平检查，儿童要求接种疫苗；哥伦比亚的“家庭行动计划（Familias en Acción）”要求儿童上学需达到一定的出勤率、定期体检以及参与儿童生长发育水平检测；洪都拉斯的“家庭分配计划（Programma de Asignacignación Familiar）”要求保证接受家庭的儿童的入学时间和定期体检；[②] 等等。

其他国家针对贫困人口的社会救助政策还包括英国的“收入补助（Income Support）”计划和美国的“工作所得税收抵免（Earned Income Tax Credit，简称EITC）”制度等。[③] 从实践中来看，在希望通过社会保障达到反贫困目的的国家，其反贫困政策的主体是社会救助政策，即通过政府对符合条件的贫困人口进行多种类的、无偿的转移支付，以增加贫困人口收入、减少其支出。这也从侧面反映出社会救助制度在减贫活动中的重要作用。社会保障制度，尤其是社会救助的制度安排在其他国家反贫困行动中的运用为我国运用该种方式反贫困提供了经验与启示。

---

① 邓丰昌. 南非的社会保障与减贫［J］. 老区建设，2014，11.

② 唐丽霞，赵丽霞，李小云. 有条件现金转移支付缓贫方案的国际经验［J］. 贵州社会科学，2012，8.

③ 丛树海，郑春荣. 国际社会保障全景图［M］. 南京：江苏人民出版社，2016：235-249.

(三)我国农村开发式扶贫中的社会保障嵌入

我国扶贫开发的政策变化与农村经济发展基本上呈现相互影响、相互促进的关系——由农村制度政策的变化，导致了农村经济发展模式的变化，进一步引发了农村贫困形态的变化；而农村贫困形态的变化反过来又促使农村反贫困战略的变化，使得农村反贫困战略精准性提升，从而更有效地解决农村贫困问题，并最终促进农村地区整体经济水平的提升。

在现有研究中，将1978年以来中国的农村扶贫开发划分为五个阶段：一是1978—1985年的体制改革推动扶贫阶段。这一时期以家庭联产承包责任制、农产品价格放开、农村商品经济日益活跃等为标志的农村经济体制的深刻变革，促使农村经济取得了超常规增长，最终导致贫困人口急剧减少。二是1986—1993年的大规模开发式扶贫阶段。以成立“国务院贫困地区经济开发领导小组”（1993年改为国务院扶贫开发领导小组）为专门的扶贫机构为标志，中国扶贫进入了有组织、大规模、开发式的扶贫阶段。三是1994—2000年的扶贫攻坚阶段。这一阶段以《国家八七扶贫攻坚计划》为标志。四是2001—2010年的综合扶贫开发阶段。这一阶段以《中国农村扶贫开发纲要（2001—2010年）》为标志。五是2011年至现在的扶贫脱贫攻坚阶段。这一阶段以《中国农村扶贫开发纲要（2011—2020年）》和2015年《关于打赢脱贫攻坚战的决定》的出台为标志，强调片区开发新举措与精准扶贫新方略融合推进，现阶段的目标是“2020年现行标准下贫困人口全部脱贫，贫困县全部摘帽，解决区域型贫困问题”，全面实施精准扶贫、精准脱贫战略。①

农村扶贫开发的前期阶段取得了实质性的效果。按照2010年农村扶贫

① 黄承伟. 中国扶贫开发道路研究：评述与展望［J］. 中国农业大学学报（社会科学版），2016，5.

标准1274元的水平，截至2010年底，农村贫困人口（2688万）相比于十年前减少了6734万，农村贫困人口占农村人口的比重（2.8%）下降了7.4%；贫困地区环境、饮用水、电、公共基础设施等情况均得到显著改善，贫困人口的受教育水平、医疗条件、住房条件等同样得到了提升。①

表1-2列出了从1986—2016年间我国扶贫开发工作中社会保障制度逐渐嵌入的过程。可以看到，农村社会保障制度发挥的作用从一开始仅局限于极少数贫困群体，到后来成为所有农村贫困人口精准脱贫的一种重要途径，甚至被写入了"十三五脱贫攻坚规划"，过去重发展而轻保障、重保量而轻瞄准的扶贫方式已经得到改变，为贫困人口提供的社会保障措施相比于过去形式更丰富、内容更充实，农村社会保护网对于风险的消减能力更强。在未来一段时间内，我国的社会保障既会作为减贫的一种重要工具而被广泛运用于反贫困进程之中，将会作为一种国家发展的指标而得到越来越广泛的重视。

表1-2 中国减贫发展战略中社会保障制度的嵌入

时间	政策文件	内 容
1986年	国务院办公厅《关于成立国务院贫困地区经济开发领导小组的通知》（国办发〔1986〕39号）	国家开始了有组织、有计划、大规模的农村扶贫开发活动
1994年	《国家八七扶贫攻坚计划》（1994—2000）（国发〔1994〕30号）	民政部门要加强贫困地区的救灾和救济工作，建立和健全社会保障体系，为贫困人口中优抚、救济对象创造基本生活条件

① 新华网.中国农村扶贫开发的新进展白皮书［EB/OL］.（2011-11-16）.http：//news.xinhuanet.com/politics/2011-11/16/c_111171617.htm.

续表

时间	政策文件	内 容
2001 年	国务院《关于印发中国农村扶贫开发纲要（2001—2010 年）的通知》（国发〔2001〕23 号）	重视科技、教育、卫生、文化事业的发展；进一步改善贫困地区的基本生产生活条件；增加贫困村卫生医疗资源，提高贫困地区儿童的入学率等
2003 年	国务院办公厅转发卫生部等部门《关于建立新型农村合作医疗制度意见的通知》（国办发〔2003〕3 号）	“地方财政每年对参加新型农村合作医疗农民的资助不低于人均 10 元”“对参加新型农村合作医疗的农民，年内没有动用农村合作医疗基金的，要安排进行一次常规性体检”；普惠性的医疗保险制度有效从整体上提升了农村居民身体健康水平
2007 年	国务院《关于在全国建立农村最低生活保障制度的通知》（国发〔2007〕19 号）	扶贫部门要密切配合、搞好衔接，在最低生活保障制度实施后，仍要坚持开发式扶贫的方针，扶持有劳动能力的贫困人口脱贫致富
2008 年	中共中央《关于推进农村改革发展若干重大问题的决定》	坚持开发式扶贫方针，首次提出了农村最低生活保障制度和扶贫开发政策有效衔接的问题
2010 年	国务院办公厅转发扶贫办等部门《关于做好农村最低生活保障制度和扶贫开发政策 有效衔接扩大试点工作意见的通知》（国办发〔2010〕31 号）①	进一步扩大两项制度衔接试点的工作，在低保与扶贫的程序、对象和管理上均进行制度衔接的探索

① 此文件已宣布失效，见国务院《关于宣布失效一批国务院文件的决定》（国发〔2015〕68 号）。

续表

时间	政策文件	内 容
2011 年	《中国农村扶贫开发纲要（2011—2020 年）》	到 2015 年，实现新型农村社会养老保险制度全覆盖；到 2020 年，农村社会保障和服务水平进一步提升
2015 年	中共中央、国务院《关于打赢脱贫攻坚战的决定》	（十）开展医疗保险和医疗救助脱贫；（十一）实行农村最低生活保障制度兜底脱贫；（十三）健全留守儿童、留守妇女、留守老人和残疾人关爱服务体系
2016 年 9 月	《关于做好农村最低生活保障制度与扶贫开发政策有效衔接指导意见的通知》（国办发〔2016〕70 号）	通过农村低保制度与扶贫开发政策的有效衔接，形成政策合力，对符合低保标准的农村贫困人口实行政策性保障兜底，确保到 2020 年现行扶贫标准下农村贫困人口全部脱贫
2016 年 11 月	《“十三五”脱贫攻坚规划》	统筹社会救助体系，促进扶贫开发与社会保障有效衔接，完善农村低保、特困人员救助供养等社会救助制度，健全农村“三留守”人员和残疾人关爱服务体系，实现社会保障兜底

表格来源：左停，赵梦媛，金菁. 路径、机理与创新：社会保障促进精准扶贫的政策分析［J］. 华中农业大学学报（社会科学版），2018，1.

三、社会保障减贫发展的主要挑战

通过建立完善的社会保障制度来帮助贫困人口摆脱贫穷这一理念并非从提出就得到普遍认同，在不同国家发展的不同阶段，均存在着对社会保障与经济发展关系的疑虑，而对于我国这样 ·个以经济建设为中心的发展中国家来说就更是这样。由于经济发展存在着“涓滴效应（Trickle-down Effect）”，因此一些人认为贫困问题可以在经济发展中得到自动消除。也有观点认为，在国家发展水平较低时，国家财政用于教育、医疗和社会保障的支出过多，则会减少财政用于促进国家经济增长的投资，因此社会保障对于国家来说是“不能承受之重”；而当国家进入了高水平的发展阶段之后，人们又会因为社会福利水平过高导致现金收益减少并且打击了努力工作者的劳动积极性，而将大量财政资金用于接济贫困人口，无异于损害了经济发展效率，产生对经济效率的“替代效应”，因此应当减少社会保障支出，刺激经济活力。最后，我国的社会保障制度本身也存在着一些问题，使得人们不断质疑社会保障制度的公平性。因此，如何通过设计合理的社会保障制度安排和支付水平，让社会保障既发挥减贫和促进劳动力再生产的作用，又不至于造成国家、企业和个人的过重负担，是世界各国面临的共同难题。

（一）社会保障制度的定位与理解误区

在再分配领域，出于公共利益的考虑，政府会“抽肥补瘦”，减少收入差距，而公共物品具有很强的正外部性和非排他性，这会自动抹平一部分在初次分配领域中由市场机制产生的收入差距，这种现象被称为“涓滴效应”。[①] 过去很多人认为，涓滴效应能够使社会财富最终传递给贫困人口，从而使得社会贫困问题自动消除，因此国家的首要任务是发展经济、增加社会财富的总量，从而使得贫困人口通过涓滴效应获得更多的社会财富。

涓滴效应曾经被西方国家作为制定公共政策所遵循的原则之一，并且

① 李星伯，刘秀柱，李健. 马太效应与涓滴效应：一个收入差距演化的新格局［J］. 当代经济研究，2005，8.

产生了广泛的影响。20 世纪 80 年代，世界银行（World Bank）、国际货币基金组织（International Monetary Fund）和美国政府基于华盛顿共识（Washington Consensus），对发展中国家的经济改革进程提出了一篮子改革建议，它们都认为存在经济增长的涓滴效应。[①] 因此，在涓滴效应的作用下，作为缩小社会差距、进行财富再分配的重要手段之一的社会保障是否还有必要扩大规模，成为一些人讨论的问题。

众所周知，社会保障具有缩小收入差距、实现社会公平以及维护社会稳定的作用，但在国家当前发展阶段，财政支出中的社会保障数量到底保持何种状态才能算是合理的水平，这仍然很难回答。究其原因，社会保障具有强烈的公共物品性质，其产生的收益通过市场的供求曲线无法反应，因此难以衡量。将社会保障支出水平扩大到包含教育、医疗甚至住房的国家社会性支出水平来看，国家财政对这些公共物品的支出水平过低会损害公平甚至是社会秩序，过高则会损害经济效率。大部分非洲国家和欧洲国家作为社会保障支出水平的两个极端，很好地说明了不合适的支出水平对国家的发展都是有害的。

关于社会保障与经济效率之间的关系，还有一种观点认为，社会保障支出与经济效率之间是此消彼长（trade-off）、互为替代的关系——社会保障支出增加，则会降低经济效率；社会保障支出减少，则会使国家财政用于刺激经济增长的投资增加，因此经济效率得到提升。这一观点可见于新自由主义对社会福利的见解。新自由主义认为，社会福利会增加企业和个人的税收成本，打击就业，因此主张削减社会保障支出。[②]

社会保障支出与经济效率此消彼长这一观点曾在欧洲高福利国家受到过热捧。不论是以斯堪的纳维亚国家为代表的社会民主主义福利体制国

---

① 段文靖. 我国财政支出对益贫式增长的影响研究［D］. 华中科技大学，2013.

② 丛树海，郑春荣. 国际社会保障全景图［M］. 南京：江苏人民出版社，2016：213.

家，还是以德国为代表的保守主义福利体制国家，经过了将近一个世纪的发展，其社会福利体制都趋成熟。自20世纪70年代末起，随着全球石油危机的爆发，人们在寻找应对经济萧条的对策时，将国内经济增长疲软归咎于国家过高的福利水平，认为这样的福利水平不但加重了财政、企业和个人的负担，也挫伤了劳动者的积极性，因此开始大规模改革福利体制，削减社会保障财政支出。①

由此可见，在西方国家流行的经济效率与社会性支出此消彼长的观点，是基于这一背景而提出的——其社会经济水平已经到达一定的高度、政府社会性支出的边际效益甚微，甚至成了掣肘经济发展的因素。但这样的情况并非在所有国家都会出现——即使像日本这样的发达国家，社会经济增长与社会保障支出之间仍然保持着长期均衡，社会保障与经济发展之间表现为互补和相互促进的关系，② 而并没有出现社会保障支出损害经济增长的现象，因此，社会性支出阻碍经济发展一说是否适用于所有国家，还需考虑各国的实际情况。

（二）我国社会保障制度发展中的问题

我国的社会保障制度经历30余年的发展历程，已经积累了宝贵的经验教训，新世纪以来的社会保障，更是取得了快速的进步：作为拥有13.6亿人口的国家，我国已经建立了世界上最庞大的社会保障体系；基本养老保险覆盖率已达80%以上，基本医疗保险覆盖已超过13亿、95%的国民。2016年11月，我国政府获得了由国际社会保障协会（ISSA）颁发的“社会保障杰出成就奖”（2014—2016），以表彰我国近年来在扩大社会保障覆

---

① 丛树海，郑春荣. 国际社会保障全景图［M］. 南京：江苏人民出版社，2016：32-33.

② 张炜，吴宇. 日本社会保障支出水平与其经济发展关系的实证研究——基于VAR模型［J］. 日本问题研究，2008，4.

盖面工作中取得的卓越成就。① 即使在全世界范围内比较，新世纪以来我国的社会保障发展速度也是极快的；在制度快速发展的背后，我国的社会保障制度不可避免地存在着由发展积淀不足而产生的问题。

1. 社会保障投入有待提高。我国作为世界上经济发展最快的国家之一，在改革开放以来的四十年间，国内生产总值就跃升到了世界第二的位置。根据国际货币基金组织的统计，从 1980—2015 年，我国的 GDP 实际增长水平始终高于世界平均水平以及世界发达经济体平均水平。随着经济实力的壮大，国家用于教育、医疗和社会保障等公共产品的支出也在逐年增加。但由于社会保障在理论上涵盖了所有国民，作为拥有 13.6 亿人口的大国，我国在社会保障上的投入水平还远远没有达到与国家发展水平相称的程度。表 1-3 列出了 2005、2006 年或 2007 年世界多国在教育、健康和社会保护方面的财政支出占财政总支出的比重，可以看出，我国在这三个方面均处于较低水平。但由于更新的数据无法获得，以及我国经济、社会的快速变化，这一落后的局面可能在当前有所改观。不过考虑当前我国面临经济发展模式转型的实际，社会保障是否能够继续从政府财政获得充足的资金支持？②

表 1-3　健康、教育和社会保护的财政支出占国家总财政支出的比重

	国家	健康（%）	教育（%）	社会保护（social protection）（%）
发达经济体	斯洛文尼亚	13.66	14.95	36.59
	日本	19.6	10.74	33.93

① 人民网. 中国政府获“国际社会保障协会社会保障杰出成就奖”［EB/OL］.（2016-11-18）. http：//politics. people. com. cn/n1/2016/1118/c1001-28879802. html.

② 黄文正，何亦名，李宏. 经济新常态下的社会保障体系建设问题研究［J］. 经济问题，2015，11.

续表

	国家	健康（%）	教育（%）	社会保护（social protection）（%）
新兴/发展中经济体	毛里求斯（2007）	8.84	15.08	25.09
	塞舌尔（2005）	8.66	8.10	14.76
发展中的亚洲	中国	2.51	9.32	17.15
	马尔代夫	8.12	14.22	5.02
欧洲	阿尔巴尼亚	8.24	10.77	26.59
	罗马尼亚	9.48	12.09	29.09
中东	埃及（2007）	4.35	11.59	25.77
	科威特（2007）	4.57	8.92	25.18
南美洲	玻利维亚（2007）	9.4	20.37	12.55
	哥斯达黎加	19.05	23.29	21.14

注：表中数据除特别标出年份的外，均为2006年数据。

数据来源：IMF. Government Finance Statistics Yearbook [R]. 2008.

2. 制度设计的碎片化问题有待改进。我国社会保障制度设计的碎片化问题是从制度开始建设以来就一直存在的问题，究其根本是社会保障制度始终被作为一种救急补缺和经济发展附属物的制度而存在。社会保障制度的碎片化表现为以下几个方面。首先，社会保障制度基本以城乡二元结构在运行，这种二元结构同时存在于社会保险、社会救助以及社会福利体系之中。其次，社会保障体系在不同的社会群体中的覆盖面和收益情况相去甚远，福利过剩和保护缺位的现象并存——在国企、事业单位和公务员系统中，社会保障待遇通常被当作一种“享受式”的福利；而在一些逐渐涌现的，诸如失地农民、农民工以及失独老人等新型社会群体中，现行的社会保障制度作用甚微，甚至无作为，仅仅采取打补丁式的救急措施，很容易形成碎片式制度——造成漏保——构建新的补丁式制度应急——制度进一步碎片化的恶性循环。最后，社会保障制度的地区差异明显，这样的地区差异在保险收益水平、基金统筹水平、救助水平以及医疗报销类目等多方面均有体现。

社会保障制度的碎片化不仅造成新的社会不公，影响社会稳定，还会导致社会保障制度本身的不可持续运行。① 在我国老龄化趋势加剧的背景下，养老金的缺口表面上看是供求上的不平衡，实质上是否是由于养老基金的统筹水平过低、制度碎片化严重而导致的资金无法充分利用也未可知。

3. 针对贫困人口的社会保障制度设计不足。农村的扶贫开发制度的确在短时间内有效弥补了工农业剪刀差，但依然无法弥补农村社会保障制度的短缺，以及由此产生的负面影响。农村社会的急剧变化造成农村居民暴露在越来越多的风险之中，但同时却无法通过有效的社会安全网来抵御风险。由越来越多的风险所引发的脆弱性暴露，使农村贫困人口数量长期居高不下，即便在大规模扶贫开发工作已经进行了二十余年后的 2010 年，我国贫困人口仍有 1.67 亿，农村贫困发生率为 17.8%，可以说，众多反贫困战略中社会保障制度的缺乏也是贫困发生率居高不下的重要原因之一。在亚洲开发银行统计的亚洲 27 国的社会保护指数（Social Protection Index，SPI）中，中国的贫困聚焦率（Poverty Focused）同时低于 27 个样本国家的平均数和中位数，这意味着我国的贫困人口从我国社会保护政策获取的收益程度很低，我国的社会保障制度并没有充分发挥出反贫困的作用。

---

① 郑秉文. 中国社保“碎片化制度”危害与“碎片化冲动”探源 [J]. 甘肃社会科学，2009，3.

表 1-4 不同国家社会保障体系的贫困聚焦率

国家	贫困聚焦率	国家	贫困聚焦率
尼泊尔	0.08	老挝人民民主共和国	1.2
菲律宾	0.16	吉尔吉斯斯坦共和国	1.28
巴基斯坦	0.37	塔吉克斯坦	1.39
巴布亚新几内亚	0.47	韩国	1.43
瓦努阿图	0.52	亚美尼亚	1.51
汤加	0.55	阿塞拜疆	1.74
印度尼西亚	0.61	孟加拉	1.74
斯里兰卡	0.65	日本	1.77
中国	0.79	不丹	1.91
马来西亚	0.84	柬埔寨	1.99
越南	0.89	哈萨克斯坦	2.01
马尔代夫	0.91	最小值	0.08
斐济	1	最大值	2.01
印度	1.03	中位数	1.03
乌兹别克斯坦	1.16	平均数	1.08
蒙古	1.17		

注：贫困聚焦率代表一国用于社会保护的资源总量中，有多少资源流向了国家贫困线以下的贫困人口，贫困聚焦率数值越小，说明一个国家贫困线以下的人口享有的社会保护资源所占社会保护资源总量的份额越小，即贫困人口享有的社会保护资源越少。

数据来源：Asian Development Bank. The revised Social Protection Index：Methodology and handbook [R]. Mandaluyong City，Philippines：Asian Development Bank，2011：16.

4. 制度设计较为消极进而产生福利依赖。社会救助作为社会保障制度中与贫困联系最为密切的制度安排，理论上应当同时具有减贫与促发展的功能。但从目前来看，农村社会救助政策安排较为消极，促进救助对象发展能力的设计并不够,[①] 主要体现在农村社会救助制度中发挥核心作用的制度——低保制度上。这种消极主要表现为低保“身份化”导致的福利依赖现象以及“福利悬崖效应”。

所谓低保的“身份化”，是指低收入者一旦拥有了低保这一身份，不但可以享受相应的最低生活保障救助金，还会获得低保身份所赋予的其他政策优惠，如医疗补助、教育补贴、生活费用减免等；这种优惠与低保挂钩的做法一方面是现有制度的规定，另一方面也是因为地方政府希望节省政策成本或为避免公众矛盾，从而进一步提高了低保身份的含金量。低保“身份化”的要件有二：其一是现行的社会救助制度中，大部分都将低保对象作为主要救助对象；其二，是否具有“低保”身份成为是否享受救助的“分水岭”，一旦退出低保，则完全不再享受优惠与补贴，即所谓的“一得俱得，一失俱失”。

低保“身份化”所产生的问题，于低保对象而言，就是不愿意放弃低保身份，因此低收入者依赖低保而非劳动获取经济收入。从低保制度目前的实施状况来看，低保对象因希望继续享受低保身份下的福利而不愿退出低保，甚至出现主动采取措施保留低保身份的现象，反映出了低保对象对该种制度的依赖心理，并且这种心理正随着社会救助政策扶持水平的提高而逐渐成为普遍现象，这一观点已得到实证研究的印证。[②③]

对于非低保对象而言，低保身份化则造成了“福利悬崖效应”。由于低保制度是根据申请者的收入水平低于当地最低生活保障水平标准而确定保障对象，因此必然存在这样一部分群体：他们的收入水平仅略高于当地

---

① 左停. 创新农村发展型社会救助政策——农村低保政策与其他社会救助政策发展能力视角的比较 [J]. 苏州大学学报（哲学社会科学版），2016，5.

② 葛霆. 农村最低生活保障制度减贫效果与福利依赖效应评估——基于 CFP2010 的实证研究 [D]. 山东大学，2015.

③ 高敏，李延宇. 低保享有情况与就业意愿探析——基于福利依赖视角 [J]. 南方论丛，2015，6.

最低生活保障标准，标准提高，则可将其纳入申请对象范围；标准降低，则很容易就被排除在救助对象之外。这样的社会群体被称为“低保边缘群体”或“低保临界对象”。低保边缘群体面临“悬崖效应”是指，他们像是站在收入标准的“悬崖”边上，既无法进入低保，也无法得到救助；只有当其“跌落”至收入标准之下时，才能得到政策的救助。① 相比于制度内人群，边缘人群抵抗社会风险的能力更弱；并且，低保制度内的受保对象由于得到了比边缘群体更多的救助和政策倾斜，其获得的福利叠加起来反而超过了边缘群体，由此造成了福利水平上的“逆差”，这一逆差随着目前低保水平提高而变得越加明显。

福利的“悬崖效应”意味着，同样是收入水平较低、同样是面临着个人和家庭无法承受的社会风险的低收入群体，仅仅由于收入上的不显著差异，得到的社会福利却差异显著，这不论是从客观还是主观上而言，都有损社会公平。

2016年，全国财政专项扶贫资金投入超过1000亿元，中央国家机关各部门出台101个政策文件或实施方案，包括产业扶贫、金融扶贫和农村低保与扶贫开发两项制度衔接等，对扶贫工作中的很多老大难问题都拿出了有针对性的措施。② 面对农村扶贫资金日益充盈的现实，怎样改革社会保障制度，让社会保障制度为反贫困事业做出贡献，是当前以及未来将要面临的问题。

四、社会保障减贫的发展方向

我国的农村扶贫工作在近数十年取得了巨大的成效，大量有劳动能力

① 韩振，鲍晓菁. 消除民政救助“悬崖效应”[J]. 瞭望，2014，47.

② 国务院扶贫开发领导小组. 2016年1000万贫困人口靠啥脱贫[EB/OL].(2017-01-03). http://www.cpad.gov.cn/art/2017/1/3/art_56_58081.html.

的农村贫困人口在政府的帮助下摆脱了贫困，运用自身能力开始了新的生活。在此背景下，当前农村扶贫对象的主体正逐步转为难以脱贫的深度贫困人口，迫切需要社会保障制度更加充分地发挥其反贫困的作用。尽管我国社会保障事业发展迅速，已惠及千千万万人口，但其仍存在着巨大的发展空间，还存在着诸多问题，如碎片化、城乡保障水平不均、贫困群体受益水平不高等，亟待解决。为此，应当着力于解决制度中存在的问题，同时建设发展型的社会保障制度，让社会保障更多地与国家发展水平相关联，让贫困人口从社会保障制度发展中受益。

（一）社会保障反贫困作用的发挥仍有较大的潜力

世界银行数据显示，1981—2015 年，中国累计减少贫困人口 7.28 亿人，而同期世界其他地区脱贫人口仅有 1.52 亿，① 中国多年来的扶贫开发举措已取得令世界瞩目的成就。2016 年全年，中国贫困人口减少了 1000 万，脱贫攻坚首战告捷。余下的贫困人口中，更多的是因为无力通过自身努力而摆脱贫困的人群，如老人、残疾人以及慢性疾病患者等。根据国务院扶贫办建档立卡统计，因病致贫、因病返贫的贫困户占建档立卡贫困户总数的 42%，疾病成为当前最主要的致贫原因之一，剩余型贫困越发明显。

前文提到，社会保障制度本身存在着一些问题，阻碍了社会保障减贫发展功能的发挥。实际上，在社会保障与扶贫制度政策配合的过程中也存在着许多问题。首先，社会保障与扶贫的结合度有待提高。通过上文分析可知，当前扶贫工作中使用更多的社会保障扶贫方式是社会救助，而社会保险与社会福利方式使用较少，这也是造成当前社会保障制度在反贫困行

---

① 人民网. 中国减贫成就令世界赞叹 [EB/OL]. (2017-03-13). http://rmfp.people.com.cn/n1/2017/0313/c406725-29140647.html.

动中被动和消极弥补损失的原因之一。尽管社会救助是低收入人群避免陷入贫困的最后一道防线，具有不可替代的作用，但相比于社会保险与社会福利，社会救助在帮助贫困人口积累资产、获得长远性和可持续性发展资源上的作用较弱，并且很容易形成负向激励。其次，从我国社会保障制度的整体建设来看，仍然存在着一定的逆向选择问题。就贫困群体内部而言，中等贫困与一般贫困的人群能够获得大量扶贫与救助资源，但是最需要得到帮助的极端贫困人群反而得不到救助；就贫困人口与非贫困人口而言，非贫困人口由于具有更强的资本积累能力，在与贡献相关联的社会保障收益中，获得了远远超过贫困人口的福利水平，社会保障制度不但没有缩小社会收入差距，反而使之扩大了。

不论是从国际上的反贫困经验来看，还是从我国农村社会保障制度的实证研究来看，社会保障制度对农村贫困发生率降低的积极作用都能够得到证实。[①] 因此应当尽快针对社会保障制度本身存在的问题，以及与扶贫开发相结合中存在的问题来改革和完善社会保障制度，让社会保障制度在提高农村人口抗逆力、减少农村贫困发生率方面的潜能得到充分激发。

（二）建设、创新发展型的社会保障制度

在当前我国扶贫进程中，社会保障制度正在发挥着日益重要的作用。但同时，社会保障制度本身存在的一些缺陷对其发挥反贫困功能的阻碍也在与日俱增，结合当前的实际情况改革社会保障制度已经迫在眉睫。

可以想象，在2020年我国全面建成小康社会之后，尽管绝对贫困问题得到消除，但更加难以量化、瞄准的相对贫困和多维贫困问题将会成为农村甚至是城乡反贫困战略面临的主要问题。而关于未来多维贫困的问题也

① 黄清峰. 社会保障支出与农村贫困减少动态关系的实证检验 [J]. 统计与决策，2013，19.

已经得到一些重要的国际组织的重视，如联合国在 2014 年《人类发展报告》中提出，全球有 15 亿人生活在多维贫困中，多维贫困者很容易因为冲击而随时随地跌入贫困线下。①

为此，推动建设创新发展型的社会保障制度，既是未来反贫困的重要举措，也是国家综合发展水平提升的一个标志。首先，发展型的社会保障应当具有更加丰富的形式、更为主动的风险预防机制以及更有效缩小贫富差距的制度设计。而社会保障制度的社会救助体系由于与低收入人口和社会弱势群体具有更加紧密的关联，所以更应当聚焦于帮助贫困人口摆脱短期贫困以及长期的发展资源匮乏，使之与扶贫开发战略有着更高的契合度。再者，新型社会保障应当能够缩小贫困地区与非贫困地区之间的发展鸿沟，并且社会保障对促进地区公平发展的作用也应当纳入国家可持续发展能力的衡量指标之中。关于通过社会保障反贫困、促发展，我国可以借鉴国外的一些先进经验，比如有条件的转移支付计划以及能够帮助减少工作贫困的工作福利体系等。

综合以上分析，社会保障制度在未来的减贫战略中，既会作为一种政策工具被广泛使用，又会作为一种衡量国家发展程度的指标而存在。社会保障在降低贫困人口脆弱性、增强贫困人口的抗逆性等方面均产生了积极作用。过去相当长一段时间内，以开发式扶贫方式为主的农村扶贫工作不仅帮助不计其数的农村贫困人口摆脱了贫困的境地，走上致富道路，还在很大程度上减轻了因制度性因素而造成的城乡社会发展失衡问题。在当前和未来的农村扶贫工作中，要满足日益凸显的贫困人口的社会性需求、帮助贫困人口实现可持续发展，社会保障制度任重而道远。

（三）增强社会保障与贫困群体的关联程度

从前文分析可知，我国的社会保障制度与贫困群体的关联程度仍有待

---

① 联合国开发计划署人类发展报告研究处. 2014 年人类发展报告［R］. 2014：72.

提高。为了破解新时期扶贫工作面临的难题，国家采取了许多解决措施，最为直接的措施就是加大保障性、救助性扶贫措施在扶贫工作当中的运用力度，比如在2016年为1700多万困难和重度残疾人发放生活或护理补贴等，① 但这些措施远远无法满足反贫困工作对于社会保障制度的需求。

增强社会保障与贫困群体的关联性与敏感度，是对当前扶贫工作面临的新问题的有效回应。当前农村扶贫开发面临的贫困问题包括从过去的同质连片性转变为异质分散性、从收入型转变为支出型、从有劳动能力的青年占多数转变为年老和缺乏劳动能力者占多数等。这些新出现的贫困现象都可以通过社会保障制度得到一定程度的缓解：低保与特困供养制度能够为深度贫困群体提供长期而稳定的经济来源；社会医疗保险、大病保险和医疗救助能够大量降低因病致贫人口的诊疗支出；针对不同学龄人口的教育救助能够为因学致贫人口降低教育支出并切断贫困的代际传递；社会养老保险以及在部分地区实行的高龄津贴能够应对农村老龄化引发的经济上的问题；等等。以上这些措施都正在逐渐改变着农村地区贫困人口所面临的“裸奔”于高风险社会的尴尬境地。

（四）增强保障与促进发展的政策并举

反贫困与社会保障之间有着密切的联系。通过对风险、脆弱性与贫困的分析可以了解，有这样一类人群，他们身处风险社会中，由于自身资源匮乏以及政策制度的挤压，他们具有比其他人群更高的脆弱性；当风险的触发条件出现时，因其自身本就具有较高的脆弱性，加之社会没有建立起完善的社会保障安全网，由此导致他们的风险无法被化解，于是，风险转化成为实际的损失；最后，当这些损失超过了个体的承受能力时，他们便

① 国务院扶贫开发领导小组. 2016年1000万贫困人口靠啥脱贫［EB/OL］.（2017-01-03）. http://www.cpad.gov.cn/art/2017/1/3/art_56_58081.html.

成为“贫困人口”。

通过社会保障减贫的特别之处在于，它不是单一地、直接地、显性地作用于某方面，而是从个体层面、社会层面和国家层面于无形之中形成风险抵御作用，以实现对包括贫困人口在内的所有社会成员的保护。高收入国家通过社会保障反贫困的机理在于，获得社会保障不是主要依靠贡献（contributory），而是主要依靠身份（citizenship）。与此同时，造成个体面临社会风险的，也恰恰是因为社会身份，不论是促进经济增长、调整分配格局还是直接进行援助，都跳不开本国范围，都离不开本国的政治、经济与文化背景。也正是因为如此，社会保障，尤其是社会保险对于减贫的作用可能在短期内效果甚微，甚至可能表现为对经济效率和劳动力积极性的损害，但从长期来看，没有任何一种措施能够与构建起社会保障安全网对降低贫困发生率的作用相提并论。

社会保障在反贫困行动中不仅是国家财政支出的重要组成部分，还具有更积极的意义。从社会保障的公共物品性质来说，其具有多方面的正外部性，而这些正外部性对减少贫困人口和解决贫困问题也发挥了一定的作用。首先，社会保障作为社会性支出的主要内容之一，能够起到熨平经济周期波动的作用：经济低迷时，则通过扩大公共投入来创造就业岗位、刺激消费；经济过热时，则可以增加社会保障税费来抑制过快的市场货币流通。因此，社会保障能够通过维持经济平稳运行来为贫困人口创造较为稳定的就业环境，使已就业的贫困人口不会因为经济下滑导致的劳动力市场竞争加剧而失业。其次，由于社会保障所包含的内容十分广泛，涉及的部门和领域也众多，因此其还能够直接和间接地提供大量的社会就业岗位、促进贫困人口就业。2015 年，我国卫生、社会保障与社会福利业城镇单位就业人员为 841.6 万人，占当年城镇单位就业人员总数的 4.66%。[①] 最后，贫困人口在通过社会救助和社会福利体系获得生存与发展资本后，能够及时矫正在过去的发展中存在的能力缺乏、各项资本积累不足的问题，实现日后发展水平的进阶，从而实现更加可持续的发展。因此，社会保障并非仅仅作为一种被动的、消耗型的政策制度而存在，其建设与完善对贫困人口来说还具有更加积极的、先发性的作用，并且这种积极作用在将来会随着我国社会保障制度的完善而逐渐显现出来。

① 国家统计局. 2015 年按行业分城镇单位就业人员 [EB/OL]. (2017-04-03). http://data.stats.gov.cn/easyquery.htm?cn=C01&zb=A0406&sj=2015.

·第二章·

社会保障减贫发展的机理

人类贫困具有不同的表现形式。最基本的贫困是指人类基本需求不能获得满足，也即所谓的绝对贫困。贫困也包括家庭收入的相对不足，贫困者的收入大大低于社会平均水平。贫困的产生很大程度上与人类自身的脆弱性有关，脆弱的贫困人口不能应对各种风险，最终陷入贫困。贫困的影响或本质并不仅限于经济或物质的匮乏或被剥夺，它更多地表现为社会性的剥夺或社会排斥，贫困人口处于社会的边缘。消除贫困、改善民生、逐步实现共同富裕，是社会主义的本质要求，在脱贫攻坚的过程中，社会保障既是反贫困的重要目标，也是反贫困的主要路径。2015 年 11 月 29 日，中共中央、国务院《关于打赢脱贫攻坚战的决定》（以下简称《决定》）提出，到 2020 年，稳定实现农村贫困人口不愁吃、不愁穿（简称“两不愁”），义务教育、基本医疗和住房安全有保障（简称“三保障”）；实现贫困地区农民人均可支配收入增长幅度高于全国平均水平，基本公共服务主要领域指标接近全国平均水平；确保我国现行标准下农村贫困人口实现脱贫，贫困县全部摘帽，解决区域性整体贫困。《决定》还提出了诸多包括社会保障减贫措施在内的所谓“五个一批”措施。“两不愁”“三保障”和“五个一批”等与我国社会保障制度密切相关，社会保障反贫困作用在满足基本需求、增加人民福祉、降低风险和脆弱性、减少社会不平等和促进社会融合等缓解贫困过程中发挥着重要的作用。

一、中国社会保障体系的基本框架

（一）我国社会保障体系的基本内容

随着改革开放的深入和社会主义市场经济体系的建立，社会保障的内容在我国的国家发展战略和规划中的作用日益突出。1985 年，《中共中央关于制定国民经济和社会发展第七个五年计划的建议》第一次明确提出，社会保障的内容包括社会保险、社会救济、社会福利、社会优抚四个部分。中共十四届三中全会提出，我国要建立多层次的社会保障体系，包括社会保险、社会救济、社会福利、优抚安置和社会互助、个人储蓄积累保障。1993 年，十六届四中全会首次将“社会救济”修改为“社会救助”，提出要健全社会保险、社会救助、社会福利与慈善事业衔接的社会保障体系。其中，社会保险提供的是可预期的基本保障，社会救助提供的是兜底性质的最低保障，社会福利则立足于提高生活质量而非满足个人的需求。① 党的十八大报告进一步指出，“要坚持全覆盖、保基本、多层次、可持续方针，以增强公平性、适应流动性、保证可持续性为重点，全面建成覆盖城乡居民的社会保障体系”。“十三五”规划指出，“坚持全民覆盖、保障适度、权责清晰、运行高效，稳步提高社会保障统筹层次和水平，建立健全更加公平、更可持续的社会保障制度”。

社会保障是国家或社会依法建立的、具有经济福利性的、社会化的国民生活保障系统。② 目前，我国的社会保障体系主要由社会保险、社会救助、社会福利、社会优抚和慈善事业等部分组成，它们在社会保障体系中的地位和功能各有不同。其中，社会保险强调权利与义务的对等，只有参

① 郑功成. 中国社会救助制度的合理定位与改革取向［J］. 国家行政学院学报，2015，4.
② 郑功成. 社会保障学［M］. 北京：中国劳动社会保障出版社，2005.

加保险，且履行缴费义务的公民才能获得相应保险待遇。它主要包括养老保险、医疗保险、失业保险、工伤保险等。社会救助属于社会保障体系中的底部，只提供给“穷人”，受助者不需要履行缴费或其他义务，但需要接受家庭经济状况调查。我国已建立了以城乡最低生活保障和特困人员供养为主要内容的基本生活救助制度，以医疗救助、住房救助、就业救助和教育救助为主要内容的专项救助项目，以受灾人员救助、临时救助为主要内容的急难性救助制度。社会福利由政府提供，它既不需要个人缴费，也不需要审查家庭经济状况，而是强调对象的特殊性（如老年人、残疾人、孤儿等）和待遇的一致性。慈善事业是以社会成员的善爱之心为基础，强调自愿性和灵活性，但具有不确定性，不是一项稳定的、法定的制度安排。① 但相比较而言，慈善事业是社会财富的第三次分配，比社会保险制度、社会救助制度和社会福利制度的稳定性和对政府的责任要求要弱，可以说社会保险制度、社会救助制度和社会福利制度在我国社会保障制度中位于更核心的地位。经过多年的实践探索，我国社会保障体系形成了“以社会保险、社会救助、社会福利为基础，以基本养老、基本医疗、最低生活保障制度为重点，以慈善事业、商业保险为补充”的总体框架。②

（二）社会保障制度的减贫发展机理

从全球范围来看，社会保障制度的主要模式包括福利国家型、社会保险型、储蓄积累型、国家保障型等不同类型。其中，以瑞典为代表的福利国家型社会保障制度强调全体国民社会保障权益的公平性与普惠性，通过相对集中统一的资金筹集与支出行为，为包括贫困人口、弱势群体在内的全体国民提供资金保障、物质保障和服务保障。以德国为代表的社会保险

① 宫蒲光．充分发挥农村低保的兜底作用［J］．行政管理改革，2016，4.
② 林闽钢．中国社会福利发展战略：从消极走向积极［J］．国家行政学院学报，2015，2.

型社会保障制度在强调权利与义务相结合的同时，主张通过资金的筹集和使用，发挥其互助共济、风险共担的作用。以新加坡为代表的储蓄积累型国家主张通过建立相应的社会保障制度和激励措施，促使国民进行缴费积累，在国民需要时获得相应的保障待遇，强调个人的“自助”。以苏联和计划经济时期的中国为代表的国家保障型社会保障制度由国家和单位为体制内的国民提供全面的社会保障待遇。改革开放以来，我国社会保障制度实现了从国家—单位包办的传统社会保障制度向责任共担的现行社会保障制度的转型。①

从国际社会保障事业的发展态势来看，社会保障制度主要以社会救助、社会保险、社会福利三大制度为贫困群体、低收入群体及其他社会成员提供各类保障。它们分别从各自不同的路径产生了不同的反贫困效果。其中，社会救助制度通过保障贫困人群的生存和发展产生最直接的反贫困效果。它主要依靠政府财政投入来保障低收入群体的最低生活所需，包括现金救助、实物救助、服务救助等手段，其反贫困作用最直接、最明显，反贫困效果则直接表现为保障绝对贫困人口的基本生存，降低绝对贫困人口和低收入贫困人口的贫困程度。社会保险以参保成员的互助共济降低致贫风险，提升社会保险主体制度的反贫困效果。通过责任分担、互助共济的方式保证社会成员的基本生活所需。具体来说，只有承担相应的缴费义务才能享受一定的保险待遇，但并不是缴费与待遇的完全对等，高收入者通常履行较多的缴费义务，低收入者通常可以获得与其缴费水平相比相对较高的保险待遇，从而发挥该制度的互助共济优势，较好地调节收入差距，起到预防贫困的作用。社会福利以普遍的现金给付和公共服务及特殊福利来提升全体居民的生活质量和发展能力而取得普遍性的反贫困效果，

① 王延中．中国社会保障发展报告——社会保障与收入再分配（2012）No. 5［R］．北京：社会科学文献出版社，2012.

其目的在于通过福利津贴或服务等的供给，提高政策对象的生活质量和生活的安全预期，并在此过程中使政策对象具有良好的发展环境，提升个人和家庭的发展能力。① 但从减贫的涉及范围而言，社会福利制度的减贫功能最具普遍性，其次是预防性质的社会保险制度，最后则是社会救助，而且社会救助的减贫功效最为直接和聚焦。因此，本书将在第四—六章就社会福利、社会保险和社会救助三个子制度分析和论述社会保障制度的减贫机理。

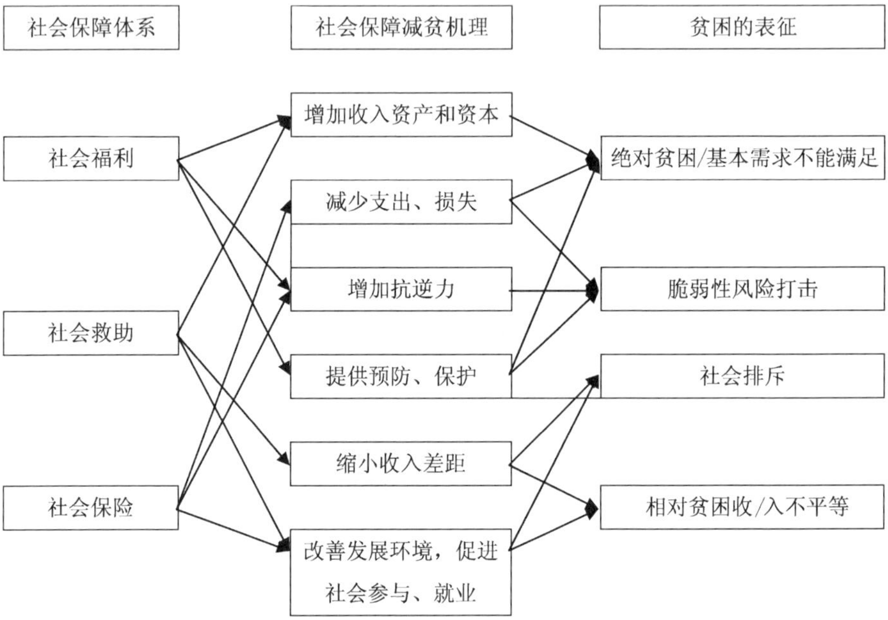

图 2-1　社会保障减贫发展机理示意图

图来源：左停，赵梦媛，金菁. 路径、机理与创新：社会保障促进精准扶贫的政策分析 [J]. 华中农业大学学报（社会科学版），2018，1.

① 王延中. 中国社会保障发展报告——社会保障反贫困（2017）No. 8 [R]. 北京：社会科学文献出版社，2017.

二、社会保障有助于贫困人口基本需求的满足

（一）贫困人口的基本需求缺乏

1. 贫困的概念。1976 年，国际劳工组织提出了“基本需求（Basic Needs）”的概念，基本需求是人类为了维持自己的生产和再生产必需的最基本的消费物品，包括充足的食物、衣物、住房，一定的家庭设备和家具，基本的社区服务，如安全的饮用水、卫生设施、公共交通、健康、教育和文化设施等。目前，很多国家仍然把满足人的基本需求作为反贫困战略的基础。简单来说，基本需求是指通过条件和供给的改善，满足人类一定时期内一个国家或者一个地区最贫穷阶层最低限度的生活标准。① 绝对贫困又称生存贫困或者极端贫困，从人的基本需求角度出发来界定，是指在特定的社会生产方式和生活方式下，个人或家庭依靠劳动所得或其他合法收入，不能满足最基本的生存需要，生命的延续因此受到威胁。② 它表现为个人或家庭所支配的收入，不能维系本人或者该家庭的基本生存所需要的福利和消费的状况。绝对贫困不仅仅是不能满足最低限度的生活需要，还包括基于整个贫困比较领域而产生的更高的生活需要。③

特里在《贫困：城镇生活研究》中明确提出了绝对贫困的概念，即“一个家庭处于贫困状态是因为其所拥有的收入不足以维持其生理功能的最低需要，这种最低需要包括食品、住房、衣着和其他必需品”④。贫困是指“物质上、社会上和情感上的匮乏，它意味着在物质、保暖和穿着方面

① 郑宝华，张兰英. 中国农村反贫困词汇释义［M］. 北京：中国发展出版社，2004：6.

② 王朝明，申晓梅. 中国21世纪城市反贫困战略研究［M］. 北京：中国经济出版社，2005.

③ 马丁·瑞沃林. 贫困的比较［M］. 赵俊超，译. 北京：北京大学出版社，2005.

④ 杨国涛，周慧洁，李芸霞. 贫困概念的内涵、演进与发展述评［J］. 宁夏大学学报（人文社会科学版），2012，6.

开支要少于平均水平”。[①] 世界银行对贫困做出界定，贫困是指“当某些人、某些家庭或某些群体没有足够的资源去获取社会公认的、一般都能享受到的饮食、生活条件、舒适和参加某些活动的机会，就是处于贫困状态”（1981）；贫困是指“缺少达到最低生活水准的能力”（1990）；贫困“不仅指低收入和低消费，还指在教育、医疗卫生、营养以及人类发展的其他领域的获得较少”（2001）。[②] 1990 年，中国国家统计局对贫困进行界定，贫困是个人或家庭的生活水平达不到社会可接受的最低标准，缺乏必要的生活资料和服务。[③] 这些都是从经济层面来理解贫困的，偏重于贫困的表象，属于“缺乏说”或“收入贫困”的范畴。

2. 贫困标准。衡量个人、家庭或某一些地区贫困与否的界定标志或测定体系，称为贫困标准或贫困线。

国际上确定贫困线的方法，主要有下面四种：一是收入比例法，以一个国家或地区居民收入或平均收入的 50%~60%作为该国家或地区的贫困线，也就是最低生活保障线。二是生活需求法，又叫“市场菜篮法”。用这种方法确定贫困线，首先要根据当地维持最低生活所需的物品和服务，列出一份清单，包括物品和服务的种类与数量；然后根据市场价格，计算出拥有这些物品和服务，需要多少现金，这样确定的现金金额也就是贫困线。三是生活形态法。它首先从人们的生活方式、消费行为等“生活形态”入手，提出一系列有关家庭生活形态的问题；然后选择若干剥夺指标，即在某种生活形态中舍弃某种生活方式和消费行为，再根据这些剥夺指标和被调查者的实际生活状况，确定哪些人属于贫困者；再分析他们被

---

① 邓大松，刘昌平等. 新农村社会保障体系研究 [M]. 北京：人民出版社，2007.

② World Bank. World Development Report 1981, 1990, 2000/2001 [R]. New York: Oxford University Press, 1981, 1990, 2001.

③ 国家统计局.《中国城镇居民贫困问题研究》和《中国农村贫困标准》课题组的研究报告 [R]. 1990.

剥夺的需求和消费以及收入，从而计算出贫困线。四是恩格尔系数法，以一个家庭用于食品消费的绝对支出，除以已知的恩格尔系数，求出所需的消费支出，也就是贫困线。①

开发式扶贫和社会保障是解决我国贫困问题的两项基本制度。贫困线是指绝对贫困线，它是以基本需求为出发点的。在我国，官方贫困线有两条：一是国家统计局发布的国家扶贫线，用于指导扶贫部门在农村开展减贫工作。绝对贫困线是全国统一性质的，通常是采用“马丁法”来确定，即贫困线=食品支出+基本非食品支出。然后，依照标准再考虑物价上涨因素，得出每年的贫困线。目前，绝对贫困线的制定包括预算标准法（传统）、食物支出份额法、“马丁法”和食物—能量摄取法等。② 二是地方政府制定的城乡低保标准，用于指导民政部门开展低保救助工作。最低生活保障是党和政府为保障困难群众基本生活而作出的一项基础性制度安排，最低生活保障标准是由县级以上地方人民政府按照能够维持当地农村居民全年基本生活所必需的吃饭、穿衣、用水、用电等费用确定，并且随着当地生活必需品价格变化和人民生活水平提高适时进行调整。

（二）社会保障能够应对基本需求不足

1. 社会保障与贫困。社会保障的基本理念：贫困是资源的匮乏，特别是财力不足，因而通过给予受助者财力或实物或服务的帮助，以达到缓解贫困程度的目的。正因为如此，大多数国家把减贫作为建立社会保障的基本目标之一。当然，贫困不仅是现金的缺乏，减贫的措施不只限于现金救助，医疗服务、充分就业、安全住房和教育保障等其他措施也不容忽视。③一些发达国家的数据显示：社会保障支出水平与贫困发生率呈负相关关

① 青连斌. 贫困的概念与类型［N］. 学习时报，2006-06-05（5）.
② 池振合，杨宜勇. 贫困线研究综述［J］. 经济理论与经济管理，2012，7.
③ 杨立雄. 社会救助研究［M］. 北京：经济日报出版社，2008.

系，即社会保障水平高的国家，其贫困发生率较低；而社会保障支出水平较低的国家，其贫困发生率较高。①

社会保障制度是一项公共产品，建立和健全社会保障体系是现代国家政府的责任。② 近年来，各地政府对民生事业的重视程度明显提升，通过不断增加社会保障项目、扩大覆盖面、提高保障水平，已经建成了与社会主义市场经济相适应的社会保障制度框架。社会保障制度坚持“广覆盖，保基本，多层次，可持续”的原则，满足社会成员的基本需要是社会保障制度的重要功能。但从动态角度看，基本需要是一个相对概念，基本需求的内容随经济增长和发展水平的变动而变动。从静态角度看，社会保障提供的基本生活需求保障包括两方面的内容：一是社会保障提供的保障项目与社会成员生存相关；二是社会保障提供的保障水平应仅限于社会成员的基本生活费用需要。③

开发式扶贫是中国特色的减贫政策，改革开放以来我国的扶贫开发工作取得了巨大的成效。按照农民年人均纯收入 2300 元（2010 年不变价）的扶贫标准，从 1978—2015 年，我国农村贫困人口由 7.7 亿减少到 5575 万，减少了 92.8%；贫困发生率由 97.5%降低到 5.7%，下降了 91.8%④。

世界上大多数国家致力于社会保障制度建设，并加大了社会保护性投入。根据世界银行的数据，按照人均 1 天消费不少于 1.9 元美元（2011 年不变价）的国际贫困线标准，世界极端贫困人口的比重由 1981 年的 42.15%下降到 2013 年的 10.68%。贫困人口的持续减少得益于经济增长的

① 高霖宇. 发达国家社会保障水平与收入分配差距关系及对中国的启示 [J]. 地方财政研究，2011，7.

② 陈佳贵，王延中. 中国社会保障发展报告（2001—2004）No. 2 [R]. 北京：社会科学文献出版社，2004.

③ 李珍. 社会保障理论（第 3 版）[M]. 北京：中国劳动社会保障出版社，2013.

④ 李培林，魏后凯. 扶贫书：中国扶贫开发报告（2016）[R]. 北京：社会科学文献出版社，2016.

强劲以及不断健全的社会保障体系。没有经济增长，就没有民生的改善。经济的停滞，不仅会造成经济层面的倾颓，还会引发各种社会、政治危机。《世界社会保障报告 2010—2011》提到，社会保障包括医疗服务、收入扶持、伤残保护、老年保护、家庭成员死亡后的遗属保护、生育保护、儿童抚养责任保护、失业保护、工伤保护、防止贫困和社会排斥的保护。经济合作与发展组织（OECD）把社会保护政策分成了 9 大类：老年保护、遗属保护、丧失劳动能力保护、健康保护、家庭保护、积极的劳动力市场项目、失业保护、住房保护、其他社会政策领域。[①]

2. 社会保障兜底的重要性。随着贫困人口的大规模减少，贫困的结构和特征随之发生变化，开发式扶贫政策的边际效应递减现象突出。对剩下的绝对贫困人口而言，社会保障兜底是他们摆脱贫困的最有效的帮扶措施。事实上，我国农村之所以还存在大量的绝对贫困人口，在很大程度上就是因为长期以来农村社会保障制度严重缺失。[②] 据国务院扶贫办发布的数据显示，截至 2014 年底，全国建档立卡贫困人口中“因病”致贫占到 42.2%，“因学”致贫占到 9.0%，“因灾”致贫占到 5.8%。因病、因学、因灾等致贫成为农村贫困普遍的现象。据《2000 年社会蓝皮书》披露：有 60%以上的被调查者对社会保障表示不满。在调查中，公众最担心的家庭和个人问题依次是：生病住院、下岗或失业、家庭经济困难。[③] 严格意义来讲，直到 2003 年新型农村合作医疗制度建立之前，我国农村都没有社会保障制度，仅有“五保户”制度以及传统的合作医疗制度，基本上是集体经济支持的，少有社会保障的成分。2003 年，新型农村合作医疗制度是真

① 国际劳工局. 世界社会保障报告（2010—2011）［R］. 人力资源和社会保障部研究所，译. 北京：中国劳动社会保障出版社，2011.

② 徐月宾，刘凤芹，张秀兰. 中国农村反贫困政策的反思——从社会救助向社会保护转变［J］. 中国社会科学，2007，3.

③ “中国社会保障体系研究”课题组，杨团，唐钧，等. 中国社会保障制度改革：反思与重构［J］. 社会学研究，2000，6.

正意义上的社会保险制度，由此中国广大农村逐步建立了以基本医疗保险和养老保险为主要内容、各种社会救助为辅的社会保障制度。

最低生活保障制度对家庭人均收入低于贫困线或低保线的对象进行差额补差，保障受助对象的基本生活需要，对贫困者或家庭产生最直接的反贫困作用。而医疗救助、教育救助、住房救助等则对处于贫困线边缘以及低收入群体面临的临时性贫困或因病致贫、因教致贫、因住致贫等的消费性贫困提供直接的现金援助，防止处于贫困线边缘的低收入群体陷入绝对贫困之中。从专项救助的具体目标来看，医疗救助是对贫困群体在患病就医过程中的大量消费进行补助，目的是避免贫困群体因为疾病而使生活陷入困境。教育救助为贫困家庭的子女在各级各类学校就学过程中提供学杂费减免、学费补助等，避免低收入家庭因子女教育费用支出而陷入绝对贫困，帮助这些家庭走出因病致贫和因家庭子女教育机会缺乏而陷入贫困的恶性循环。住房救助的本质是减少低收入家庭因无法支付足够房租而居无定所的情况，由政府财政支付市场房租与居民支付能力之间的差额，保障贫困人口或家庭住有所居。

（三）社会保障制度面临的挑战及其他国家的做法

在人口老龄化的背景下，一方面我国劳动人口在相对减少，人口红利在下降；另一方面社会养老和医疗保险及其他开支大幅增加，成为国家、社会和家庭的沉重负担。《第四次中国城乡老年人生活状况抽样调查报告》显示，2015 年全国 60 岁及以上人口有 2. 22 亿，占到总人口的 16. 1%。中国和世界上其他的国家一样都面临着“未富先老”的问题，养老收入和医疗保险需求增加，同时又面临供给能力不足的困境。目前，我国只有职工基本养老金水平能保障退休后的基本生活，城乡居民基本养老金很低，其发挥的作用十分有限。因此，如何在人口老龄化高峰时期使养老金的增长与经济发展、城乡居民收入的增长保持基本同步，又要为广大老年人口的基本生活、基本服务提供基本保障，已经成为摆在中国社会保障体系建设过程中十分紧迫而又异常艰巨的压力与挑战。[①]

一些国家提出了基本收入政策，以防止贫困发生，使那些因为失去工作能力（包括老年）或有报酬的工作，或因为养家的人去世而失去收入者的收入达到合理的水平。这一主张，始于美国《费城宣言》，迅速扩展于欧盟国家，且已成为欧洲国家（福利资本主义社会中）极力推行的激进制度改革内容。它主张无条件地付给社会中的每一位成员一份基本收入，这项收入是现金形式、周期性支付而非实物形式、一次性赠予，与我国推行的最低生活保障标准是有相似之处。但不同的是，最低生活保障对象是要以家庭为单位进行申请，经过乡镇人民政府（街道办事处）审核，家庭经济状况核查和村级民主评议，县（市、区）民政部门审批后，最终才能确定其是否为救助对象。基本收入政策属于福利项目，以个人为基础付给而不是以家庭为单位，不考虑被授予人是否有任何其他收入来源；也不管他是否工作过或是否愿意接受社会提供给他的工作。

三、社会保障可以降低风险、增加抗逆性

（一）贫困的表征

脆弱性是比较常用的分析贫困致因的概念，贫困是脆弱性的重要表现。世界银行给出了脆弱性的定义：指个人或家庭面临某些风险的可能，并且由于遭遇风险而导致财富损失或生活质量下降到某一社会公认的水平之下的可能。[②] 可以从两个角度来理解，一是指一个人或者一个家庭容易受外界的冲击、压力，或遭遇各种风险，以及遭受风险的人们受到损害的

① 王延中．中国“十三五”时期社会保障制度建设展望［J］．辽宁大学学报（哲学社会科学版），2016，1．

② 世界银行．2000/2001年世界发展报告［R］．北京：中国财政经济出版社，2001．

程度。从另一个角度讲，脆弱性是指一个人或者一个家庭减轻、降低应对突然威胁、灾害和各种风险给生产、生活带来的压力的能力。[①] 通常情况下，贫困与脆弱性有着伴生关系。贫困导致较高的脆弱性，即当冲击发生时，越贫困者越脆弱，遭受的福利水平的下降越严重。脆弱性是贫困的重要表现。由于贫困人口缺乏应对冲击的能力，在冲击出现时，他们往往表现为损失最大、恢复最慢，即呈现较高的脆弱性。[②]

世界银行在20世纪90年代的研究中就已经发现，80%以上的贫困人口并不是“总是穷”（即“长期贫困”），而是“有时穷”（即“暂时性贫困”），原因是他们在面临各种风险冲击时难以抵挡，从而陷入或返回贫困的境地。因此，世界银行在《2000/2001年世界发展报告》中开始从风险的角度来解读贫困，并认为“完善风险管理制度应该成为反贫困战略的本质特点”。将贫困与风险联系起来，事实上是认识上的一个飞跃：贫困是一个静态的、容易具体描述的现象，是标；而风险则是动态的，难以预知的，是本。风险-脆弱性-贫困是认识贫困现象的另一个重要视角，因而也为反贫困战略提供了一个全新的切入点：构建社会安全网，阻隔或切断风险与贫困之间的紧密联系，从而降低或消除贫困人口的脆弱性。[③]

（二）风险与贫困

风险是指能够损害人们福利的未知事件。风险与事件发生的概率相关，超出了个体家庭的直接控制。风险因素包括自然灾害，社会风险（犯罪、暴力、政治等），个人风险（疾病、受伤、事故、家庭变动等），经济风险（失业、资产损失等）。家庭或个人能够通过何种方式应对或管理风

---

① 郑宝华，张兰英．中国农村反贫困词汇释义［M］．北京：中国发展出版社，2004．

② 韩峥．脆弱性与农村贫困［J］．农业经济问题，2004，10．

③ 左停，等．构筑农村社会安全网：缓解农村贫困的战略性制度创新［J］．中国农村经济，2004，12．

险，这取决于家庭或个人可以使用的正式的或非正式的风险管理工具。风险管理包括事前行动和事后行动。事前行动能够降低风险事件的发生或风险暴露，即降低风险。例如，通过接种 H1N1 疫苗，可以降低患甲型流感的概率。事后行动可以缓解风险的损失，例如，保险理赔可以降低家庭因风险事件发生造成的福利损失。风险缓解可以通过自我保险（例如储蓄）、建立社会网络、购买保险等方式实现。政府通过提供安全网，例如公共工程和食品援助能够帮助家庭应对风险。

风险是客观存在的事物，是可以用客观尺度加以衡量的。特里斯曼等将风险定义为“在给定条件下一段特殊时间内所发生的可变动的结果”。① 例如频发的自然灾害、干旱、冲突、动乱以及经济冲击，物价上涨和货币危机，还有健康问题、农作物虫害等。一些国家发展出了一套复杂的机制应对风险，典型的是两种措施：风险管理策略和风险应对策略。其中，风险管理策略包括通过选择项目组合优化降低风险以实现管理风险的目的，例如，选择低风险的活动或者通过不同的风险搭配多样化风险组合，如种植耐寒作物、进行小额交换或者收集柴火、季节性迁移等。风险应对策略包括处理收入下降风险的后果。两种常见的方法是：通过储蓄实现自我保险，通常在急需时出售耕牛和其他牲畜；非正式互助机制，小组成员或社区成员基于互助在急需时提供转移性资助。②

保险学中，通常将“风险”定义为一种负面的不确定性，即结果与预期的差距。家庭和个人时刻都面临着各种各样的风险。根据风险发生的类型，可以将农村家庭风险分为农业风险、养老风险、医疗风险和流动性风险。③ 一旦家庭出现风险，在未来几年至少一次陷入贫困就是脆弱的。而脆弱性既是风险的产物，也是个体抵御风险的能力和行动的产物。当风险

① 邓大松，刘昌平，等. 新农村社会保障体系研究［M］. 北京：人民出版社，2007.

② 左常升. 国际减贫理论与前沿问题 2013［M］. 北京：中国农业出版社，2013.

③ 邓大松，刘昌平，等. 新农村社会保障体系研究［M］. 北京：人民出版社，2007.

打击程度相同，风险抵御机制强的家庭脆弱性较小，风险抵御机制弱的家庭脆弱性较强。贫困的家庭面对较强的风险打击，由于自身的风险抵御机制弱，更容易陷入贫困，而能够经受打击的家庭可能不会陷入贫困。[①] 脆弱性是指在将来陷入贫困的可能性，是一种事前状况，不能直接观察到，但可以预测。

按照世界银行的风险管理框架，所有的个人、家庭和社区都会面对来自不同方面的风险，这些风险既包括自然的也包括人为的。但贫困人群不仅更容易遭遇风险，风险对他们的负面影响也会更为严重，因为他们应对风险的工具非常有限。不仅如此，由于贫困人群没有能力或者不愿意选择高风险/高回报的经济活动，他们不仅难以脱贫，其贫困程度甚至会进一步加深。[②] 在缺少有效的社会保障制度的情况下，大多数家庭都是脆弱的群体，他们遇到任何风险，如收入减少、疾病或任何天灾人祸时都有可能陷入贫困。

越来越多的研究也表明，风险和冲击是低增长的原因，低增长又造成贫困人口收入增长缓慢甚至陷入贫困陷阱。集中关注贫困人口有助于增长和平等；任何情况下都是确保贫困人口分享经济增长成果的工具。在发展中国家，未被社会保障覆盖的人口通常在非正规部门，而不是在正规部门工作。未被社会保障制度覆盖，通常是非正规就业的定义的一部分内容。即使在经济高速增长的发展中国家，越来越多的工人（多数通常是女工），由于缺乏社会保障，就业安全得不到保障（如临时工、家庭劳动和自谋职业者）。这对他们的生活和工作本身都带来了巨大的冲击。由于被边缘化和缺乏保障制度，他们仅有的一点赚钱能力也被压制。当他们因为年老、疾病或伤残而没有工作能力时更是如此。

---

① 李春光. 国际减贫理论与前沿问题 2011［M］. 北京：中国农业出版社，2011.

② 世界银行. 2000/2001 年世界发展报告［R］. 北京：中国财政经济出版社，2001.

贫困人口常常同时面对身患疾病或者从事危险工作等重重风险，产生日益增强的不安全感；低收入意味着他们没有结余，没有能力去积累财富，而这也使他们面临危机时没有能力去应对；他们大部分人通常在非正规经济部门工作，而非正规经济部门由于缺乏法律规范，劳动条件并不安全；他们可能缺少基本的教育（文盲），由于社会权利意识缺失，所以经常享受不到社会保护及健康教育方面的保障。另外，他们可能居住在偏远山区，远离社会公共服务。对于贫困人口来说，成功地处理好他们面对的风险通常是事关生死存亡的问题，但是，风险并不仅仅影响已经陷入贫困的贫困人口，也会使其他人陷入贫困。扶贫开发和社会救助的减贫政策是一种事后干预，它不仅能更有效地定位即将陷入贫困的群体和减少贫困人口长期贫困，增强政策的有效性，也能减少减贫政策的成本。

（三）社会保障能够应对风险

社会保障制度是一种风险分散机制。换句话说，社会保障的本质是分散社会成员的风险。我们每一个人都可能面临各种风险而陷入收入水平低下、无收入或无力支付医疗费用的境地，这些风险包括生老病死、失业、伤残等。社会保障制度通过征收费（税）筹集资金，并为退休或其他原因陷入困境的社会成员提供基本的收入保障或提供医疗费用补偿，分散个人的风险，使其免于贫困。社会保障的基本作用是分散个体的风险、减缓贫困，并且在一定程度上缩小贫困差距。从微观层面看，社会保障制度有分散个体风险、减少贫困、保护人力资源等作用。我们每个人都面临生老病死的风险，面临因不测而引起的风险；而每个人也都有生存的需要、发展的需要和安全的需要。社会保障制度正是现代政府为解决这种风险与需要的工具。①

---

① 李珍. 社会保障理论（第3版）[M]. 北京：中国劳动社会保障出版社，2013.

具体来说，养老保险是社会保险制度的核心，它通过为退出劳动岗位的劳动者提供收入保障的方式增强其抵御老年风险的能力，达到预防贫困的目的。医疗保险制度的设计原理可以应对疾病风险管理的不确定性。由于每个人的患病概率、时间、类型和治疗费用等是不确定的，一旦遭遇大病，极可能出现因病致贫、返贫的情况。因此，每一个人缴纳医疗保险费，组成一个大的医疗保险基金池，使得风险在所有参保群体之间进行分散，医疗资源在患大病者、患小病者及不患病者之间进行再分配。失业保险的反贫困机制主要是通过提供就业保险金，保障失业者基本生活需求，缩小收入差距，促进失业者再就业，使其重返劳动力市场参与初次分配等，有效减少低收入群体的数量。工伤保险是在劳动者遭遇职业伤害或者职业病的情况下，从国家或社会获得物质帮助的保险制度，具有工伤补偿、工伤预防、工伤康复的作用，对于劳动者重返劳动力市场，避免因工伤引起收入中断或减少陷入贫困具有重要作用。

（四）市场化进程中社会保障制度面临的新问题及其他国家的做法

市场化进程中，社会保障制度以老年风险、疾病风险、工伤风险、失业风险等为对象，将国家作为责任主体，通过税收筹资并按照待遇确定或缴费确定的方式将个体面临的社会风险内化于制度之内。首先，近年来，针对贫困群体的社会安全网架构已经构建，但农村社会保障的兜底强度明显不足以抵御风险，如新型农村合作医疗的覆盖面已经很大，但是，大病危病带来的贫困风险依然很大。其次，各种社会保障在制度上呈现出碎片状，降低了财政保障兜底的有效性。再次，虽然对贫困地区的教育、医疗等支持有了很大的提高，但是这些服务是按照城市消费标准建构的，其费用水平相对贫困人口的收入而言依然过高。虽然有社会保障的支付，但医疗和教育过高的费用仍然过度消耗了农民有限的收入。最后，从制度上讲，现有农村社会保障基本上属于补充性保障，还达不到真正意义上的支付性保障。虽然城乡居民基本医疗保障实现了一体化，但城市人口的支付能力远远高于农村地区，富裕人口的支付能力远远高于贫困人口。因此，农村贫困人口因学、因病致贫的风险更大。

2008 年金融危机爆发后，世界上绝大多数国家都提高了社会保障的覆盖范围和保障水平，以此来应对失业率增加等其他风险。为减少贫困，防止社会分裂，各国开始了扶贫制度创新。其中，有条件现金转移支付（简称 CCT）项目是其中最有成效的一项制度创新。20 世纪 90 年代中期，拉美部分国家（如墨西哥和巴西）提出 CCT 项目，即提供现金资助给贫困家庭，但必须以投资于人力资本为基础，比如要求家长送孩子去学校或健康中心，同时通过教育券、补贴式医疗保险计划等形式直接资助需方。CCT 项目针对提高儿童的人力资本，以教育援助和健康营养援助为项目主要构成，包含健康、教育、营养三重目标，比如墨西哥的教育健康食品计划、哥伦比亚的家庭在行动计划、洪都拉斯的家庭安置项目、牙买加的健康教育发展计划、尼加拉瓜的社会保障网络。CCT 项目强调人力资本的积累，促进贫困家庭儿童的发展，打破贫困代际转移，促进了社会救助方式由生存型向发展型的转变。目前，我国也在开展 CCT 项目，其实施对象主要为低保家庭和低保边缘家庭中有劳动能力而处于失业状态的成员，如为贫困家庭提供小额贷款、个人发展账户等资产建设项目，在提供现金的同时设定一定的条件，包括参加教育培训、接受金融知识培训并提供咨询服务等。

四、社会保障能够减少社会排斥、促进社会融合

（一）社会排斥的概念及其类型

1974 年，法国学者维莱·勒内首先明确提出了社会排斥的概念，用以阐述被排斥在就业岗位正式来源和收入保障制度之外的特定社会边缘群体

的状态。他估计当时法国受排斥者达到了全国人口的十分之一。这些人包括精神病患者、身体残疾者、有自杀倾向者、老年病人、受虐待的儿童、吸食毒品者、有越轨行为者、单亲父母、多问题家庭、边缘人、反社会者和社会不适应者。① 英国汤森用社会剥夺来研究贫困，提出相对剥夺的概念，即“社会上一般认为或风俗习惯认为应该享有的食物、基本设施、服务与活动的缺乏与不足”。“人们常常因社会剥夺而不能享有作为一个社会成员应该享有的生活条件。假如他们缺乏或不能享有这些生活条件，甚至因此而丧失成为社会一员的身份，他们就是贫困的”。② 英国政府对社会排斥的定义是，人民或者地区遭受了失业、低技能、低收入、简陋的住房、高犯罪率、不健康和家庭破裂等问题的综合影响。

1989 年，欧共体提出“贫困应该被理解为个人、家庭和群体的资源——包括物质的、文化的和社会的——如此有限，以至于他们被排除在他们所处的国家可以接受的最低限度的生活方式之外”。③ 欧盟在 20 世纪 80 时代的文件中开始使用社会排斥的概念，认为社会排斥不是简单的资源不足，而是涉及个人和家庭以社会整合和整合劳动力市场为手段，能够保障有体面的生活条件，并制定了促使每一个人融入的标准：教育、培训，能熟练地掌握基本技能，工作，住房，社区服务，健康照顾等。④ 皮斯对社会排斥类型做出了如下划分：社会边缘化、新贫困、民主法制/政治排斥、非物质性的劣势、被“最低限度生活方式”排斥、文化排斥（包括种族和性别）、家庭和社区排斥、被福利国家排斥、长期贫困、被主流政治和经

① 熊光清. 欧洲的社会排斥理论与反社会排斥实践［J］. 国际论坛，2008，1.

② 唐丽霞，李小云，左停. 社会排斥、脆弱性和可持续生计：贫困的三种分析框架及比较［J］. 贵州社会科学，2010，12.

③ European Community. Community charter of fundamental social right［R］. EU：European Community，1989.

④ 彭华民. 西方社会福利理论前沿——论国家、社会、体制与政策［M］. 北京：中国社会出版社，2009.

济生活排斥、贫困、剥夺、被工作关系排斥、经济排斥和被劳动力市场排斥等。①

联合国开发计划署提出社会排斥有四种类型：剥夺参与权、回避法治、压制和导致贫困化。② 一个人如果被排斥在主流经济、政治以及公民、文化的活动之外，那么即便拥有足够的收入、足够的能力，他也依然处于“权利贫困”的状态。③ 欧洲理事会指出社会排斥是某些个人由于贫穷、缺乏基本技能和终身学习的机会，或者由于受到歧视，导致他们被推入社会边缘，无法全面参与各项社会活动的过程。④ 社会排斥使他们不能得到工作、收入和教育的机会，也使他们远离社会、社区网络和各种社会活动。他们难以触及权力和决策团体，因而经常感到没有权力和不能控制影响他们自身生活的决策问题。⑤

阿马蒂亚 · 森将贫困界定为能力剥夺，并把社会排斥区分为建构性排斥与工具性排斥两种类型。他在其著作中谈到，建构性排斥是指“有时遭受排斥本身就是一种排斥，而且这种排斥会对受排斥的人产生很大的直接影响，对受排斥人而言，遭受剥夺本身就是一种损失”。⑥ 而工具性排斥是指剥夺本身并不直接造成损害，但可能通过其他途径导致一个人陷入贫困。托尼 · 阿特金森认为社会排斥有三个要素，一是相对性，即社会排斥有特定空间和时间；二是能动性，即排斥是能动者的一种行动；三是动态性，即人们被排斥，并不仅因为他们目前没有工作或者收入，而且表现为

---

① 龙静云. 社会排斥与报复性特恶道德问题及其治理［J］. 哲学动态，2014，2.

② UNDP，Human Development Report 2000［R］. New York：Oxford University Press，2000.

③ UNDP，Human Development Report 1997［R］. New York：Oxford University Press，1997.

④ European Council. Joint Report on Social Inclusion［R］. Luxem bourg：Office for Offical Publication of the European Communities，2004（10）.

⑤ European Council，Joint Report on Social Inclusion［R］. Luxem bourg：Office for Offical Publication of the European Communities，2004（10）.

⑥ 丁开杰. 西方社会排斥理论：四个基本问题［J］. 国外理论动态，2009，10.

他们的发展前景黯淡。[1]

整合不足是社会排斥的表现，在一个社会中，解决社会排斥，其目的是为了实现社会的融合。工作是达到社会整合的手段，个人的经济水平反映他们的生存状态。社会排斥不仅表现为收入的不足，而且表现在工作参与等方面的不足。简而言之，社会排斥强调的是社会连接的断裂，两种社会层级的危机、福利依赖层的重新组合等内容。[2]。在整合的情况下，意味着一个人有稳定的工作保障，可以从社会关系中得到有力的支持；在脆弱的情况下，个人工作没有保障，社会关系也是脆弱的，因而个人不容易得到社会资源；在孤立的状况中，个人既没有工作又没有社会关系资源，陷入社会孤立的状态。在有援的情况下，个人有工作保障，有社会网络资源和社会政策支持。[3]

福利制度的社会排斥是指个人和团体不具有公民资格而无法享有社会权利，或者即便具有公民资格也被排斥出某些福利制度。后者包括排斥出社会救助、社会保险、社会优抚等制度。在一些国家和地区，社会保险制度只能保障失业者在一定时期内有基本保障，长期失业者将被排斥出社会保险制度；而从未工作过或未缴纳过社会保险金的人也同样会被排斥出社会保险制度之外。[4] 1995 年，丹麦哥本哈根召开的社会发展及进一步行动世界峰会将社会排斥视为消除贫困的障碍，要求反对社会排斥。

（二）社会排斥与贫困

在全球化的背景下，现行社会福利制度与日益增长的新的风险之间出

---

① 托尼·阿特金森. 社会排斥、贫困和失业 [J]. 经济社会体制比较，2005，3.

② ROBBINS D. Social Europe towards a Europe of Solidarity: Combating Social Exclusion [R]. European Community, 1994.

③ CASTEL R. The roads to disaffiliation: insecure work and vulnerable relationships [J]. International Journal of Urban and Regional Research, 2000 (3).

④ 王永慈. 社会排除：贫穷概念的再诠释 [J]. 社区发展季刊，2001，95.

现了严重脱节，还引发了一个悖论：国家所提供的福利救济越多，发生道德公害和欺诈的可能性也就越大。① 各种社会排斥过程无不导致社会动荡，终而危及全体社会成员的福利。② 社会排斥不仅意味着被排除出劳动力市场，而且还意味着由于遭受排斥而处于持久性的贫困状态。而不管是哪一种情况都使被排斥者陷入非常不利的窘迫境遇之中，包括经济上的贫困、社会交际网络的闭塞以及政治权利和社会权利的贫乏。不同地区、不同行业、不同经济类型、不同年龄阶段，其发展能力和收入水平差异性很大，与此相伴随，不同人群之间生活保障程度的差异也很大，特别是在老龄化或者遭遇重大灾害、疾患、失业等突发事件，社会保障问题就会更加突出。

充分就业是社会稳定的一种表现，是宏观经济政策的一个重要目标。一方面经济增长的速度和规模在一定程度上促进了社会保障水平的提高，另一方面也制约了社会保障水平的发展，二者是相互促进、相互制约的。社会成员在消费、生产、政治、社会互动的参与不足、不参与都可能被认为是社会排斥的存在。社会排斥的存在，使一部分人被剥夺了获得体面的工作、安全的住房、充足的医疗保健、良好的教育、稳定而有保障的生活条件等各种机会和权利，他们往往处在贫困、疾病和疏远、孤独的状态之中。更为突出的是，社会排斥具有代际传递和周期性特征，即被排斥者的弱势地位和身份会在代际间“遗传”，从而形成被社会排斥的恶性循环。

社会成员因各种原因未能有效地参与生产、交换经济等活动，在产品分配和消费方面存在严重的不公，很可能陷入贫困。贫困个人或家庭受到剥夺和排斥在社会中处于弱势地位，也生活在社会的边缘。按照“致弱”

---

① 安东尼·吉登斯. 第三条道路：社会民主主义的复兴［M］. 郑戈，译. 北京：北京大学出版社，2000.

② 克莱尔·肖特. 消除贫困与社会整合：英国的立场［J］. 国际社会科学杂志（中文版），2000，4.

因素，弱势群体可分为生理性弱势群体和社会性弱势群体。其中，生理性弱势群体一般是指由于疾病、残疾等生理方面的缺陷而处于弱势群体；社会性弱势群体一般是指收入低、经济能力有限的群体。① 社会排斥是贫困人口面临的一种状态，剥夺可能引发社会排斥，也可能是社会排斥的原因。从表现上看，贫困和收入差距的存在，直接表现为一部分社会成员未能在劳动力市场有效地发挥其角色作用：失业和低收入。而失业或收入低的直接原因往往是与健康状况（残疾或疾病）或缺少必要的知识和技能等因素相关。一些社会成员因自身能力不足或者受到社会排斥而沦落为贫困群体。

（三）社会保障能够应对社会排斥

社会排斥是一个多元概念，它不但指在经济资源上的长期匮乏，还指在社会关系上、心理上、文化上和政治参与上的长期被隔绝，这种匮乏和隔绝不仅导致贫困人口日常生活质量下降，更重要的是被排斥者不能享受到公民权所赋予的公民政治及社会权利，而这种权利不可能依靠提供经济援助和保障救济来赋予。社会排斥作为一个社会的总体力量压迫某些个体或群体，制造出贫困。由于社会排斥把贫困群体从主流社会中隔离开来，使他们陷入孤立的境地，并逐渐被边缘化，因此，反贫困的重点就应该是增加他们的社会融合程度，避免他们被抛出主流社会。影响社会排斥形成的因素是多方面的，如缺少工作机会、缺少技能、缺乏政治和社会参与、体弱、学历低等因素，这些因素进而还会导致他们丧失社会关系网络而陷入边缘化的困境。

随着经济社会发展水平的提高，我国的绝对贫困发生率呈现逐年下降趋势，但相对贫困发生率却逐年升高，发展型贫困人口规模较大，低收入

---

① 朱力．脆弱群体与社会支持［J］．江苏社会科学，1995，6．

人群的收入水平增长缓慢，返贫现象严重，部分贫困群体仍被排斥在救助体系之外。其中，返贫是指由于自然灾害、生态环境变化、经济格局调整、外部市场变化等因素，已经脱离贫困或者处于贫困线之上的人口又重新掉入贫困线之下，再次成为贫困人口。社会救助以保障公民社会权利为基本理念，社会排斥的实质是公民权利的缺失。具体政策实施中，一些有劳动能力，但没有工作的人，受到社会排斥，不被纳入社会保障的范畴。社会救助到底应该给予健康的贫困人口多少救济，完全应该由法律来决定。同时，政府要对贫困者一视同仁，即使最坏的贫困人口也应该获得一视同仁的最低限度的救济。① 此外，只通过救助是无法改变弱势群体的贫困状况的，还要采取有效的途径使其真正摆脱贫困状态：第一是为个人提供稳定的工作。第二是国家有创建社会保障制度的责任。第三是对寡妇、儿童等特殊人群可以通过济贫法制度救济。②

（四）社会保障制度面临的挑战及其他国家的做法

我国弱势群体规模基本稳固，大致可归纳为四类：一是失业人员，当前我国青年就业、农村劳动力转移就业和下岗失业人员再就业“三碰头”，不能实现就业、不能体面工作都可能成为社会融合的持久障碍。二是进城务工群体，“经济吸纳、社会拒入”的状况使得部分群体成为“无根阶层”，加剧着社会纽带的断裂。三是婚姻失败者，离婚率居高不下，单亲生活陷入困境，不良行为青少年数量持续走高，影响社会融合的良性循环。四是老弱病残群体，部分弱势群体的形成，背后的重要推手之一就是制度化、政策性的社会排斥。这种排斥通过政策设计、治理机制和市场机制多维运作，实现了部分弱势群体边缘化地位的生产和再生产。如农民工

---

① 约翰·穆勒. 政治经济学原理及其在社会哲学中的若干应用（上卷）[M]. 朱泱，赵荣潜，桑炳彦，译. 北京：商务印书馆，1991.

② 王军伟. 霍布斯政治思想研究 [M]. 北京：人民出版社，2010.

群体，我国有超过 1 亿的农民工长期生活在城市，但就业、住房、医疗、子女入学、社会保障等方面不能与城镇居民享受平等待遇，不能获取正当的社会资源，阻隔于社会主流关系之外。[①]

从社会排斥的角度来看，贫困是个人、家庭和群体因为缺乏社会资本（物质资本、人力资本和社会资本），以致他们被排除在社会群体可以接受的最低限度的生活方式之外。低保制度实施以来，避免“养懒汉”的观念深入人心，我国强调执行严格的调查和较低的救助标准。地方政府民政部门或县级政府由于财力支付压力和关键人物的观念等因素，往往导致地方政府制定的救助标准很低，贫困人口在接受救助后的生活仍然处于严重被社会排斥的状态。由于医疗救助、教育救助、住房救助等专项救助与低保家庭相“挂钩”，有的低保家庭每年获得的低保以外的现金补助和实物救助多达数千元，甚至上万元，实际生活水平明显超过了低保边缘家庭，形成了两类群体在享受救助上的“悬崖效应”。低保“含金量”增加，从而增加了停保、退保的难度，一些不再符合低保条件的常常无理纠缠，拒绝退出低保救助机制。另一方面，低保资源在乡村复杂的社会政治条件下出现了“异化”，低保救助在某种程度上变成了“唐僧肉”，使低保政策失去了兜底扶贫的作用。[②] 因为通常情况下，国家给定的低保户和贫困户的数量会多于急需救助的特困户的数量，但又少于乡村中实际需要低保和扶贫帮扶的农户数量，客观上必然会出现部分贫困群体被排除在外的现象。

20 世纪 70 年代中后期出现的石油危机，结束了西方国家长达 20 多年的经济发展的“黄金时代”，通货膨胀加剧，引发了大规模的失业，福利国家由此陷入困境。1981 年，经济合作与发展组织（OECD）在法国巴黎举行了 80 年代的社会政策会议，并编辑出版了《危机中的福利国家》一

① 许正中. 加快推进社会融合应成为治国理政的重要议程［J］. 中国发展观察，2012，5.

② 李小云. 低保政策能消除贫困吗［EB/OL］. 南都观察，http：//www.aapchina.org.cn/node/84.

书，开始声讨福利国家，认为社会福利扩张导致了政府的过分扩张，导致了国家庞大的财政赤字，这是造成经济衰退和通胀持续高涨的主要原因，即社会福利带来了高额的社会支出，而社会支出的沉重负担和经济的可持续发展相互矛盾。[①] 另一方面，社会保障制度的负激励效应涌现，引发了“福利病”及道德风险等问题。一些社会成员因过度依赖福利制度而拒绝工作，给政府带来了沉重的负担。一些国家也开始主张对社会资源进行再分配，提高社会成员的社会参与，解决福利国家的危机。

为克服社会保障制度的缺陷，减少社会排斥，实现社会融合，一些国家主张实施“负所得税”制度。1962 年，米尔顿·弗里德曼在《资本主义与自由》一书中提出负所得税理论。负所得税是以政府向个人支付所得税来代替社会福利补助的一种形式，对政府来说是个人所得税的负收入。其目的有两个：一是对低收入群体不仅不收税，而且给予所得税补助，以保证个人收入不低于一定的水平；二是在补助低收入者的同时，又要保全效率，不养懒汉。负所得税的基本思想是政府规定最低收入指标，然后按一定的负所得税税率，根据个人不同的实际收入按比例发给补助金，这种补助金称为“负所得税”。具体计算过程是：负所得税 = 最低收入指标—(实际收入×负所得税税率)。农村贫困人口可支配收入包括个人实际收入和负所得税的总和。负所得税的补助制度既帮助低收入者维持了最低生活水平，同时又不会挫伤工作积极性，使人们克服了依赖政府过生活的思想。[②]

---

① 弗尔顿·弗里德曼，等. 自由选择［M］. 张琦，译. 北京：机械工业出版社，2008.

② 李庆梅，聂佃忠. 负所得税是实现扶贫开发与农村低保制度有效衔接的现实选择［J］. 中共中央党校学报，2010，5.

五、社会保障有助于减轻相对贫困、减少社会不平等

（一）作为权利的社会保障

社会保障是法律赋予公民的一项基本权利。《中华人民共和国宪法》明确规定："中华人民共和国公民在年老、疾病或者丧失劳动能力的情况下，有从国家和社会获得物质帮助的权利。国家发展为公民享受这些权利所需要的社会保险、社会救济和医疗卫生事业。"马歇尔在《公民资格与社会阶级》一文中指出，公民资格由市民权利、政治权利、社会权利三部分组成。他认为所有拥有完全公民资格的公民都有享受社会服务和社会福利的权利。[①] 1948 年，联合国大会全体会议通过的《世界人权宣言》指出，"每个人享有社会保障权，以使国家、社会和国际合作努力实现每个人的个人尊严和人格自由发展所必需的经济、社会和文化方面的各种权利"。

现代社会保障制度产生于德国，经由一百多年的发展，许多国家和国际法律文书承认"社会保障是一项基本的人权"。《国家人权行动计划（2016—2020 年）》强调，要推进精准扶贫脱贫，健全公共服务体系，稳步提高基本公共服务均等化水平，维护"人权"。"人权"的主要内容为生存权和发展权，当一个人无法依靠自身力量生活、生存下去的时候，国家和社会有义务保障其有享受包括食品、衣着、养老、教育、医疗等基本生活的权利。

贫困不仅是收入水平和消费水平低的经济学现象，而且也与人的能力差异与他们所面临的权利和机会不均等有关。奥本海默从"机会被剥夺"的角度去界定贫困，"贫困夺去了人们建立未来大厦——'生存机会'的

---

① 郑秉文. 社会权利：现代福利国家模式的起源与诠释 [J]. 山东大学学报（哲学社会科学版），2005，2.

工具。它悄悄地夺去了人们享有生命不受疾病侵害、有体面的教育、有安全的住宅和长时间的退休生涯的机会”，他倾向于将贫困解释为社会不公平的结果，而不是懒惰或丧失意志力的结果。① 阿马蒂亚·森在指出，“当识别穷人的贫困标准不得不根据一个社会当时的生活标准来确定时，贫困就好像进一步表现为这个社会中最贫困的一组人与其他人之间的不平等”。“贫困是对基本的可行能力的剥夺，而不仅仅是收入低下”。②

机会的缺失、疾病、糟糕的教育水平、社会保障系统的软弱无力等是造成人们收入能力丧失并陷入贫困的不可忽视的因素，这也是开发式扶贫政策减贫效应日益不明显的原因。当前，我国扶贫开发已进入啃硬骨头、攻坚拔寨的冲刺期，剩下的贫困人口大多是生理性贫困群体，“老弱病残”是其最显著的特征，贫困程度较深，减贫成本更高，脱贫难度更大。对于陷入贫困的家庭或个人来说，贫困不仅仅是收入水平低的问题，还包括更多的现实问题，如饥饿、营养不良、饮用水不安全、基本卫生服务缺乏、社会歧视、人身安全无保障以及社会排斥等。与贫困做斗争的过程中，许多国家和国际组织越来越认识到缺吃少穿仅仅是贫困的表象，而不是它的主因。导致贫困的内在根本性原因，是更深刻意义上的社会生存、适应及发展能力的低下与短缺。③

（二）社会保障具有收入再分配调节的功能

长期以来，我国农村的反贫困政策过多地强调以项目扶持为载体的开发式扶贫的重要性，反而忽视了社会保障在缓解贫困、缩小社会不公平等方面发挥的作用。最低生活保障制度属于直接性现金转移支付，因此其救

---

① 唐钧. 社会政策基本目标：从克服贫困到消除社会排斥［J］. 江苏社会科学，2002，3.

② 阿马蒂亚·森. 贫困与饥荒：论权利与剥夺［M］. 北京：商务印书馆，2001.

③ 方黎明，张秀兰. 中国农村扶贫的政策效应分析——基于能力贫困理论的考察［J］. 财经研究，2007，12.

助金的支付具有直接性、显著性、适用性广和实施成本低的特征，可以直接增加农村低保家庭的收入，减少支出，进而缓解支出型贫困和收入型贫困的作用。社会保障在促进居民收入再分配方面的作用更加明显。

在初次分配领域，社会保障发挥着直接或间接的调节作用，社会保险和职业福利可以影响和改变初次分配的格局。通过包括工资、福利、保险等在内的薪酬体系的设计，来提高劳动者的总体报酬，进而实现分配领域中的初次调节。间接地看，社会保障通过合理的制度设计对低收入群体、贫困人口、失业人员、患病人员等群体提供各种帮助。

再分配领域，社会保障通过发挥政府的主导和调节作用，运用社会保障的资源和机制，扶弱济困，应对各类风险；通过政府对社会保障的财政转移支付机制和社会保障的资金筹集与待遇支付机制，实现对弱者和贫困人口的直接帮助，进而实现不同人群之间的收入分配调节。从第三次分配或第四次分配来看，主要体现在慈善事业和民间互助方面，在政府的倡导和政策引导下，通过社会和民间自愿的捐赠来筹集资金，帮助社会弱势群体，进而实现更高层次的收入分配。① 有研究显示，2001—2002 年英国家庭收入按照五等份法进行分组，其中低收入家庭的最初收入为 3410 英镑，高收入家庭的最初收入为 62080 英镑，高收入家庭的最初收入是低收入家庭的 18.2 倍。通过社会保障制度进行收入再分配调节后，低收入家庭的最终收入为 10390 英镑，高收入家庭的最终收入为 44020 英镑，高收入家庭的最终收入是低收入家庭的 4.2 倍。这一时期内，高收入和低收入家庭两个群体的收入差距明显缩小了。可以看出，社会保障制度在调节收入分配方面的作用很显著。②

---

① 王延中. 中国社会保障发展报告——社会保障与收入再分配（2012）No. 5［R］. 北京：社会科学文献出版社，2012.

② WALKER R L. Social Security and Welfare：Concepts and Comparisons［M］. Open University Press，2005.

1942年，英国学者贝弗里奇在《贝弗里奇报告——社会保险和相关服务》中，将社会保障视为一种公共福利计划，认为社会保障是指人民在失业、疾病、伤害、老年以及家主死亡、薪资中断时，予以生活经济的保障，并辅助其生育婚丧的意外费用的经济保障制度。其观点对西欧各国建立“从摇篮到坟墓”的福利制度产生了重大的影响。① 在高福利国家特有的制度下，公民的生老病死、妇女生育、儿童教育、工作与退休都能得到很好的照顾，这是政府赋予其的基本保障。但福利制度能够缩小社会不平等吗？以马歇尔为代表的学者持积极肯定的态度，认为国家主导的福利体制有助于缩小社会成员间的收入差距，并进而有助于改善资本主义社会的阶级差异和社会冲突状况。② 以艾斯平-安德森为代表的学者持相反的态度，他在其代表作中将资本主义福利国家划分为社会民主主义、保守主义及自由主义三种福利体制类型③。

（三）社会保障能够应对社会不公平

社会保障制度具有公平指向性特征。社会保障公平性是指社会保障制度设计和运行是否符合社会中主流的公平观，也就是说社会保障的运行是否满足公众对公平分配公共资源的要求④。关于公平的定义，可以从四个层面来理解：①从公平的本原上说，公平是指人际利益交换中的等利交换行为，一视同仁、不偏不倚。②从人们的贡献与获益的过程上说，公平可分为起点公平、机会公平和结果公平。③从公平的规则体系上说，可分为分配规则和评价或裁判规则公平。④从公平的适用领域上说，公平不只是表现在物质财富的初次分配和再分配过程中，在其他各种社会资源中，如政

---

① 郑功成. 中国社会保障论［M］. 北京：中国劳动社会保障出版社，2009.

② T. H. 马歇尔，安东尼·吉登斯. 公民资格与社会阶级［M］. 郭忠华，刘训练，译. 南京：江苏人民出版社，2007.

③ ANDERSON A. The three Worlds of Welfare Capitalism［M］. Cambridge：Policy Press，1990.

④ 关信平. 当前我国社会保障制度公平性分析［J］. 苏州大学学报，2013，3.

治权利的享受、社会声望的获得、司法权利的保护、教育机会的获取、职业的选择乃至人本身的生存方式等，其配置过程都存在着是否公平的问题。①

社会保障制度公平性目标的达成有赖于其三方面的属性：首先，社会保障制度具有准公共物品属性。准公共物品具有消费上的非竞争性和非排他性的特点，社会保障制度作为一国公民获取生存保障的公民权利，其准入资格依赖于公民身份，凡本国公民均可一视同仁地纳入社会保障体系中；其次，社会保障制度具有再分配属性。再次，社会保障制度具有社会效益属性。社会保障制度建设除在全社会范围内实现广泛的社会调剂，来实现强者对弱者、富有者对贫困者的帮助外，更为重要的是它可以通过再分配手段来实现社会公平的目标。社会公平的实现不仅有利于社会的稳定，而且由于它能够为市场提供良好的社会秩序、为社会创造有利的经济环境，从而使社会有条件创造更多的社会财富来为社会保障制度的再分配提供物质基础。

社会保障可能会出现负向调节，扩大收入差距，引发社会不公平。社会保险是通过权利与义务关系的非完全对应性进行资金筹集与待遇支付，可以体现其调节收入分配的作用。但从政策实施效果来看，社保制度具有的逆向再分配效果明显。就养老保险而言，我国现行养老保险制度明显减弱了代内再分配效应，并且可能会引起严重的代际不公平。② 由于现行的养老保险制度采用的是累退的缴费机制，即越是低收入行业的职工，其真实缴费率越高，养老保险缴费负担越重；越是高收入行业的职工，其真实缴费率越低，养老保险缴费负担越轻。

针对不同群体的多种养老保险制度并存，不同养老保险制度之间相互独立，同一养老保险制度下不同地区之间相互割裂，使我国社会养老保险

① 郭殿生. 公平、效率与社会保障［J］. 福建论坛，2006，10.

② 彭浩然，申曙光. 改革前后我国养老保险制度的收入再分配效应比较研究［J］. 统计研究，2007，2.

制度呈现出“碎片化”的状态。[①] 目前，全国各地“新农保”具体实施办法差异大，如各地“新农保”的缴费主体、待遇构成、缴费标准及缴费基数皆存在较大差异。城乡之间、地区之间、人群之间、单位之间存在制度建设有无、待遇水平高低、再分配能力强弱等方面的不公平表现。

（四）社会保障面临的挑战及其他国家的做法

虽然我国社会保障制度已逐渐从选择性向普惠性、改革试验向成熟定型转型，其保障范围持续扩大，保障水平不断提高，保障体系日臻完善。但是社会保障制度体系仍存在分割状态，呈现碎片化、内卷化发展趋势，制度的公平性备受质疑。具体表现：从内容上来说，发展不均衡；从结构上来说是分裂的；从水平上来说存在极大差别。[②] 如果一个社会的收入分配是不公平的，且社会收入差别大，就会陷入一个不平等的恶性循环陷阱。在现实生活中，机会不公平和过程不公平是普遍存在的，所以收入可能是有差异的，这种差异包含着不公平的因素。政策的责任不仅表现在收入差别的调整上，更在于保证机会公平和过程公平。2004 年，一项对欧洲和美国的调查研究表明，当收入不平等程度加大时，个人更倾向于认为自己是不幸福的。之所以这样，一种解释是不平等违背了人们的公平感；另一种是人们感到很不平等的收入分配反映了不平等的过程和不平等的机会分配。实际上，低保制度在保障贫困人口的基本生活方面发挥了一定作用，但在收入分配调节方面的作用并不明显。[③]

总之，社会保障既可能促进收入再分配，缩小收入差距；也可能出现负向调节，扩大收入差距。社会保障收入再分配的正负作用取决于制度模

① 林闽钢. 实行国民年金制度改革，增强养老保险的公平性 [J]. 新华月报，2013，15.

② 世界银行. 2006 年银行发展报告——公平与发展 [R]. 北京：清华大学出版社，2006.

③ 李实，杨穗. 中国城市低保政策对收入分配和贫困的影响作用 [J]. 中国人口科学，2009，5.

式、覆盖范围、制度设计、制度转轨、管理服务等相关影响因素。就社会保障项目而言，社会保障覆盖是一个多维概念，至少包含以下三个要素：①覆盖范围，即社会保障分支项目的范围（个数）和种类，与该国国民已享受的社会保障范围和种类进行对比，来衡量项目覆盖范围的太小。②覆盖面，即整个人口或某一目标群体，被某一项社会保障分支项目所覆盖的人口的百分比（包括性别、年龄、劳动力市场状况）。③覆盖水平，即某一项社会保障分支项目所覆盖的充足程度。[①] 实践表明，社会保障水平与收入分配差距负相关，即社会保障水平越高，居民的收入分配差距越小，反之则越大。[②] 随着经济发展水平的提高和国家财政实力的增强，我国不断加大社会保障财政投入，社会保障的待遇水平明显提升。

为提高社会保障资源的利用率，减少社会不平等，维护社会公平，美国和欧洲一些国家倡导将福利转变为工作，变消极的福利制度为积极的福利制度，这种改革方案被称为工作福利。其目的是建立一种理想的制度，使人们宁愿工作而不依赖政府救济。进一步调整国家、个人之间的责权关系，通过增加个人的社会责任感，鼓励个人对自己的行为负责，使社会救助对象通过劳动与培训后较快地转变为工作者，因而各国均不同程度地提出了“工作有其酬”的口号，试图进一步强化工作激励机制，加强失业补助和工作给付之间的联系，实现从消极的补助向积极的劳动力市场政策的过渡与发展。这种趋势的出现，可以较有效地解决富裕社会中低收入者的贫困依赖现象，从而通过对低收入者的工作激励进而改善社会保险计划，促进经济增长的正效应。[③]

---

① 国际劳工局. 世界社会保障报告（2010—2011）［R］. 人力资源和社会保障部研究所，译. 北京：中国劳动社会保障出版社，2011.

② 高霖宇. 发达国家社会保障水平与收入分配差距关系及对中国的启示［J］. 地方财政研究，2011，7.

③ 张敏杰. 工作福利政策及对中国的启示［J］. 浙江社会科学，2006，4.

·第三章·

社会保障视角下的贫困和贫困人口特征

贫困人口，即对处于贫困状态——个人或家庭的生活水平达不到社会可接受的最低标准，缺乏必要的生活资料和服务以及没有发展机会与手段——的人群的通称，亦可称之为社会最弱势群体。单纯从数量上分析，贫困人口属于一个结构性的概念，但是由于贫困概念本身所具有的历史性、社会性，因此贫困人口概念除了其结构属性外，还表现为历史的、社会的范畴。①

作为一个群体的贫困人口，除了具有人口的一般特点外，还具有一些自身的显著特征，具体而言，贫困人口具有生理脆弱性、自然灾害与自然风险多发、易受社会转型和市场经济波动与不确定性影响以及社会保护不足等特征。

一、贫困人口的生理脆弱性特征

当前，我国减贫所面对的多数是贫中之贫、困中之困，减贫任务十分艰巨。未脱贫人口大多贫困程度更深、自身发展能力较弱。在这些剩余贫困人口中，贫困生理脆弱性群体占有绝大部分，成为当前我国贫困人口最为显著的特征之一。主要包括老弱病残群体，如贫困老年人、贫困妇女、贫困儿童、因病致贫返贫者、贫困残疾人等，他们较之于社会大众具有较

① 王卓. 中国贫困人口研究［M］. 成都：四川科学技术出版社，2004：22.

高的生理脆弱性。这部分贫困人口也就是通常意义上的个体性贫困、绝对贫困和长期贫困人口，其个人或家庭依靠劳动所得或其他合法性收入，已不足以满足最基本的生存需要，生命的延续因此受到威胁。[①]

(一) 贫困老年人

在贫困人口当中，老年群体是更为脆弱的群体。中国农村老年人尤甚，他们大多是空巢老人、独居老人和留守老人，面临着繁重的体力劳动。而他们的子女进城务工无暇照顾他们，不健全的社会保护体系以及其他各种不利因素，使他们的生活处境更加艰难。大量研究表明，农村老年贫困的一个重要致因便是健康问题。[②③④]随着年龄的增长和健康资本的流失，生理机能的衰退是不可避免的事实，老年人会有更多的医疗需求和照顾需要。但事实上，由于老年人在家庭和社会中的双重弱势地位，这些需求反而被压抑或者被忽视，而最终致使老年人成为一种事实上的弱势群体并大大增加了其成为贫困人口的可能性。Kochar 的实证分析结果表明，与用于年轻人身上的医疗费用相比，花在老年人身上的医疗支出并没有随着家庭收入的增加而增加，这也就是老年人更容易陷入因病致贫和因贫致病恶性循环中的重要原因。[⑤]

北京大学国家发展研究院中国健康与养老追踪调查多年持续调查研究了中国老年人的生存状况，发现老年人的贫困率远远高出了人们的想象，

---

① 王朝明，申晓梅. 中国21世纪城市反贫困战略研究［M］. 北京：中国经济出版社，2005：6.

② 乔晓春，张恺悌，孙陆军. 中国老年贫困人口特征分析［J］. 人口学刊，2006，4.

③ 王增文. 农村老年女性贫困的决定因素分析——基于Cox比例风险模型的研究视角［J］. 中国人口科学，2010，1.

④ 杨菊华. 人口转变与老年贫困问题的理论思考［J］. 中国人口科学，2007，5.

⑤ KOCHAR A. Evaluating Familial Support for the Elderly：The Intrahousehold Allocation of Medical Expenditures in Rural Pakistan［J］. Economic Development and Cultural Change，1999，47（3）：621-656.

情况堪忧。其2013年6月发布的《中国人口老龄化的挑战：中国健康与养老追踪调查全国基线报告》显示，大部分老年人面临身体健康问题，老年人的健康状况随着年龄的增长急剧变差，健康问题更常见于经济贫困的老年人，独居老年人中很多人有健康问题。在对老年人的经济状况调查后发现，全国有22.9%的60岁以上老年人（4240万人）的消费水平位于贫困线以下。这一调查使用的是基于消费的贫困标准，在农村为2433元/年（约6.4元/日）。老年人的贫困率比农村人口贫困率还高，这说明中国老年人总体的经济状况目前处在一个极低的水平。中国老年人消费贫困率较高的一个重要背景是农村人均消费随年龄增加而递减。在老年人中，农村人口的贫困率（28.9%）远高于城镇人口（9.5%）。城乡这一差异主要体现在城镇的老年人随着年龄的上升，花在医疗上的费用会越来越多；而在农村，情况则相反，多数人有病却无钱求医。调查还发现，在医疗保险覆盖率方面，无论在城市还是农村，贫困和独居老人的覆盖率都较低。虽然医疗保险的总体覆盖率很高，但是相对弱势且更需要帮助的老年群体反而得到的帮助更少。①

对我国老年贫困人口的规模研究仍未有定论，不同的研究结论相差甚远。如于学军测算的农村老年贫困人口数量超过3000万。② 乔晓春等测算的结果表明全国贫困老年人口总量为2274.8万。③ 全国老龄工作委员会办公室测算结果表明城乡贫困老年人只有1010万。④ 王德文等的测算表明全

① 网易. 中国老人贫困率高达22.9%，子女负担将更重［EB/OL］.（2013-07-04）. http://data.163.com/13/0704/22/92VMF2OO00014MTN.html.

② 于学军. 老年人口贫困问题研究［R］//中国老龄科学研究中心. 中国城乡老年人口状况一次性抽样调查数据分析. 北京：中国标准出版社，2003：55-58.

③ 乔晓春等. 对中国老年贫困人口的估计［J］. 人口研究，2005，2.

④ 全国城乡贫困老年人状况调查研究课题组. 全国城乡贫困老年人状况调查研究项目总报告［R］. 2003.

国老年贫困人口数量为 900 万至 1200 万左右。① 杨立雄则测得中国老年贫困人口的总体规模近 1800 万人。② 若根据《2015 年国民经济和社会发展统计公报》公布的我国 60 周岁及以上 22200 万人和国家统计局出版的《2016 中国农村贫困监测报告》公布的 2015 年 5.7%的贫困发生率计算，我国 2015 年贫困老年人口规模为 1265.4 万人。然而，事实上老年贫困发生率远高于平均贫困发生率。所以，综合考虑各种测算数据，中国目前的贫困老年人口规模至少在 1000 万以上。

贫困生命周期理论的提出者朗特里认为，个体生命周期内的贫困风险呈 W 形曲线变动，老人期是生命周期中贫困风险最高的三个阶段之一。③ 就中国而言，目前 60 岁及以上的老年人经历了从三年困难时期到“文化大革命”、知识青年上山下乡、社会转型及产业结构调整等重大历史事件，其中部分人又经历幼年营养剥夺、青年受教育机会剥夺、中年工作机会剥夺等一系列累计劣势的影响，使他们成为贫困的高发人群，亦是贫困人口中的“脆弱群体”。④ 此外，在传统社会向现代社会转变的过程中，家庭的财富流向发生逆转，更多是从父母流向子女，从而将老年人置于不利的地位。⑤ 贫困的老年人发展能力较弱，难以依靠自身力量脱贫。⑥ 与开发式扶贫不同，老年人贫困治理较难见成效，使得这一群体在资源分配过程中被

---

① 王德文，张恺悌. 中国老年人口的生活状况与贫困发生率估计 [J]. 中国人口科学，2005，1.

② 杨立雄. 中国老年贫困人口规模研究 [J]. 人口学刊，2011，4.

③ ROWNTREE B S. Poverty: A study of Town Life [M]. Bristol: Policy Press，1901：328.

④ 朱晓，范文婷. 中国老年人收入贫困状况及其影响因素研究——基于 2014 年中国老年社会追踪调查 [J]. 北京社会科学，2017，1.

⑤ CALDWELL J C. Towards a Restatement of Demographic Theory [J]. Population and Development Review，1976，2 (3/4).

⑥ BARRIENTORS A. Old Age，Poverty and Social Investment [J]. Journal of International Development，2002，14 (12).

忽视的风险加强。[①] 随着人口老龄化的加剧，老年贫困问题将逐步显现，给社会、经济等各方面带来挑战。

（二）贫困妇女和贫困儿童

女性贫困问题是世界各国普遍存在的一个社会问题。1978 年，美国社会学家戴安娜·皮尔斯提出了贫困女性化（feminization of poverty）这一命题。她在研究 20 世纪 50 年代到 70 年代中期的美国贫困问题时发现，贫困存在明显的性别差异。她通过研究，认为贫困女性化有两层含义：一是贫困人口中女性人口所占比重不断增加；二是在所有贫困家庭中，以女性作为户主的家庭所占比重不断增加。[②] 贫困女户主家庭成为戴安娜·皮尔斯研究的重点，认为她们是“贫困中的最贫困者”。[③]

通常，女性由其生理特性决定的生育功能会造成职业生涯的中断，所以雇主倾向于制定有利于男性的聘用标准。雇主基于这样的考虑还会将女性安排在更为边缘的岗位上付以低工资或干脆减少对女性的雇佣，在内部培训中也是以男性优先，直接减少了女性增加人力资本和升迁的机会。尤其是当女性生育之后，若想重新回到劳动力市场，很可能面临着职业向下流动的问题，照顾年幼子女的负担让她们难以回到原来的工作岗位上，往往被安排到更加边缘或者部分工时的岗位上，甚至是失业，极易受到贫困的困扰。所以女性贫困是因其生理特性而带来的收入性贫困所致。调查显示，在许多国家，未生育的女性与男性的就业率相当，而一旦女性成为母亲，就业率和工资水平将明显下降。在这些因素的共同作用下，女性被排

---

① 孙琪宇. 中国老年人贫困治理研究 [J]. 黑龙江社会科学，2015，6.

② PEARCE D. The Feminization of Poverty：Women，Work，and Welfare [J]. Urban and Social Change Review，1978，11 (1)：28-36.

③ 霍萱，林闽钢。为什么贫困有一张女性的面孔——国际视野下的“贫困女性化”及其政策 [J]. 社会保障研究，2015，4.

除在初级劳动力市场的高薪职业之外。低薪和不稳定的工作通常还导致女性在年老时的各种养老保障水平低，女性的贫困问题会一直持续到老年。①

对于广大农村贫困妇女来说，她们更多的是受到传统“男主外、女主内”思想的限制，长期滞留在农村发挥着生儿育女、照顾家庭和农业生产等职能，较少参与经济、社会活动，表现出明显的资本匮乏。所以，单从性别分工的角度来看，女性更具有脆弱性和更易陷入贫困。

此外，贫困妇女由于生理原因，往往会因为缺乏基本的卫生条件和保健知识，致使“两癌”等妇科疾病的患病率升高和病情恶化，这给贫困女性带来较大的威胁。

在我国，贫困儿童的产生有两个因素。一是由家庭自身因素所致，如果这个家庭是贫困户家庭，则他自然就是贫困儿童；二是社会经济转型带来的结果，由于城乡二元户籍制度的阻隔，农村人口在向城市流动的过程中往往会把子女留在老家，也就出现了大量的留守儿童，由于儿童或者儿童的监护人缺乏收入来源进而形成儿童贫困人口，更为极端的是无任何监护人的流浪乞讨儿童。同时，贫困儿童往往会因幼年营养摄入不足、教育机会的剥夺，进而导致成年后的工作机会丧失、老年收入的无保障等一系列客观的和潜在的风险威胁而带来贫困的代际生产、代际传递。

（三）因病致贫、返贫者

健康经济学有一个广泛使用的原则，即健康的水平公平。其定义为：同等健康需求应得到同等的医疗保健，不应该考虑个体的收入、地域和种族等特征。② 但事实上，这种公平很难做到。由于低收入、恶劣的生活和

① 霍萱，林闽钢．为什么贫困有一张女性的面孔——国际视野下的“贫困女性化”及其政策［J］．社会保障研究，2015，4．

② MORRIS S，SUTTON M，GRAVELLE H. Inequity and Inequality in the Use of Health Care in England：An Empirical Investigation［J］. Social Science&Medicine，2005，60（6）：1251-1266.

工作环境，穷人与富人相比营养不良、患病的概率更高，有可能需要更多的医疗服务。① 但解垩发现，穷人实际的医疗服务利用与富人相比要少许多，更为严重的是，即使是较少的医疗服务利用也许会消耗他们的大部分财富甚至全部财富。② 因病致贫、因病返贫是我国农村贫困人口致贫的主要原因之一。近几年，随着脱贫攻坚不断深入，因病致贫、因病返贫比例不降反升，从 2013 年的 42.2%上升到 2015 年的 44.1%，疾病已成为贫困增量产生的主要原因。据统计，截至 2015 年底，因病致贫、因病返贫贫困户在建档立卡贫困户中共有 838.5 万户，比例达到 44.1%，涉及近 2000 万人，其中患大病、重病的约 330 万人，患长期慢性病的约 400 万人，15~59 岁劳动力年龄段患者占 41%。从病种看，发病率前十的病种为心血管疾病、脑血管疾病、关节病、慢性阻塞性肺疾病、重性精神病、类风湿关节炎、糖尿病、恶性肿瘤、老年痴呆、老年性白内障，其中心血管疾病占 22.8%、脑血管疾病占 17.6%，是贫困人口中发病率最高的两个病种。③

众多因病致贫返贫的案例，很多是因为缺乏优质基层医疗资源导致"小病拖大、大病拖重"。当家庭成员患病时，直接影响的是家庭的财力资本，最先体现在医疗支出的增加。除了诊疗费、住院费的支出，还有看病时的交通费用、营养费、家属的住宿费、康复费、保健品费，等等。其次体现在收入的减少，一是患病时患者并不能从事生产活动，自然没有工资收入；二是患者家庭照顾患者减少了外出工作的时间，造成劳动时间的损失而带来收入的减少。研究显示，慢性病患者每年大概要损失 68 个工作

---

① 胡静，刘亚飞，黄建忠. 中国农村贫困老年人的潜在医疗需求研究——基于倾向评分匹配的反事实估计［J］. 经济评论，2017，2.

② XIE. E. Income-related Inequalities of Health and Health Care Utilization ［J］. Frontiers of Economics in China 2011，6（1）：131-156.

③ 国家卫计委. 健康扶贫工程"三个一批"行动计划解读［R/OL］.（2017-04-20）. http：//www.nhfpc.gov.cn/caiwusi/s3578c/201704/76fb599e9b91427e891396edd5bb6ea8.shtml.

日，约占一年工作时间的19%。[①] 所以，患有大病和长期慢性病的农村家庭，由于开支的剧增和收入的骤降，极易陷入贫困，甚至形成贫困的恶性循环。

(四) 贫困残疾人

改革开放，特别是进入21世纪以来，通过实施《农村残疾人扶贫开发计划（2001—2010年）》等政策，残疾人家庭收入水平稳步提高，生活状况明显改善。十年间，通过各种方式累计扶持农村残疾人2015.7万人次，1318万名残疾人摆脱贫困，54.6万个农村贫困残疾人家庭通过实施中央彩票公益金农村危房改造项目改善了居住条件，868万名贫困残疾人接受农村实用技术培训。农村残疾人扶贫工作取得显著成就。[②] 但目前我国仍有8500万残疾人，其中70%的残疾人生活在农村地区，由于残疾影响、受教育程度偏低、缺乏技能和机会不均等、扶贫资金投入不足等原因，绝大多数农村残疾人家庭的生活水平远低于一般农民家庭，有20%以上的残疾人生活在国家贫困线以下。[③] 2015年，国务院残疾人工作委员会对全国残疾人基本服务状况和需求专项调查的结果显示，目前我国纳入建档立卡的农村持有残疾人证的贫困残疾人有413.5万，占全国建档立卡贫困人口的近8%，645.4万农村残疾人依靠低保金维持基本生活，639.6万农村残疾人未实现就业。受劳动能力、教育程度低等因素影响，贫困残疾人特别是农村贫困残疾人，已成为贫困人口中贫困程度最深、脱贫难度最大、返贫率最高的特殊困难人群，也成为国家脱贫攻坚战的难点所在。许多残疾

① 左停，徐小言. 农村“贫困—疾病”恶性循环与精准扶贫中链式健康保障体系建设［J］. 西南民族大学学报（人文社科版），2017，1.

② 参见《农村残疾人扶贫开发纲要（2011—2020年）》。

③ 参见2013年农业部、中国残联联合下发《关于加强农业行业助残扶贫工作促进农村残疾人增收的通知》。

人由于身体条件所限，面临着难以与社会其他人员平等发展的困境。①

此外，农村贫困残疾人收入少支出大，家庭经济负担沉重。据统计，残疾人家庭人均医疗康复支出是全国居民的 1.7 倍，828 万残疾人因受灾、疾病和教育支出等，家庭负担沉重。农村残疾人增收困难与支出负担形成的贫困叠加，与一般贫困人口相比，脱贫难度更大，返贫率更高。②

二、贫困人口的自然灾害与自然风险特征

贫困在整个人口中不是随机发生的。为什么有些人群总会比其他人群更容易陷入贫困之中？为什么这些人群比其他人群发生贫困的概率大？这是值得我们思考的问题。

研究表明，贫困人口往往具有更多的自然灾害与自然风险特征。16 世纪法国著名政治理论家和历史学家让・博丹在《国家论》首次提出地理环境决定论。地理环境是指特定社会所处的自然条件的总和，它包括气候、地貌、河流、海洋、土壤、动植物的分布情况，以及自然资源和矿藏等。③因此，地理环境决定论者认为，存在大量贫困人口的贫困地区是自然资源缺乏的地区，还是灾害频繁的地区，生活在贫困地区的人发生贫困的概率一般远大于其他地区。如美国经济学家托达罗在著作《第三世界的经济发展》中写道："几乎所有的第三世界国家都位于热带或亚热带地区，而历史事实是，现代经济增长一切成功的范例几乎都发生在温带国家。这样一种分歧不能简单地归之于巧合，它必然与不同的气候环境直接或间接引起

---

① 潘跃. 全面小康，一个也不能少——写在国际残疾人日到来之际［N］. 人民日报，2016-12-03（4）.

② 王建军，刘诚，李哲. 全国农村贫困残疾人状况分析与精准扶贫对策［J］. 残疾人研究，2015，2.

③ 王兆萍. 迁移与我国农村区域贫困人口的人力资本积累——兼议地理环境决定论［J］. 干旱区资源与环境，2007，3.

的某些特殊困难有关。”① 中国是世界上自然灾害最严重的国家之一，在五千年的农耕文化史中农业生产曾遭受了各种自然灾害的侵袭，几乎囊括了世界所有自然灾害的类型。中国的自然灾害的灾史之长、灾域之广、灾种之多、灾情之重也是世界罕见的。自然灾害与贫困紧密相连。国内对于贫困与灾害的关系研究，已有大量的学者分别从定性与定量的角度给予了不同的论证 ，可以看出灾害是导致我国区域人口贫困的关键因素之一。王国敏定性地指出自然灾害总是与贫困相伴随，且呈正相关关系。自然灾害对人类生产和生活的破坏作用日益加重，从而导致一部分农村人口处在贫困线上，或使一部分已经脱贫的人口重新返贫，使我国全面建设小康社会的任务更加艰巨。② 张晓从定量的角度分析了水旱灾害与农村贫困的关系，研究发现：按成灾面积比例和受灾面积比例估算灾害弹性，分别为 0. 26 和 0. 17，即水旱灾害对农业生产的破坏平均每提高 10%，农村贫困发生率便会增加 2%~3%（1. 7%~2. 6%）。③ 国家统计局农村社会经济调查总队的调查结果表明：自然灾害是大量返贫的主要原因，2003 年的绝对贫困人口中有 71. 2%是当年返贫人口。在当年返贫农户中，有 55%的农户当年遭遇自然灾害，有 16. 5%的农户当年遭受减产 5 成以上的自然灾害，42%的农户连续 2 年遭受自然灾害。④

一方面，由于贫困地区的生态脆弱性和自然风险更高，因此更容易受到灾害的侵袭。灾害过后，发达地区依靠其积累的资本会很容易恢复，而贫困地区如果没有外界施以帮助则很难恢复到以前的生活水平。另一方面，灾害的发生也加大了贫困地区的贫困程度。贫困人口在很大程度上是

---

① M. P · 托达罗. 第三世界的经济发展［M］. 于同申，等，译. 北京：中国人民大学出版社，1988：179.

② 王国敏. 农业自然灾害与农村贫困问题研究［J］. 经济学家，2005，3.

③ 张晓. 水旱灾害与中国农村贫困［J］. 中国农村经济，1999，11.

④ 国家统计局农村社会经济调查总队. 2003 年全国扶贫开发重点县农村绝对贫困人口 1763 万［J］. 调研世界，2004，6.

由于自然灾害造成的，因灾致贫、因灾返贫是造成我国贫困人口数量居高不下的主要原因之一。以我国2008年四川省汶川大地震为例，此次地震大大加深了灾区的贫困程度，根据试点村和典型村推算，51个极重或重灾县因灾返贫率大幅提高，贫困发生率由灾前的30%上升到60%以上，据110个村的典型调查，农民人均纯收入从2000多元下降到千元以下。[①] 这也恰恰构成了贫困人口的自然环境特征和特定区域分布特征。

一般而言，贫困对象是人口、家庭或群体，但某些地区的贫困人口相对来说特别集中，因而就产生了区域性贫困和贫困区域的概念。区域性贫困概念对应于个体性贫困概念，个体性贫困是指在相同的制度环境中，在大约均质的空间区域中，某些个体由于身体素质较差、文化程度较低等自我发展能力受限所造成的一种贫困状态。个体性贫困的发生具有绝对性，与区域无必然联系，发达国家也有大量的个体贫困人口。从地点分布角度提出的区域性贫困，揭示了贫困发生与区域、个体之间的关系，对反贫困的战略选择具有现实意义。[②] 区域性贫困是指在不同的区域之间由于自然条件和社会发展差异，致使某些区域生活资源的供给相对贫乏、贫困人口相对集中，从而处于贫困状态。[③] 由于贫困分布具有区域特征，出现了一些诸如最不发达国家、集中连片贫困区、扶贫工作重点县和贫困村等与区域贫困相关的提法。[④]

区域的自然属性对贫困的作用机制，尤其是对我们这样一个疆土辽阔、区域差异显著的国家来说，更具有典型性和代表性。在我国，目前有592个国家扶贫开发工作重点县，其中中部地区占217个，西部地区占375

---

① 中国和东盟合力应对“灾害贫困”［EB/OL］.（2008-11-05）. http：//news. xinhuanet. com/newscenter/2008-11/05/content_ 10312709. htm.

② 郑宝华，张兰英. 中国农村反贫困词汇释义［M］. 北京：中国发展出版社，2004：32-33.

③ 康晓光. 中国贫困与反贫困理论［M］. 南宁：广西人民出版社，1995：9.

④ 左停. 贫困的多维性质与社会安全网视角下的反贫困创新［J］. 社会保障评论，2017，2.

个，民族八省区占231个，① 它们大多集中分布在我国的14个连片特殊困难地区的680个县②和老少边特殊类型贫困地区的535个县。③ 这些地区远离政治经济文化中心，资源贫乏，环境恶劣，自然风险叠加，各类自然灾害多发，区位条件十分恶劣。事实上，这些地区的人口比其他地区的人口更容易陷入贫困。在一些自然环境特别差的地区，如甘肃省定西干旱地区、西南喀斯特山区、内蒙古旱区等贫困发生率高达60%~70%。我国农村贫困人口绝大部分也就集中在这些边远的自然条件恶劣的地区。④ 再如四川全省，无论平原、丘陵、山区、高寒山区的县、乡、村，均有贫困人口分布，但是绝大多数的贫困人口集中连片分布在贫困山区的部分深山区和高寒山区，即四川盆地的外围，包括四大部分：川北秦巴山区，如绵阳、广元、达县、巴中、南充；川南乌蒙山区，如宜宾、泸州、乐山；川西南山区，如凉山、攀枝花、雅安；川西北高寒山区，如阿坝州、甘孜州。贫困地区和贫困人口的区域性分布与当地独特的自然环境条件密切相关，如川北秦巴山区基本上属于干旱半干旱地区，川南乌蒙山区分布着典型的熔岩地质构造，川西北高原地区则属高寒山区。这种与独特地质地貌和严酷气候条件联系的区域性贫困状况无疑加重了贫困人口的贫困程度，加大了扶贫工作的难度。⑤ 自然灾害频发、生态脆弱区域往往与贫困地区

---

① 国家扶贫开发工作重点县名单［EB/OL］（2012-03-19）. http：//www.cpad.gov.cn/art/2012/3/19/art_343_42.html.

② 14个连片特困地区是指六盘山区、秦巴山区、武陵山区、乌蒙山区、滇桂黔石漠化区、滇西边境山区、大兴安岭南麓山区、燕山-太行山区、吕梁山区、大别山区、罗霄山区等区域的连片特困地区和已明确实施特殊政策的西藏、四省藏区、新疆南疆三地州。

③ 特殊类型贫困地区是指老少边贫困地区，多位于经济发展落后的中西部山区和丘陵地区。其中，老区是指在第二次国内革命战争和解放战争时期，在中国共产党领导下创立的革命根据地，它们所在的县即为老区县；少数民族地区主要指民族自治地方155个［其中自治区5个，自治州30个，自治县（旗）120个］，中国半数以上贫困人口在少数民族地区；边区是指沿陆地国境线的县级行政区划单位（新疆生产建设兵团56个边境团场未在统计范围内），共有陆地边境县134个。

④ 王卓. 中国贫困人口研究［M］. 成都：四川科学技术出版社，2004：34.

⑤ 王卓. 中国贫困人口研究［M］. 成都：四川科学技术出版社，2004：36.

存在空间叠加关系，致贫返贫效应长期恶性循环且难以消除。[①]

与严酷自然条件相适应的是家庭联产承包责任制的土地使用形式和自给自足的传统农业经济的广泛存在，分散经营是其主要的经营方式。在这种情况下，农村居民对生态系统有着很强的依赖性，生态系统的失衡容易给当地居民的生产生活带来很大的不确定性，灾害风险的发生概率大大提高。

此外，贫困人口由于主观原因及灾害风险意识淡薄，缺乏应对灾害的基本常识和基本技能，灾害发生后习惯于等待救援，既延误了最佳救灾时机，又加大了灾害损失。此外，卫生资源的薄弱和匮乏，也是农村贫困地区灾害易发的重要因素之一。公共卫生资源的发展滞后，既增大了由于对污染和废物处理不当所带给人们的健康风险，又使得在灾害发生后灾民无法得到及时救助，易引发相关疫病。[②]

总之，贫困区域的贫困人口，面临着比其他地区的人口，甚至其他地区的贫困人口，更多的自然风险特征，常常会面临着季节性或者突发性的自然灾害，而对生命安全、健康保障和财产安全造成重大损害，使本就十分脆弱的境遇变得更加无力应对。因此，正确认识我国农村贫困地区的灾害问题，探讨适合农村贫困地区的灾害风险应对机制，将对我国农村贫困地区的脱贫工作起到极为重要的作用。[③]

表 3-1 中国贫困地区分布、类型及自然灾害种类

贫困地区名称	类型	自然灾害种类
六盘山区、四省藏区、吕梁山区	黄土高原丘陵沟壑区	水土流失严重、旱灾、暴雨
燕山-太行山区、武陵山区、秦巴山区	东西部接壤	洪水、地震、滑坡、泥石流

① 王晟哲. 中国自然灾害的空间特征研究［J］. 中国人口科学，2016，6.

② 丁文广，陈东梅. 农村贫困地区的灾害风险管理研究［J］. 干旱区资源与环境，2010，5.

③ 丁文广，陈东梅. 农村贫困地区的灾害风险管理研究［J］. 干旱区资源与环境，2010，5.

续表

贫困地区名称	类型	自然灾害种类
乌蒙山区、滇桂黔石漠化区、滇西边境山区	西南喀斯特山区	水土流失严重、干旱缺水
大别山区、罗霄山区	中部丘陵山区	干旱、洪涝、低温连阴雨、台风
西藏区	西藏高寒山区	气候高寒、生态环境严峻、雪灾、地震、冻土危害
大兴安岭南麓山区、新疆南疆三地州	蒙新干旱区	干旱、冻害、荒漠化

资料来源：姜德华等．中国贫困地区类型划分及开发研究提要报告［R］．地理研究，1988，3.

三、贫困人口的社会转型、市场经济波动与不确定性

长期以来，我们在习惯将贫困人口瞄准为老弱病残者和自然灾害受害者群体时，忽视了向现代化社会转型、市场经济发展及其复杂性和不确定性带来的新贫困人口现象，或者是没有真正地去正视关注它们给贫困者带来的不利因素和风险性增加。更为紧迫的是，社会的转型和市场经济波动与不确定性不但会进一步加大贫困存量人口（绝对贫困人口）的贫困程度和风险，还会带来新的贫困人口增量（如留守儿童、留守妇女、贫困转移等问题），这是我们在现代社会、现代市场经济发展中不得不去考虑和应对的关键议题。

（一）贫困人口与社会转型

社会转型是一个与现代化密切相关的概念，其内涵比现代化更为丰

富，是一个具有特定含义的社会学术语，意指社会从传统型社会向现代型社会的转变，或者说由传统型社会向现代社会转型的过程，[①] 意味着人们的生产方式、生活方式、心理结构、价值观念等各方面全面而深刻的革命性变革，[②] 也意味着社会、经济、政治、文化资源的重新调整和分配及利益的分化与重组。它是社会发展的一个特定阶段，是一种特殊的社会变迁。但是，社会转型同一般的社会变化（变迁）不同，其重要特征在于强调当社会发展经过量的积累达到一定程度时，会突破原有的社会模式而发生全方位的革命性转变，[③] 它使个体与自然、个体与个体、个体与群体、个体与社会的关系发生了根本性变化，其目的是人的全面发展和社会的整体进步，其范围不仅限于物质的、经济的领域，而且还包括诸如政治、文化等非物质的领域和层面。

我国当前仍然处在社会的转型期。20 世纪 90 年代中期以后，中国社会的转型速度开始加快，在一个比较短的时间内同时体现着三种转型，即从传统社会向现代社会转型，从计划经济社会向市场经济社会转型，从农业社会向工业社会转型。而且，中国是世界上规模最大的国家，庞大的社会机体使中国的社会转型具有了更多的变项因素和不确定性因素。在这一转型的过程中，贫困人口往往因其自身或者外部因素而处于不利地位，给贫困人口的社会生活和发展带来了一定影响。

1. 社会转型期贫困人口在社会分配中处于劣势，收入分配差距不断扩大。社会转型期，面临着社会、经济、政治、文化资源的重新调整和分配，以及利益的分化和重组，带来的结果会使富者愈富、贫者愈贫。受旧体制惯性的影响，政府往往会根据城乡分割的原则配置资源，城镇居民获得较好的资源，享有就业等各方面的优厚权利和待遇，农民则无法获得必

① 郑杭生. 转型中的中国社会和中国社会的转型［M］. 北京：首都师范大学出版社，1996：1.
② 李纲. 社会转型刍议［J］. 北京邮电大学学报，2001，2.
③ 李纲. 社会转型刍议［J］. 北京邮电大学学报，2001，2.

要的资源，在就业和享受各种待遇上总比不上城镇居民。农民在农村从事的农业生产收入低于市民，农民进城后从事与市民一样的工作，收入仍然低于市民。农民和市民在各种补贴、劳保福利、社会保障等隐性收入，以及医疗、教育和失业保障等方面的待遇存在很大的差距。贫困人口由于资产的贫乏、知识技能的局限，社会地位的劣势等，往往不能够从中获取利益和希望的满足，甚至使贫困进一步强化，而富人因其良好的基础、较为富足的资源而变得愈加强大，从而使社会的贫富差距不断拉大，贫困人口变得日益脆弱。

2. 社会转型期会使贫困人口变得更加脆弱。社会转型使个人地位的提升和报酬的获得，更多地取决于个人的努力。作为弱势群体中最弱的贫困人口，往往因其生理脆弱性特征和缺乏相应的知识技能而表现出无法依靠个人能力与他人相互竞争。就我国而言，贫困问题的出现相当部分是社会转型下的产物。长期只关注经济增长和城市偏好的发展策略，加上城乡二元结构制度带来的身份差别性、制度安排初始程序与内容的不公平、教育不平等、医疗不平等、各种福利待遇的悬殊、就业创业制度的差异等，致使贫困人口的经济收入、社会地位、权益维护、竞争能力等都处于劣势，依靠自身的力量或能力无法保持个人及其家庭成员最基本的生活水准，是需要国家和社会给予支持和帮助的社会群体。所以，在社会转型过程中，贫困人口因其弱势地位而变得更加脆弱，易加剧贫困人口的贫困程度。

3. 社会转型给贫困人口带来社会排斥、边缘化和相对剥夺感。社会的转型必然会带来不同于前一阶段的价值观念、心理结构和交流方式。现代社会表征为对能力化、经济化、信息化、知识化、货币化、权力化、身份化等的不断强化，而传统社会的人情交互方式、认同感，甚至是道德观念都不断式微，甚至被抛弃。贫困人口由于其各种资本的贫乏，社会身份和地位的边缘化，往往成为社会排斥的对象，很少能够融入现代社会之中，使贫困人口的相对剥夺感增强。

4. 社会转型给贫困人口带来了更多的社会风险和不确定性。毋庸置疑，现代社会还是一个风险社会。20 世纪 80 年代初，德国社会学家乌尔里希·贝克和英国社会学家安东尼·吉登斯等不约而同地提出了风险社会理论。该理论认为：我们正从一个现代化的社会进入一个新型的风险社会之中，全球化所导致的风险的复杂性、不确定性、不可预见性和迅速扩散性都在日益增强。

在承认造成贫困的个人因素重要性的同时，我们也应该主动去关注造成贫困的社会制度、政治制度、经济制度因素。贫困问题甚至可以看作是转型期社会结构与个体行动相互建塑与型构出来的失范问题。社会结构的变迁、市场经济的波动、现代社会的复杂性和不确定性，增大了贫困人口的风险，而贫困人口的个体特质又强化了这种风险，再加上贫困人口往往自我评价不高、社会经济活动参与度较低、经济化的意愿薄弱等，① 这些共同构建了贫困人口的特征。贫困人口往往因为其较少的物质资本、人力资本、金融资本、自然资本和社会资本，而且他们应对风险的意识不足，应对风险的工具非常有限。抵御风险的能力极差，贫困人群不仅更容易遭遇风险，风险对他们的负面影响也会更为严重，任何微小的经济冲击甚至家庭生活事件都有可能使其陷入贫困的境地。不仅如此，由于贫困人群没有能力或者不愿意选择高风险、高回报的经济活动，使得他们不仅难以脱贫，其贫困程度甚至会进一步加深。②

5. 社会转型期易使贫困人口滋生贫困亚文化。在社会转型期，方方面面的急剧变化，总会有一部分群体难以适应和融入当代社会，被裹挟在发展当中成为发展的落伍者和失败者，他们或没有一技之长，或是存在着依赖心理，或是对所处环境中同类群体的不良行为的参照模仿，而形成贫困

---

① 王卓. 中国贫困人口研究［M］. 成都：四川科学技术出版社，2004：24-32.

② World Bank，Social Protection Sector Strategy from Safety Net to Springboard［R］. Washington，D. C.：World Bank，2001.

的阶层化。社会中一旦形成了贫困阶层，在这一阶层内部可能产生一种共同的贫困文化。这种贫困文化包含共同的阶层意识和类似的经济、政治和社会行为等要素。贫困文化使得贫困阶层内部关系加强，并使他们与社会中其他阶级或阶层之间的交往减弱，从而导致他们与社会主体结构和主流文化进一步分化。因此，在贫困阶层中容易产生反主流文化倾向，各种犯罪和越轨行为的发生率高于其他社会阶层。同时，贫困文化会通过阶层内部的社会化过程传向下一代，产生一种贫困的代际传递机制，形成贫困的恶性循环。①这种情况经常发生在城市中贫困人口聚居的城中村、外来务工者聚居的棚户区，或者是落后的少数民族贫困地区。例如甘肃省临夏回族自治州，拥有国家扶贫工作重点县 7 个（辖区共有 8 个县市），占甘肃省国家扶贫工作重点县总数（43 个）的 16. 3%，是贫困人口聚居的少数民族地区，同时，这里也是甘肃省，甚至西北地区吸毒、贩毒高发区。一些毒贩发财之后，“荣归故里”“大宴宾客”，成了当地农村的“英雄”“榜样”，使无数贫困农民蹈其覆辙，由此导致陷入贫困和返贫的恶性循环，十分严重。

6. 社会转型期带来工作贫困人口。人类社会进入工业时代以来，建基于现代分工体系与理性科层制之上的“工作”成为人们生存的基本方式，提供本体论意义上的安全感，也成为一个国家和民族追求现代性的基础。因此，一个人找到工作，并且努力工作的话，肯定不会陷入贫困状态，这成为现代社会的一个公理，即“勤劳致富，懒惰变穷”。但自 20 世纪 70 年代末以来，欧美和东亚的发达国家相继出现了即使拼命工作却依然贫穷的现象，即所谓的“工作贫困（working poor）”。② 它颠覆了人们传统的贫困观，即认为贫困人口主要就是那些没有劳动能力或劳动能力减弱的老弱病残者，不能依靠工作生存的人，这也是各国法定需要救助的对象。在

① 陈良瑾. 社会救助与社会福利 [M]. 北京：中国劳动社会保障出版社，2009：111.

② 芦恒. “工作贫困”简论与中国式反思 [J]. 社会科学战线，2013，8.

我国，姚建平根据《中国统计年鉴》提供的数据，分析得出中国住宿餐饮业、建筑业、批发和零售业、居民服务和其他服务业、制造业等七大行业的劳动报酬低于社会平均劳动报酬，其就业人员的平均劳动报酬都没有超过社会平均劳动报酬的60%。若以国际贫困线（通常是该国家或地区社会平均收入的50%）作为贫困标准，这七大行业工作的劳动者绝大部分都是工作贫困者。[①] 甚至，当前我国由农民工和临时工构成的工作贫困群体开始向接受过良好教育的青年群体变化。为什么拼命工作却依然贫穷？这个问题已经远远超越了个体性特征维度，成为一个体现在个人、社会、市场、国家等方面关系失调的综合性问题，它的背后是社会发展模式与制度变迁，以及经济结构的转型和技术进步的必然结果。

（二）贫困人口与市场经济波动

贫困一直被看作是一种经济现象。人们认为，贫困是由于收入不足而导致的生活匮乏状态。因而，有人把贫困界定为缺少达到最低生活水平的能力，也有人把贫困界定为个人或家庭的经济收入不能达到社会可接受的生活标准的状况。总体而言，从经济学的角度看，贫困是因为经济收入不足而不能达到最低生活水平或社会可接受的生活标准的状况。所以，主流理论认为，经济增长对减贫发挥着核心作用。[②③④] 国际组织和多数发展中国家都建立了以经济增长为基础的减贫政策体系。例如，世界银行、联合国开发计划署、国际货币基金组织等推进的是经济全球化、贸易自由化、

---

① 闻嘉. 为什么拼命工作却依然贫穷［EB/OL］.（2015-02-20）. http://view.news.qq.com/a/20150220/007998.htm.

② BOURGUIGNON F. The Poverty-Growth-Inequality Triangle［R］. World Bank, Working Paper 28102, 2004.

③ 汪三贵. 在发展中战胜贫困——对中国30年大规模减贫经验的总结与评价［J］. 管理世界, 2008, 11.

④ 胡鞍钢，胡琳琳，常志霄. 中国经济增长与减少贫困（1978—2004）［J］. 清华大学学报, 2006, 5.

资本市场自由化、对外援助等诸如此类的国际减贫政策，中国实施的主要是开发式扶贫政策，孟加拉等南亚国家重点推行的是小额信贷体系帮助农民发展经济，等等。然而，事实上经济发展并非均衡，市场机制并非完善，而是充满了各种不确定性，市场不是万能的。经济体系的内部变化和外部冲击都有可能导致价格、就业机会、工资水平的波动从而加剧贫困。① 阿马蒂亚·森在其《评估不平等和贫困的概念性挑战》报告中指出“改革前中国的经济发展在消除贫困方面比现在要更为明显……然而，中国经济增长在消除贫困方面，尽管还是很明显，但已经相对减弱了”。② 这说明，贫困人口依靠经济发展带来的“涓滴效应”实现减贫的作用效益正在递减。我们必须正视市场经济波动和不确定性给贫困人口带来的负面影响与冲击。

我国从计划经济向社会主义市场经济转变，并于2001年加入世界贸易组织之后，经济的各个方面都在急剧转型。经济转型不但会带来诸多社会问题，而且由于市场经济自身的属性特征以及市场经济的波动性和不确定性，更会进一步加剧社会问题的严峻程度和新问题的产生。

1. 早期市场经济体制转型带来的制度性贫困人口。经济转型不可能没有阵痛，这已为被西方、日本和亚洲“四小龙”的经验所证实。经济转变对社会的每个阶层甚至每一个个体的影响程度非常不同，一些群体能够享受市场经济所带来的好处，并可以逃避市场竞争所带来的负面影响，而另一些群体则要承受市场经济无情的折磨，且得不到任何外在保护。③

我国20世纪90年代初以来的市场化导向改革，打破了计划经济体制下“低工资、高就业”的基本政策，很多隐性失业暴露出来，许多企业为了提高效益采用了减员增效的策略，于是我国城市工人下岗、失业现象大量出现。据原劳动与社会保障部1999年7月对5省10市下岗职工的调查，

① 檀学文，李成贵. 贫困的经济脆弱性与减贫战略述评 [J]. 中国农村观察，2010，5.

② 阿马蒂亚·森. 评估不平等和贫困的概念性挑战 [J]. 经济学（季刊），2003，2.

③ 郑永年. 保卫社会 [M]. 杭州：浙江人民出版社，2011.

在下岗职工中，初中及以下文化程度者将近 1/2，初级工及没有技术等级的人员占 52.6%,[①] 所以，这部分群体的再就业能力十分欠缺。加上原有单位福利的丧失、社会保障制度的缺乏、社会收入差距的不断拉大和生活成本的上升，他们就成为城市里最早的一批贫困人口，很大程度上，就是制度转型带来的转型性贫困人口。

2. 市场经济造成社会财富和收入分配分化，贫困人口脆弱性增加。市场经济的发展必然会带来社会财富和收入分配的分化，甚至阶层固化。我国当前社会的利益分配格局已基本形成并趋于固化，阶层向上流动性减弱，个体发展机会相对减少。[②]

北京大学中国家庭追踪调查（China Family Panel Studies，简称 CFPS）撰写的《中国民生发展报告 2015》显示，中国目前的收入和财产不平等状况正在日趋严重：顶端 1%的家庭占有全国约 1/3 的财产，底端 25%的家庭拥有的财产总量仅为 1%左右。2003 年国家统计局首度公布官方版基尼系数，数据显示，2003—2016 年基尼系数分别是 0.479、0.473、0.485、0.487、0.484、0.491、0.490、0.481、0.477、0.474、0.473、0.469、0.462、0.465。自 2003 年以来，我国基尼系数一直处在警戒线 0.4 之上，尽管略有缩小的趋势，但收入分配差距仍然较大。《中国统计年鉴 2016》数据显示，2013—2015 年，全国居民、城市居民和农村居民五等份分组中的高收入者和低收入者人均可支配收入差距均在不断拉大，全国居民、城市居民、农村居民按东、中、西部地区分组的人均可支配收入中东部地区与中西部地区差距也在不断拉大（见表 3-2、表 3-3）。对贫困人口而言，他们所拥有的社会财富极为有限且差距在逐步拉大，面对日益高昂的生活成本，他们面临着较高的脆弱性。

---

① 陈良瑾. 社会救助与社会福利［M］. 北京：中国劳动社会保障出版社，2009：123-124.

② 白天亮. 向上流动的路怎样才畅通［N］. 人民日报，2010-09-16（17）.

表 3-2 全国、城镇、农村居民按东、中、西部分组的人均可支配收入

单位：元

年份	户别	东部地区	中部地区	西部地区
2013	全国居民	23658. 4	15263. 9	13919. 0
	城镇居民	31152. 4	22664. 7	22362. 8
	农村居民	11856. 8	8983. 2	7436. 6
2014	全国居民	25954. 0	16867. 7	15376. 1
	城镇居民	33905. 4	24733. 3	24390. 6
	农村居民	13144. 6	10011. 1	8295. 0
2015	全国居民	28223. 3	18442. 1	16868. 1
	城镇居民	36691. 3	26809. 6	26473. 1
	农村居民	14297. 4	10919. 0	9093. 4

数据来源：国家统计局. 中国统计年鉴 2016 [M]. 北京：中国统计出版社，2016.

表 3-3 全国、城镇、农村居民按收入五等份分组的人均可支配收入

单位：元

年份	户别	低收入户(20%)	中等偏下户(20%)	中等收入户(20%)	中等偏上户(20%)	高收入户(20%)
2013	全国居民	4402. 4	9653. 7	15698. 0	24361. 2	47456. 6
	城镇居民	9895. 6	17628. 1	24172. 9	32613. 8	57762. 1
	农村居民	2877. 9	5965. 6	8438. 3	11816. 0	21323. 7
2014	全国居民	4747. 3	10887. 4	17631. 0	26937. 4	50968. 0
	城镇居民	11219. 3	19650. 5	26650. 6	35631. 2	61615. 0
	农村居民	2768. 1	6604. 4	9503. 9	13449. 2	23947. 4
2015	全国居民	5221. 2	11894. 0	19320. 1	29437. 6	54543. 5
	城镇居民	12230. 9	21446. 2	29105. 2	38572. 4	65082. 2
	农村居民	3085. 6	7220. 9	10310. 6	14537. 3	26013. 9

数据来源：国家统计局. 中国统计年鉴 2016 [M]. 北京：中国统计出版社，2016.

3. 现代市场经济效率至上，导致贫困人口在劳动力市场被排斥。劳动力是贫困家庭最重要也是最丰富的经济资源。世界银行等多数国际组织都把促进发展中国家贫困劳动力就业作为最主要的减贫手段。中国30年的减贫经验中，最重要的经验之一就是发展乡镇企业，推进城市化进程，促进农业劳动力向非农就业转移。①

伴随市场经济崛起的首先是劳动力的市场化，个体的社会地位和生活水平开始完全取决于个人的经济实力和劳动市场竞争力。同时，现代市场经济崇尚效率至上和利润至上的理念，在客观上排斥着低技能水平、低文化程度的群体，这无疑减少了贫困人口的就业机会并限制了贫困人口可以就业的领域，导致缺乏知识和技能的贫困人口因竞争力不足而无法取得就业或者只能寻找一些低薪、不稳定的职业，这更减少了贫困人口的收入来源，并威胁着社会稳定。此外，我国劳动力市场二元结构并没有完全破除，受户籍制度、行业垄断、本地居民利益保护等因素的影响，中国劳动力市场发育仍显滞后，一体化程度仍然较低。②

4. 市场经济波动，给贫困人口带来更多风险和不确定性。我国自2001年加入世界贸易组织以来，经济的全球化日益密切，发生在资本主义国家的周期性经济危机，也会威胁到我们国家民众的经济社会生活，这给我国的经济社会发展带来了诸多挑战和不确定性。尤其是对处于贫困状态的人口来说，受到来自国内国外市场经济波动的双重挤压。在全球化的背景下，国际国内市场价格的波动，都会影响到贫困户。贫困户也是在市场机制下的自主经营主体，他们对市场的适应性和应对经济风险的能力明显不足。

当前我国的贫困人口几乎全部生活在农村，并从事着农业生产活动。

---

① 檀学文，李成贵. 贫困的经济脆弱性与减贫战略述评［J］. 中国农村观察，2010，5.
② 蔡昉，都阳，王美艳. 中国劳动力市场转型与发育［M］. 北京：商务印书馆，2005.

贫困人口的生计系统十分脆弱，贫困农户家庭农业系统的抗风险能力较差，容易受市场供需波动带来的生产经营风险的影响。近年来许多农产品的价格走低、销售困难，贫困农户来自农产品销售的收入在减少。① 面对市场经济波动，农业作为弱质性产业，表现得尤为明显。尽管农业收入在中国农村收入中的比重逐渐下降，但是，对于贫困人口尤其是长期贫困人口而言，农业收入仍然具有重要地位，农业收入在贫困人口家庭总收入中的比重仍然达到一半以上。② 以家庭为基本单位的农业经营制度，缺乏对市场信息的充分掌握以及较弱的经济实力，加之，农产品价格容易受到国外市场价格的影响，根本不足以对抗市场波动的风险。2015 年，受国际粮食市场价格低和国内储备粮过剩的双重影响，国家对东北三省和内蒙古自治区临时存储玉米挂牌收购价格下调 12%左右，东北地区的产业扶贫受到比较严重的影响。2015 年羊肉的价格也很低。在这种情况下，对于从事大宗农产品生产的贫困户实施的产业扶贫模式，如公司+合作社+农户模式，虽然解决了小农户与大市场的联接机制，但最终还是无法解决贫困户农产品销售难和价值增值难的问题。一些贫困地区甚至出现了“政府让种啥啥赔，政府让养啥啥赔”的尴尬局面。③ 这些加剧着贫困人口的贫困程度，甚至造成新的贫困或者返贫现象。

此外，国际性的经济危机会极大影响我国的就业状况。国际经济危机主要是通过发达国家减少进口、抽回投资等方式冲击中国国内企业的生产能力和需求，从而导致订单减少、生产萎缩、失业增加。2008 年的全球金融危机在一定时期内对中国劳动力市场带来了巨大冲击，它不仅造成了大量就业岗位的丧失，而且削弱了城乡居民收入增长的基础，为贫困状况带

① 左停. 防止农村低收入群体滑入贫困［J］. 中国党政干部论坛，2017，1.

② 汪三贵. 在发展中战胜贫困——对中国 30 年大规模减贫经验的总结与评价［J］. 管理世界，2008，11.

③ 王小林. 消除一切形式的贫困：内涵和政策取向［J］. 地方财政研究，2016，8.

来了巨大变数。① 2009年春节前，相当于外出总量15.3%的农民工提前返乡，大约有2000多万人因经济危机冲击或经济不景气而失去工作岗位。②国际劳工组织也发表报告指出：全球金融危机导致2300万亚洲人失业，6000万人就业不稳定，1.4亿人陷入贫困泥沼，大量农民工返回农村。③

5. 宏观经济增长放缓，贫困人口增收难度加大。随着经济新常态下宏观经济增速放缓和产业结构的调整，不但进一步挤压贫困者的就业机会，而且驱使劳动力从第二产业转向第三产业就业。与第二产业相比，第三产业工作具有明显的收入不稳定、劳动权益保障差等特性，会降低从业者的收入水平，引起中低收入户居民收入增长率下降。④ 对于贫困人口而言，将面临收入的减少和生活成本的增加。

此外，经济增速的放缓，对不同收入群体的冲击效果明显不同。以2014—2016年全国居民可支配收入五等份分组为例（见表3-4）。从表3-4中可以看出，2016年所有收入分组家庭人均可支配收入增长速度均出现不同程度变化，低收入户、中等偏下户、中等收入户、中等偏上户增长率分别由2015年的9.98%、9.25%、9.58%、9.28%和下降到2016年的5.9%、8.45%、8.30%、8.67%，而高收入户收入增长率不减反升至8.65%。

---

① 檀学文，李成贵. 贫困的经济脆弱性与减贫战略述评［J］. 中国农村观察，2010，5.

② 王德文. 在深化改革中促进就业与劳动力市场一体化［J］. 开放导报，2009，2.

③ 金融危机将导致2300万亚洲人失业［EB/OL］.（2009-02-24）. http：//finance. sina. com. cn/roll/20090224/17192692303. shtml.

④ 李培林，陈光金，张翼. 2017年中国社会形势分析与预测［M］. 北京：社会科学文献出版社，2016：59-60.

表 3-4 全国居民家庭按收入五等份分组的人均可支配收入

单位：元,%

户别 年份	低收入户 (20%)	中等偏下户 (20%)	中等收入户 (20%)	中等偏上户 (20%)	高收入户 (20%)
2014	4747.3	10887.4	17631.0	26937.4	50968.0
2015	5221.2	11894.0	19320.1	29437.6	54543.5
增长率	9.98	9.25	9.58	9.28	7.02
2015	5221.2	11894.0	19320.1	29437.6	54543.5
2016	5529	12899	20924	31990	59259
增长率	5.90	8.45	8.30	8.67	8.65

数据来源：《中华人民共和国 2016 年国民经济和社会发展统计公报》和《中国统计年鉴 2016》。

尽管经济增速放缓等因素对居民收入增长均会产生影响，但是对于不同收入组别居民收入增长的冲击程度却不尽相同。2016 年低收入户、中等偏下户、中等收入户、中等偏上户和高收入户家庭人均可支配收入增长率较 2015 年分别下降了 4.08%、0.8%、1.28%、0.61%和-1.63%。从下降速度看，2015 年低收入户、中等偏下户、中等收入户、中等偏上户和高收入户家庭人均可支配收入增长率降速分别为 40.88%、8.65%、13.36%、6.57%和-23.22%。从 2014—2016 年家庭人均支配收入增长率下降幅度和下降速度看，低收入户和中等收入户家庭收入受到外界冲击最大，中等偏下户和中等偏上户受到冲击最小，高收入受到的冲击最小且不降反升，更加拉大了与低收入户的差距。此外，从表 3-4 还可看出，2014—2016 年高收入户与低收入户的家庭人均可支配收入差距分别为 46220.7 元、49322.3 元和 53730 元，差距增加速度分别为 6.71%、8.94%，差距逐年在拉大且增速变大。所以，贫困人口在经济增长放缓的背景下，其收入来源会大打折扣，购买力急剧下降，无力对抗市场经济波动带来的各种不确定性风险，而较富裕阶层的收入下降幅度不大，他们因其已有的资产累积，有时反而会增加收入。

四、贫困人口的社会保护不足

自20世纪80年代中后期开始，我国实施了有计划、有组织、大规模、制度化的开发式扶贫，以及党的十八大以来实施的精准扶贫、精准脱贫的基本方略，加上我国最近十多年在社会保障方面的制度建设和不断扩大的民生支出，有力地推进了我国农村扶贫开发事业的进程。

截至2016年底，我国农村地区仍有4000多万的贫困人口存在。新时期，我们仍然面临着严峻的贫困挑战。当前我国的农村贫困具有如下时代特征：在经济性收入贫困存在的同时，社会性支出贫困成为重要问题；暂时性贫困容易得到解决而长期贫困（或慢性贫困）成为反贫困中的难题，与之相联系的还出现了代际贫困现象；文化人类学意义上的区域性贫困与生理学意义上的个体性贫困越来越突出；社会不平等逐渐加剧，与社会排斥相联系的弱势群体、脆弱群体及其衍生的问题时有出现；社会转型与市场波动双重风险下的脆弱性与保障不足成为重要的致贫因素；一般的经济发展难以对剩余性性质的贫困人口产生涓滴效应。① 贫困问题的复杂性和贫困人口之所以一直伴随着社会经济的发展而长期存在，这仅仅用贫困人口个体原因致贫的逻辑解释是缺乏说服力的，他们的遭遇更多的是由于缺乏基本的以社会保障制度为核心的社会保护制度体系、政策供给不足而诱发的。从更深层的意义上看，贫困及贫困问题不再仅仅是一个单纯的经济问题，更是一个复杂的社会、政治乃至文化问题；贫困的存在与产生不再

---

① 左停. 贫困的多维性质与社会安全网视角下的反贫困创新［J］. 社会保障评论，2017，2.

是由单纯的自然因素造成的，而是更多地与一个社会的发展战略、政策框架及治理体制有关。为此，减贫策略就不能仅仅满足于改善不利于人生存的自然环境或解决温饱问题，还应关注人的发展权和社会的公平正义。[①]

（一）城乡二元户籍制度带来的政策保障差异

城乡二元分割带来了城乡在资源配置、社会经济发展次序、产业结构、基础设施、公共服务、社会保障、就业制度等方方面面的显著差异。广大农村地区和农业、农民则长期处于支持城市发展、支持工业发展的“垫底”地位，尤其是劳动力市场上的差别待遇和城乡社会保障制度的分割，以及农民主要收入来源的农产品价格低廉且易受市场波动影响，造就了农民收入水平长期低下和不稳定，甚至入不敷出，成为我国城市化进程、工业化进程中的社会弱势群体，带来人口贫困。因此，急需建立起不分城乡、身份一致的平等、公平、可及的政策保障，对全体国民一视同仁。

（二）开发式扶贫政策益贫效应的递减

以农业生产为中心的扶贫开发政策在缓解贫困方面的主要努力是提高贫困人口产出，特别是粮食的产出，这在20世纪是有效的。但要看到目前以生产为中心的开发式扶贫能够施展的空间很有限。一是开发式扶贫长期忽视了贫困区域、贫困家庭、贫困人口的社会环境和社会保护制度的建设，因而对提升贫困人口的社会资本和社会安全水平相当有限；二是21世纪以后贫困人口的新增收入主要来源已是外出务工，外出务工成了很多地方贫困人口脱贫与否的关键指标，而开发式扶贫仅仅是局限在农村地区和农业之上；三是开发式扶贫难以适用于剩余性贫困人口对象，剩余性贫困

① 李海金. 构建中国的益贫性社会保护政策框架［J］. 国家治理，2016：5.

人口有相当部分是老弱病残人口，他们急需的是各种政策性保护和社会福利制度。① 扶贫开发政策由于自身的区域和领域的局限性，难以在新形势下满足贫困人口的多元性需求，难以有效帮助贫困人口摆脱贫困。

（三）贫困人口社会保护的制度不足和滞后

事实上，中国农村之所以还存在大量的绝对贫困人口，在很大程度上就是因为长期以来农村社会保障制度严重缺失。以开发式扶贫为主的农村反贫困政策基本上取代了农村社会保障，致使绝大多数农民长期以来没有任何公共财政支持的社会保障安排。② 我国农村地区相较于城市而言，长期缺乏社会保护安全网，这大大增加了农村人口面临各种社会风险、经济风险的威胁，使大量农村人口致贫、返贫。社会保护安全网是国家和社会为国民，尤其是贫困人群提供的一种普遍的、明确的、预设的制度安排框架，当他们面对外界各种风险威胁的情况下，这种制度安排能够主动地帮助社会成员消除、缓解和应付这些威胁及其对贫困农民基本生计安全的影响，它包括正式的制度安排和非正式的制度安排。③

1. 社会福利。社会福利制度涉及的内容和对象比较多样复杂，各类社会福利制度的完备，对于贫困和贫困人口有很好的预防和缓冲风险的功能，它以普遍的公共服务及特殊福利提升全体居民的生活质量和发展能力，可产生普遍性的反贫困效果。然而，随着农村计划经济体制向市场经济体制转变、人民公社的解体和家庭联产承包责任制的全面推行，农村集体经济下的福利体系也随之瓦解，名存实亡。目前为止，农村的社会福利事业尚未形成一个完整的体系和制度。农村家庭仍然是完成社会成员生、

---

① 左停．贫困的多维性质与社会安全网视角下的反贫困创新［J］．社会保障评论，2017，2.

② 徐月宾，刘凤芹，张秀兰．中国农村反贫困政策的反思——从社会救助向社会保护转变［J］．中国社会科学，2007，3.

③ 左停，徐秀丽，齐顾波．构筑农村社会安全网：缓解农村贫困的战略性制度创新［J］．中国农村经济，2004，12.

老、病、死等功能的主要单位，只有那部分没有经济能力自我照顾的公民，才由集体提供资源、兴办福利机构，来解决他们的生活需求和福利需要。由于工业化、城市化和现代化的外在影响，家庭的结构、功能及其稳定性已发生了很大的变化，其社会福利责任和供给能力也出现了较大程度的下降。[①] 农村社会福利待遇水平低、覆盖面窄，严重滞后于经济社会发展水平和人们的需求。[②] 具体而言，老年人福利、残疾人福利、妇女儿童福利、住房和教育福利等严重缺乏或者不足以发挥制度本身的功能时，会导致老年人贫困、贫困残疾人、贫困妇女儿童和因教育问题而带来的贫困人口文化程度较低、人力资本得不到开发、贫困代际传递的贫困恶性循环等问题，这些都制约着贫困人口的生活质量和发展能力。以残疾人福利为例，它涉及的范围很广，主要包括残疾人的康复、教育、劳动就业、文化生活及环境等方面。在2016年第五次全国残疾人事业工作会议上，国务院残疾人工作委员会副主任、中国残联理事长鲁勇表示：我国农业户口残疾人中，贫困人口所占比例接近一半，仍然有39万户农村贫困残疾人家庭还居住在危房中，符合托养条件的智力、精神和重度残疾人得到托养服务的比率不足15%，近60%的残疾人反映有康复服务需求，但2014年得到过服务的不足20%，近14万残疾儿童少年反映还没解决好义务教育问题，15岁及以上残疾人文盲率超过30%。此外，残疾人文体活动参与率不足7%，缺少适合的活动项目、活动场所、相关设施和必要的组织指导，残疾人家庭无障碍改造需求量大，村（社区）无障碍建设水平亟待提高。2015年，国务院残疾人工作委员会全国残疾人基本服务状况和需求专项调查结果显示，639.6万农村残疾人未实现就业。而且，据统计，残疾人家庭人均医疗康复支出是全国居民的1.7倍，有828万残疾人因受灾、疾病和教

① 李海金，贺青梅. 农村社会福利：制度转型与体系嬗变［J］. 四川大学学报（哲学社会科学版），2010，2.

② 童星，林闽钢. 中国农村社会保障［M］. 北京：人民出版社，2011.

育支出等原因，家庭负担沉重。农村残疾人增收困难与支出负担形成的贫困叠加，与一般贫困人口相比，脱贫难度更大，返贫率更高。[①] 因此，残疾人社会福利的缺失或者不足，是制约残疾人贫困人口脱贫的最关键因素。

2. 社会保险。农村社会保险制度主要是新型农村合作医疗制度（简称“新农合”）和新型农村社会养老保险制度（简称“新农保”）。这两项制度均晚于城市社会养老保险、医疗保险的建立，而且农村社会保险制度明显缺少失业保险、工伤保险、生育保险等保险制度安排。尽管当前“新农合”和“新农保”基本实现了全覆盖，但其养老金保障水平较低，甚至难以满足老人最基本的生活开支，更不用说用以实现“老有所乐、老有所为”了。而以大病统筹为基本设计理念的“新农合”制度，以住院报销为主、门诊报销为辅，这对于不少因慢性病致贫的贫困人口来说，其大量开支以日常医疗费用为主，而即使是住院，住院支出的自付费部分，对于贫困家庭来说仍是个不小的开支。如 2013 年“新农合”的人次住院平均自费支出为 3309 元，占参保人家庭人均年收入的 33.0%，高于城镇居民基本医疗保险的 30.0%，更高于城镇职工基本医疗保险覆盖下的相应比例（16.7%）。[②] 这种差异降低了高费用治疗项目在贫困人口中的可及性，增加了这一人群的健康风险。根据国务院扶贫办建档立卡数据显示，截至 2015 年，因病致贫、因病返贫贫困户共有 838.5 万户，占建档立卡贫困户总数的 44.1%，涉及近 2000 万人，其中患大病、重病的约 330 万人，患长期慢性病的约 400 万人。[③] 同时，农村的各类医疗保障均是一种事后补救型的保障措施，这不但会加大贫困家庭的费用开支，更会加剧贫困家庭的

① 王建军，刘诚，李哲. 全国农村贫困残疾人状况分析与精准扶贫对策 [J] 残疾人研究，2015，2.

② 联合国人口基金驻华代表处，中国人民大学老年学研究所，中国老龄科学研究中心，北京大学国家发展研究院，中国妇女研究学会，国家统计局. 老年公平在中国 [R]. 2017.

③ 王培安. 实施健康扶贫工程 防止因病致贫返贫 [N]. 人民日报，2017-03-21.

贫困程度。所以，缺乏对疾病风险的有效预防保障才是导致因病致贫、返贫家庭的罪魁祸首。这些现象表明，我国农村现有的医疗保险制度还不能完全适应新阶段下反贫困的需要。

此外，农民工的社会保险制度和失地农民的社会保险制度，在我国是需要特殊考虑的情况。前一类人群由于受户籍制度的制约，而游离于城乡社会保障制度之间，表现出“高不成低不就”的现象，社会保障权益缺乏有效保障；后一类人群，由于丧失了赖以生存的生产资料——土地，收入大大降低。这两类人群均由于缺乏有效的保障极有可能陷入贫困。同时，这也是我国社会转型带来的发展问题，理应由政府承担起主要责任，实现互助共济。

3. 社会救助。社会救助制度作为社会保障制度的最后一道防线，为贫困人口提供最低的生存保障需求。然而，在我国农村地区却长期空缺。当前我国的农村社会救助制度主要以农村最低生活保障制度和特困人员救助为主。以农村低保制度为例，我国农村低保制度在全国普遍建立的时间是2007年，整整滞后于城市最低生活保障制度10年之久，这是致使广大农村低收入群体长期陷入绝对贫困而无法脱贫的主要原因。尽管我国于2014年5月开始实施的《社会救助暂行办法》，将最低生活保障、特困人员供养、受灾人员救助、医疗救助、临时救助等八项救助整合在一起，形成较为完整系统的制度体系框架，并首次明确了社会力量参与的“8+1”社会救助新格局，建立了具有中国特色的民生保障的底网。但从实践运行来看，仍存在着一些发展中的问题，主要表现在：第一，在社会救助体系内不同项目之间有缝隙，碎片化的现象还存在；第二，社会救助体系各项目与其他保障项目的衔接存在问题，还没有形成政策合力；第三，随着中央政府对社会救助投入的增加，近年来，社会救助的基本生活保障能力、临时救助能力、基层服务能力都有明显提高，但临时救助能力和基层服务能力不足仍是能力建设的短板[①]。同时，我国现行的社会救助制度均是一种事后补偿，缺乏预防贫困的作用，而且救助标准过低，救助对象和领域狭窄，这严重制约着贫困人口自身发展能力的培养，贫困人口仍然面临着较多的风险威胁和脆弱性。

（四）贫困人口的就业保障不足

劳动力是贫困家庭最重要也是最为丰富的经济资源。然而长期以来的城乡二元结构带来的劳动力市场分割以及与之相伴的各种就业制度安排，对农村劳动力存在着一定的排斥，这是制约农村贫困人口劳动力资源难以充分发挥的关键因素。在贫困人口缺乏劳动技能、缺乏必要的利益诉求的表达渠道和组织资源、缺少可靠就业信息和较难适应外部的工作或生活环境的情况下，由于缺乏相应的就业保障，如对贫困人口就业技能的培训缺乏、就业信息的通告不足、劳动力市场权益维护缺失、公益性岗位设置不足等，而使贫困人口缺乏融入现代社会经济的竞争能力，以致很难走出家门、走向市场，也就很难改变处于弱势群体的社会地位。同时，我们也长期缺乏针对不同类型的贫困人口的就业救助保障，比如对残疾人的就业保障严重不足，农村残疾人有很多是具有劳动能力的聋哑患者或者盲人，由于在农村缺乏针对他们的就业技能培训，而不得不常年待在家中，得不到社会化的融入和自身发展能力的提升。

（五）贫困人口的权利救济保障不足与缺失

贫困具有多维属性，[②] 权利的缺失或剥夺会导致基本的可行能力的剥夺，[③] 而形成权利贫困。权利贫困是指本应享有的公民权、政治权、文化

① 林闽钢. 遵循规律 规划社会救助托底能力建设重点［N］. 中国社会报，2017-03-08.

② 左停. 贫困的多维性质与社会安全网视角下的反贫困创新［J］. 社会保障评论，2017，2.

③ 阿马蒂亚·森. 以自由看待发展［M］. 北京：中国人民大学出版社，2002：85-89.

权和基本人权的匮乏。[①] 权利贫困常常与社会排斥相关联，社会排斥是指一个人、一个家庭或者一个群体，被其所处的社区或者社会排斥出享受该社会所赋予其成员基本权利和社会义务之外的一种行为。社会排斥最直接的表现是边缘化和权利的丧失。[②] 从社会排斥的角度来看，贫困是个人、家庭和社会群体因为缺乏社会资本，以致他们被排除在社会群体可以接受的最低限度生活之外。联合国开发计划署提出社会排斥有四种类型：剥夺参与权、回避法治、压制和导致贫困化。贫困个人或家庭因受到剥夺和排斥在社会中处于弱势地位。边缘化是社会剥夺、社会排斥的结果，指贫困人口社会地位的下降、在心理上对社会和自身失去信心，而产生一种不公平感的过程。边缘化的直接结果是边缘群体的产生及其社会经济状况的恶化，乃至政治权利的被剥夺。[③] 因此，贫困人口往往由于权利的保护不足，导致社会、经济活动参与渠道不畅和融入不足，逐渐遭遇边缘化，直至社会排斥，而最终成为贫困人口。

---

① UNDP. Human Development Report 1997 [R]. New York: Oxford University Press, 1997.

② 郑宝华，张兰英. 中国农村反贫困词汇释义 [M]. 北京：中国发展出版社，2004：36.

③ 左停. 贫困的多维性质与社会安全网视角下的反贫困创新 [M]. 社会保障评论. 2017，2.

·第四章·

社会福利与减贫发展

贫困问题是一个世界性问题，是当前国际社会面临的重要挑战之一。贫困概念具有复杂性、动态性和多维性。阿马蒂亚·森认为“贫困必须被视为基本可行能力的剥夺，而不仅仅是收入低下，除了收入以外，还有其他因素影响可行能力的剥夺，从而影响到真实的贫困”。[①] 当前贫困研究进入新阶段，对贫困的理解已从传统的具象的物资匮乏拓展至权利、机会、能力等抽象事物的不足。贫困研究的深化使社会福利与减贫发展的关系逐渐明显。庇古的《福利经济学》一书的出版标志着福利概念的正式产生，该书中提出经济福利和一般福利，前者是物质财富的满足，后者是非物质因素的满足。这似乎与贫困的多维性有着相通之处。在经济学研究中，学者也将“贫困问题研究归于福利问题的研究，即研究社会的福利水平与分配”。[②] 当前，中国的扶贫开发已进入攻坚阶段，社会保障兜底成为重要的减贫措施之一，社会福利作为社会保障制度的重要组成部分，对我国减贫事业有着重要意义。

① 阿马蒂亚·森. 以自由看待发展［M］. 北京：中国人民大学出版社，2002：85.

② 王春萍. 福利与贫困——贫困的内涵及其概念基础的演变［J］. 商业研究. 2007，4.

一、作为减贫目标组成部分和减贫发展基础的社会福利

社会福利制度缘起于西方国家，与资本主义文明的发展相关联。西方社会福利制度一般要溯源至1601年英国的《济贫法》。[①] 两次世界大战期间，西方资本主义国家遭遇经济大萧条，此后，西方国家纷纷设立了社会福利制度。[②] 1948年，英国成为首个福利国家。但实际上，学界目前对社会福利概念的讨论还存在争议，本节从社会福利的概念出发分析社会福利与减贫发展之间的关系。

（一）理解社会福利

福利意指社会主体通过资源分配提供物资或服务以改善国民生活。与福利不同，社会福利作为一种规范的社会制度，更强调国家在国民福利供给中的责任性。学界对社会福利内涵的理解众说纷纭、各有侧重，总体可以归纳为以下几方面。第一，从静态和动态两方面理解。有学者将社会福利静态地理解为一种良好的状态；[③] 也有学者将社会福利动态地理解为实现这种状态社会所进行的努力，包括采取的行动、制定和实施的有关计划、政策。[④] 前者强调社会福利的结果，而后者强调实现福利的过程。第二，从广义和狭义的角度理解。通常广义上的社会福利与社会保障概念一致，而狭义上的社会福利是作为社会保障的内容之一。但也有学者对此提

① 杨敏，郑杭生. 西方社会福利制度的演变与启示［J］. 华中师范大学学报（人文社会科学版）. 2013，6.

② 艾瑞克·霍布斯鲍姆. 资本的年代：1848—1875［M］. 南京：江苏人民出版社，1999：137.

③ 杨伟民. 福利社会学［M］. 北京：中国人民大学出版社，2013：9.

④ 杨伟民. 福利社会学［M］. 北京：中国人民大学出版社，2013：9.

出不同的见解，从瞄准对象的范围大小进行划分，认为广义的社会福利是指由国家制定的旨在改善和提高全体成员的物质生活和精神生活的各种政策与保障制度，或者说是由政府和社会举办与出资、旨在改善人民物质和文化生活的一切措施，包括政府举办的文化、教育、医疗卫生、城市住房事业和各种服务业以及各项福利性财政补贴；狭义的社会福利指国家与社会向特殊群体提供物质帮助或社会服务，包括社会救助和社会保险等。[①] 第三，从社会福利的性质理解。分为普惠性、救济性、制度性和发展性四种。普惠性社会福利的目的是促进和实现人类的共同幸福。[②] 救济性社会福利是《济贫法》时代贫困人口救济行为和性质的遗留，美国的福利通常意味着对单亲母亲及其子女的家计调查的救助。[③] 制度性福利观认为社会福利是指国家和社会为保障其成员的基本生活而采取的措施及服务。[④] 例如郑成功认为社会福利是“国家和社会通过社会化的福利设施和有关福利津贴，以满足社会成员的生活服务需要并促进生活质量不断得到改善的一种社会政策”。[⑤] 发展性狭义福利观认为社会福利是指在解决人们基本生存需要之后更好地生存或发展的一种状态。[⑥]

在中国现行制度体系下，社会福利实际上是作为社会保障的内容之一而存在。综上所述，社会福利可以被理解为国家和社会通过制度、政策和项目等方式，提供物资、机会等多样化的服务，以保障社会成员的基本生活水平和发展基础，提高社会成员的生活质量和改善社会成员的生活状态。社会福利具有平等性和普惠性，与个人贡献无关，也无须严格的家计

---

① 赵映诚，王春霞，杨平. 社会福利与社会救助［M］. 大连：东北财经大学出版社，2015：3.

② 尚晓援.“社会福利”与“社会保障”再认识［J］. 中国社会科学，2001，3.

③ 艾伦·肯迪. 福利视角——思潮、意识形态及政策争论［M］. 周薇，等，译. 上海：上海人民出版社，2011.

④ 窦玉沛. 重构中国社会保障体系的探索［M］. 北京：中国社会科学出版社，2001：53.

⑤ 郑功成. 社会保障学［M］. 北京：商务印书馆，2000：20.

⑥ 王思斌. 社会工作导论［M］. 北京：北京大学出版社，1998：9.

调查，但一般与个人的身份特征挂钩，例如国民身份、某地居民身份。而相较于传统的以慈善救助为主要形式的福利活动，当前的社会福利呈现多样化特征，具体表现在三方面：形式多样、主体多样以及内容多样。社会福利有多种支付形式，既可以是资金、物资等直接性的“硬福利”，也可以是公共服务等间接性的“软福利”；既有面向所有国民的社会福利，也有针对特殊群体或地方性的社会福利；既可以是增加收入的福利，也可以是减少支出的福利。社会福利主体多样是指社会福利提供主体多元化，其中政府是提供社会福利的核心主体，同时政府还可以向社会组织和企业等主体购买服务，由第三方提供福利内容。此外，社会组织和集体也是社会福利的重要供给主体。福利内容多样化是指具体福利项目涉及健康、教育、住房、养老、就业、基本公共服务等多方面。

（二）作为减贫目标组成部分和发展基础的社会福利

1. 作为减贫目标组成部分的社会福利。贫困一直是国际社会关注的重要问题之一，减贫也成为大多数国家的重要任务之一。当前，贫困的研究已进入新阶段，对贫困的理解已由简单的收入贫困发展为复杂的多维贫困。李小云等指出贫困已由绝对意义上的温饱性贫困演化为以相对的资产和福利剥夺为主要特点的贫困。[①] 左停也指出贫困概念“从最初的只考虑经济维度的收入贫困，开始向发展能力的贫困、进而到权利贫困转变”。[②] 而多维贫困的原因复杂多样，涉及权利被剥夺、发展机会和可获得的基本服务匮乏等。《中国农村扶贫开发纲要（2011—2020年）》提出“两不愁、三保障”的扶贫总目标，这一目标相较于20世纪“解决温饱”的扶贫目标而言有了很大提升和改善，即将贫困户的基本需求从温饱延伸至教

① 李小云，于乐荣，唐丽霞．新时期中国农村的贫困问题及其治理［J］．贵州民族大学学报（哲学社会科学版），2016，2.

② 左停．贫困的多维性质与社会安全网视角下的反贫困创新［J］．社会保障评论，2017，2.

育、医疗和住房三方面的保障，这一意味着当前中国农村的减贫目标不能局限于增加贫困人口的收入，更要着眼于解决其他维度的贫困问题，为其提供发展的可能。面对新的贫困内涵和扶贫目标，以提供基本生活条件和发展基础的社会福利的建设显得尤为重要。

社会福利制度完善与否能反映一个国家社会制度建设情况，社会福利水平也一定程度上能反映一个国家的社会生活水平。完善的社会福利制度能有效减轻减贫的压力，具体表现在三方面。一是，社会福利能够为穷人提供终极的、可直接享用的福利。这些社会福利可直接转化为个人财富，增加贫困人口的财产，直接减少收入贫困。二是，社会福利可以提供间接性的、作为发展资本的福利，进而提高贫困人口的抗逆性，提升其抵抗风险的能力。保护型和服务型的社会福利能保障贫困人口的基本权利，增加贫困人口的人力资本，提高贫困人口的可行能力。三是，一些社会福利还具有预防性质，能从根源上抑制贫困的萌芽，例如免费体检有利于预防疾病的发生、减少医疗支出。总之，社会福利既可直接用于消费，也可增加个体能力，还可预防风险。它通过制度和项目等方式，以提供资金、食物、服务等形式保障国民的基本生活和改善国民的生活状态。

贫困具有相对性，即使是发达国家也有一定数量的贫困人口存在。但西方发达国家普遍建立了从摇篮到坟墓的社会福利体系，福利保护贯穿于国民的整个生命周期，可以有效缓解甚至是解决贫困人口的基本生存问题。然而，我国农村社会福利体系并不完善，迫切需要政府帮助贫困人口建立相对完善的社会福利制度，增强贫困人口的可行能力和社会保护。社会福利的减贫作用以及我国社会福利制度的不完善决定了建设完善的社会福利体系已成为我国减贫发展的重要目标之一。

2. 作为发展基础的社会福利。社会福利具有一定的减贫功能，但需要指出的是社会福利并非只是聚焦于贫困问题的解决，实际上远远超过减贫的意义。社会福利是收入再分配的重要手段，在社会保障中具有重要地位。虽然打赢脱贫攻坚战是2020年前我国需要完成的重要目标和任务，但减贫发展本身并非短期性或暂时性的目标，贫困的存在具有相对性，发展也是一个永久性的议题。可以说，当前大范围、高度重视的扶贫开发事业为我国建立完善的社会福利体系提供了契机和助推力。

稳健的发展需要良好的社会制度环境，社会福利制度是一个国家的基础性社会制度之一。其基本目的在于促进社会的稳定、公平和再生产，为社会经济的正常运转创造良好的环境，从而使国民经济持续、稳定、均衡和协调地发展。① 从国家整体发展来看，完善的社会福利制度是国家可持续发展的基础，能更好地服务于社会的稳健发展，具有服务国家长远发展的重要意义。从个人发展来看，完善的社会福利制度能为社会成员参与经济活动与社会活动创造良好的条件和环境，是实现国家的可持续性和包容性发展的重要制度基础。因此，社会福利的发展是社会发展的一个重要内容和表现，也是实现减贫发展的基础。

（三）中国减贫性社会福利项目概况

中国社会福利项目的最初设定并非为了扶贫，但不可否认的是社会福利具有减贫功效。中国人口基数庞大，地区间贫富差异较大，难以做到社会福利的高水平和全覆盖。因此，全国全民性的社会福利项目较少，其中具有福利色彩的城乡居民基本养老保险制度（含农村的“新农保”）和城乡居民基本医疗保险制度（含农村的“新农合”）最具代表性。同时，还有一些以社会公共服务为表现形式的间接性福利项目，例如促进社会成员就业而实施的技能培训和提供岗位的就业服务项目、免费体检、“两癌”检查、中西部地区义务教育阶段的免费午餐项目等。但农村地区的公共服务供给相对不足，国家就此提出公共服务均等化建设，提升农村社区基础

① 陈银娥. 社会福利［M］. 北京：中国人民大学出版社，2004：5.

性公共服务和社会性公共服务等，保障农村居民也能平等地享受到同等的社会公共服务，为贫困地区及贫困人口的发展奠定基础。此外，中国还设立了多种地方性福利项目和专项性福利项目，例如全国各个省份都实施了水平不一的高龄补贴项目、农业补贴政策（现在改称为农地支持保护补贴，简称“农支保”）、退耕还林补助等，以及重度残疾人护理补贴、“两免一补”、危房改造补贴、面向库区移民群体的移民补贴、面向失地农民的失地农民补贴、生态公益林补偿、草原生态补偿、北方地区提供的冬季取暖补贴、能源补贴等地方性专项社会福利项目。上述社会福利项目集中表现为直接性，即可直接转为政策目标人群的收入而用于消费。梳理我国减贫性社会福利政策和项目，大致如表 4-1 所示：

表 4-1 中国减贫性社会福利政策和项目

类型	福利项目
医疗福利	城乡居民基本医疗保险、免费体检、百万贫困白内障患者复明工程、特殊儿童疾病治疗、中小学生营养改善计划（免费午餐）、贫困家庭特殊疾病治疗、“两癌”检查、重度残疾人护理补贴
教育福利	义务教育“两免一补”、学前教育资助制度、中等职业学校免学费补助政策、高中阶段家庭经济困难学生学杂费免除项目、高中阶段教育普及攻坚计划、面向贫困地区定向招生专项计划、家庭经济困难学生国家助学贷款项目、乡村教师生活补助
住房福利	廉租房制度、经济适用房制度、公共租赁住房制度、危房改造、易地搬迁、库区移民补贴、“母亲安居工程”
养老福利	城乡居民养老保险、高龄补贴、养老服务补贴

续表

类型	福利项目
就业福利	重点群体免费职业培训行动、春潮行动、技能脱贫千校行动、农民工等人员返乡创业培训计划、残疾人职业技能提升计划和雨露计划等提升人力资本的就业项目；劳务协作、转移就业、政府购买公共服务岗位、企业与贫困户对接等方式提供就业岗位的服务；最低工资标准、带薪休假、高温补贴、交通补贴、特殊岗位津贴等工作福利
基本公共服务	水、电、路、通信等基础性公共服务；教育、医疗卫生和养老等社会性公共服务
其他福利	退耕还林补助、生态公益林补偿、草原生态补偿、农业支持保护补贴、取暖补贴、能源补贴、失地农民补贴

表格来源：作者根据相关政府官网公布的资料整理得出。

其中，退耕还林补助、生态公益林补偿、草原生态补偿、失地农民补偿、农业支持保护补贴、能源补贴以及取暖补贴等其他福利是直接性的现金转移支付福利。失地农民补偿是政府采取资金或实物补偿解决失地农民的基本保障问题。除了一次性补偿之外，失地农民在就业培训和就业岗位介绍等方面也可优先安排。虽然农业支持保护补贴是为了支持耕地地力保护和鼓励粮食适度规模经营，制度设计初衷与农业生产挂钩，但实际实施过程中，这一项目并没有直接对农业生产者进行补贴，而是与承包权挂钩，也就是与“农民”这一身份挂钩，成为一项农民的职业福利性补贴。同时，一些地方还设置了能源、电力福利补贴，例如 2015 年山西省实施低收入农户冬季取暖用煤货币化补贴，每户冬季可领取 300 元；山东省还对低保户实施电力补贴，每人每月补贴约 8 元。

二、健康福利、住房福利、老龄福利与减贫发展

在当前的脱贫攻坚战中，完善的社会福利供给是解决区域贫困的一个重要目标和指标。在当前扶贫攻坚过程中，医疗有保障和住房有保障成为重要的脱贫指标，为了进一步改善贫困群体的福祉，中央和各地政府提出了许多面向贫困地区或贫困人群的福利支持项目，其中健康福利和住房福利建设尤为突出。同时，随着我国人口老龄化的加重，老年贫困问题也愈发突出，一系列全国性和地方性的老年社会福利项目就成为缓解老年贫困的重要路径。

（一）健康福利与减贫发展

福利通常与 welfare 相对应，well 和 fare 组成，字面意思为“良好的状态”。不幸福或者是苦难可与英语中的 illfare 相对应，字面意思为“不健康的状态”。此外，福利通常与 welbeing 相对应，而贫困一般也可翻译为 ill-being。无论是 illfare 还是 illbeing，似乎都暗含着这样一个判断——健康状态是幸福与否的至关重要的因素。从中国整体贫困状况来看，因病致贫和因病返贫的比率一直相对较高，至 2015 年底，我国因病致贫比例上升至 44.1%，很显然，解决好健康问题对困难群体摆脱贫困具有重要意义。目前，我国农村地区的健康福利项目主要有新型农村合作医疗保险制度、疾病预防、特殊疾病治疗、“免费午餐”福利项目以及重度残疾人护理补贴制度等。

1. 新型农村合作医疗保险制度。2003 年，我国全面试行新型农村合作医疗保险制度（以下简称“新农合”），旨在减轻农民因疾病带来的经济负担，提高农民健康水平。虽然“新农合”是一种社会保险制度，但该制度是由政府组织、引导、支持，农民自愿参加，且主要筹资来源于政府

的补助资金，因此具有明显的福利性。由表4-2可知，中西部地区“新农合”的筹资来源中，政府财政人均补贴占人均筹资总额的比例从2008年的31.15%剧增至2009年的70.55%，并于之后一直保持在70%的比重之上。需要指出的是，中西部地区经济发展相对落后，是政府财政补助的重点地区，因此财政补贴比例较大，东部地区经济发展较好，政府补助比例相对要低一些。

表4-2 中西部地区“新农合”的筹资来源及水平

年份	人均筹资总额（元）	政府财政人均补贴	
		水平（元）	占总额比(%)
2007	67.08	20	29.82
2008	96.3	30	31.15
2009	113.4	80	70.55
2010	156.6	120	76.63
2011	246.2	200	81.23
2012	308.5	240	77.80
2013	370.6	—	—
2014	410.9	320	77.88
2015	490.3	380	77.50

资料来源：作者根据历年我国卫生和计划生育事业发展统计公报和其他资料整理得出①。

“新农合”制度建立以来，制度建设逐步完善。在政府的大力倡导下，“新农合”制度凭借较强的普惠性和福利性而迅速覆盖农村地区。2015年

① 肖林娜. 新型农村合作医疗适度筹资水平研究［D］. 辽宁大学，2013.

底，全国参加新型农村合作医疗人口数达 6.7 亿人，参合率为 98.8%。[①] 而随着“新农合”的实施和普及，该制度的福利效应也逐渐显现，例如减轻医疗费用负担、提高农民健康意识、改善农民健康状况等。2016 年，国务院整合城镇居民基本医疗保险和新型农村合作医疗两项制度，建立了统一的城乡居民基本医疗保险制度。

2. 疾病预防和特殊疾病治疗降低因病致贫概率。国家卫计委发布的《关于规范新型农村合作医疗健康体检工作的意见》中指出“承担‘新农合’健康体检的医疗机构要为受检者建立健康档案，并逐步建立健康体检管理信息系统，提供免费健康档案查阅和健康咨询；要科学管理和合理利用农民健康档案，对体检中发现的高血压、糖尿病等慢性病进行专案管理，达到早期发现疾病并进行干预的目的，从而提高农民健康水平。”同时，优先为建档立卡贫困人口单独建立电子健康档案和健康卡，推动基层医疗卫生机构提供基本医疗、公共卫生和健康管理等签约服务。健康档案的建立会极大地促进医疗机构更好地为基层提供相应的健康服务，例如健康体检、特殊疾病治疗等。

为了扩大农民受益面，一些地方实施了健康体检项目。该项目的资金主要来源于“新农合”基金，原则上是利用家庭账户或门诊统筹基金结余，同时鼓励承担健康体检任务的医疗机构给予一定的优惠。该项目为没有享受补偿的参合农民进行健康体检，即上年内未得到补偿的参合农户，以户为单位每户推荐一人，也可结合当地实际，在参合农民中确定特定人群。2009 年，相关政府部门印发了《农村妇女“两癌”检查项目管理方案》，为全国农村妇女进行“两癌”检查。该项目每年为全国 1000 万适龄农村妇女进行免费宫颈癌检查，为 120 万适龄农村妇女进行免费乳腺癌检

---

① 2015 年我国卫生和计划生育事业发展统计公报［R/OL］．（2016-07-21）．http：//www.gov.cn/shuju/2016-07/21/content_5093411.htm

查，已覆盖 532 个贫困县。2011—2015 年，中央彩票公益金投入 4 亿元，积极开展“贫困母亲两癌救助”。[①] 此外，贫困家庭的儿童可免费接受预防接种。2014 年，贫困地区 5 岁以下儿童的 98. 8%接受免费免疫计划。[②] 虽然在贫困地区，更缺乏的是医疗建设，但是免费体检的疾病预防作用无疑有利于降低重大病症的发生率或缓解疾病的恶化。

此外，我国政府还针对特定病种实施医疗救助。2004 年开始实施“全国孤儿手术康复明天计划”。时至 2016 年，我国累计投入资金 8. 6 亿元，为 9 万多名孤儿、弃婴和贫困儿童免费实施手术矫治和康复。[③] 通过国家的福利事业为孤儿、弃婴和贫困儿童创造美好的明天。2009 年，卫生部、中国残联、财政部联合启动实施“百万贫困白内障患者复明工程”项目（2009—2011 年），为全国 100 万例贫困白内障患者实施复明手术，经费由中央和地方财政给予支持，其中中央财政为每例手术补助费用 800 元，同时鼓励慈善组织参与。2011 年，全国支学助教工程办公室和“光明未来”爱心公益活动组委会举办“帮扶弱视儿童，拥有光明未来”爱心公益活动，在一年内由博视顿公司无偿帮助全国 500 名家庭贫困的弱视儿童进行视力保健和视力提升服务。[④] 自 2016 年起，我国对贫困家庭患有儿童急性淋巴细胞白血病、儿童先天性心脏房间隔缺损、食管癌等疾病的患者进行集中救治。国家还实施农村妇女增补叶酸预防神经管缺陷项目，[⑤] “母亲健康快车”等

---

① 中国的减贫行动与人权进步［R/OL］.（2016-10-17）. http：//www. gov. cn/xinwen/2016-10/17/content_5120140. htm-1.

② 国家统计局住户调查办公室. 中国农村贫困监测报告 2015［R］. 北京：中国统计出版社，2015：32.

③ 中国的减贫行动与人权进步［R/OL］.（2016-10-17）. http：//www. gov. cn/xinwen/2016-10/17/content_5120140. htm-1.

④ “光明未来”爱心公益活动在京启动［EB/OL］.（2011-03-27）. http：//www. gov. cn/jrzg/2011-03/27/content_1832562. htm.

⑤ 中国的减贫行动与人权进步［R/OL］.（2016-10-17）. http：//www. gov. cn/xinwen/2016-10/17/content_5120140. htm-1.

公益项目，帮助贫困单亲母亲、患病贫困妇女改善生存和发展状况。

3.“免费午餐”改善贫困地区中小学生营养与健康。针对当前城乡儿童发展不平衡，贫困地区儿童整体发展水平较低的现状，《中国儿童发展纲要（2011—2020年）》提出“实施贫困地区学龄前儿童营养与健康干预项目，继续推行中小学生营养改善计划”。该项目又称为“免费午餐”项目，是以贫困地区和家庭经济困难的学生为重点，通过国家试点、地方试点、社会参与等方式开展，旨在改善农村义务教育学生营养状况，促进贫困地区婴幼儿健康发育成长。自2011年起，全国超过1/2的县实施了农村义务教育学生营养改善计划，中央财政为纳入营养改善计划国家试点的农村义务教育学生按每生每天4元（800元/年）的标准提供营养膳食补助。同时鼓励地方开展营养改善计划试点，中央财政给予适当奖补。目前，中央财政累计投入670亿元，惠及3360万农村学生。2012年起，国家为贫困地区6~24月龄婴幼儿免费提供营养包，提高监护人科学喂养知识普及程度和家庭教育水平，促进贫困地区婴幼儿健康发育成长。2015年，该项目由中央财政专项补助经费5亿元，覆盖21个省（区、市）14个国家集中连片特困地区的341个县，共211万名儿童受益。[①]

4. 重度残疾人护理补贴制度提供改善生活的资金基础。2015年9月，国务院印发《关于全面建立困难残疾人生活补贴和重度残疾人护理补贴制度的意见》，在全国实施困难残疾人生活补贴和重度残疾人护理补贴制度（以下简称残疾人两项补贴制度）。前者属于社会救助范畴，而后者则带有福利性质。这也是我国第一次在国家层面建立残疾人福利补贴制度。重度残疾人护理补贴制度是对残疾等级被评定为一级、二级且需要长期照护的重度残疾人进行补贴，有条件的地方可扩大到非重度智力、精神残疾人或

① 中国的减贫行动与人权进步［R/OL］.（2016-10-17）. http://www.gov.cn/xinwen/2016-10/17/content_5120140.htm-1.

其他残疾人。大部分省市区采取发放现金的形式，且补贴水平不一（详见表 4-3）。部分省市通过政府购买服务的方式解决重度残疾人的护理问题，例如珠海市以政府购买的方式，委托社会服务机构开展重度残疾人集中托养服务；[①] 西安市采取托养服务方式解决重度残疾人的护理问题；[②] 上海采取居家养护的方式提供照料服务，服务补贴标准为 20 元/时，每天 1 小时。[③] 通过专项调查实名获取 2660 多万持证残疾人，70 多万个社区为残疾人提供公共服务状况的基本信息，这为残疾人的精准服务建设提供了可靠的数据支撑。[④] 但重度残疾人护理补贴制度尚存在问题。该补贴是以现金的形式按月发放，然而农村地区尤其是贫困地区，社区服务提供有限，即使重度残疾人能获得护理补贴，但实际上未必能保证这样的现金补贴有效转化为重度残疾人所需要的护理服务。

表 4-3　2016 年部分省市重度残疾人护理补贴基本水平

单位：元/月

省市	补贴水平	省市	补贴水平	省市	补贴水平
北京市	300/100	河南省	100	海南省	不低于 100
天津市	100	江苏省	120/80	广东省	150
河北省	60	四川省	80/50	贵州省	50/40
青海省	100	安徽省	60	云南省	70/40

注释：表中部分省市的补贴水平因残疾级别分档补贴或城乡差异补贴。

资料来源：作者根据不同省市残联官网公布的资料整理得出。

---

① 珠海拟在 3 年内对符合条件的重度残疾人进行托养［EB/OL］.（2010-05-23）. http：//www. gov. cn/jrzg/2010-05/23/content_1611788. htm.

② 西安市残疾人托养服务工作实施方案［EB/OL］.（2015-01-16）. http：//www. xa-dpf. org. cn/websac/cat/1455479. html.

③ 关于调整市残疾人居家养护补贴标准的通知［EB/OL］.（2015-06-17）. http：//www. shdisabled. gov. cn/clwz/clwz/xxgk/zxwj/2015/06/17/4028fb925144156901514 4395b3c0008. html

④ 中国的减贫行动与人权进步［R/OL］.（2016-10-17）. http：//www. gov. cn/xinwen/2016-10/17/content_5120140. htm-1.

（二）住房福利与减贫发展

住房是人类最基本的需要之一，是人类生存和发展的重要条件，住房问题是关乎国计民生的重要社会问题。国家针对城镇地区住房困难居民制定、实施了一系列住房福利制度，例如廉租房制度、经济适用房制度等。相对而言，农村地区的住房福利体系建设较为欠缺，主要依托危房改造、移民搬迁和易地扶贫项目开展。

1. 危房改造改善贫困人口的住房条件。2016 年 7 月 6 日，住房城乡建设部印发了《住房城乡建设事业“十三五”规划纲要》，按照优先帮助住房最危险、经济最贫困农户解决最基本安全住房的要求，加大农村危房改造力度，统筹推进农房抗震改造，基本完成现有农村危房改造任务。目前，中央补助标准为每户平均 7500 元，在此基础上对贫困地区每户增加 1000 元补助，对陆地边境县边境一线贫困农户、建筑节能示范户每户分别增加 2500 元补助。2016 年以来，中央财政重点加大了对四类重点对象（即低保户、农村分散供养特困人员、贫困残疾人家庭和建档立卡贫困户）危房改造支持力度。2016 年 11 月，住建部等多部门联合印发《关于加强建档立卡贫困户等重点对象危房改造工作的指导意见》，就加强四类重点对象危房改造工作提出一系列意见，例如自 2017 年起，中央财政补助资金将集中用于四类重点对象的危房改造工作，并适当提高补助标准。各省市根据中央相关文件以及本地区的实际情况制定相应的危房改造补贴标准，具体内容如表 4-4 所示。2017 年 3 月国务院出台的《“十三五”推进基本公共服务均等化规划》提出，“合理确定农村危房改造补助对象和标准，优先帮助住房最危险、经济最贫困农户解决最基本的住房安全问题。加快推进贫困地区危房改造，按照精准扶贫、精准脱贫要求，重点解决建档立卡贫困户、低保户、农村分散供养特困人员、贫困残疾人家庭的基本住房安全问题”。

表 4-4　中央补助标准和部分省市平均补助标准

省市	危房改造补贴标准
中央补助	每户平均 7500 元，在此基础上对贫困地区每户增加 1000 元补助，对陆地边境县边境一线贫困农户、建筑节能示范户每户分别增加 2500 元补助
北京市	低保和低收入家庭、实行分散供养的特困人员家庭的补助面积为 3 间，每间 15 平方米，共计 45 平方米；享受定期抚恤补助的优抚对象家庭的补助面积为 3 间，每间 18 平方米，共计 54 平方米。具体每平方米补助标准由专业造价部门根据工程造价标准、本区经济发展水平和财政承受能力自行测算，并报区财政局申请
江苏省	翻建新建户均补助：苏北 12000 元，苏中 11000 元，苏南 10000 元；维修加固户均补助：苏北 6000 元，苏中 6500 元，苏南 7000 元
安徽省	省级补助资金对国家扶贫开发县、省扶贫开发重点县和比照实施西部大开发政策的县（市、区）户均补助 3000 元，对其他一般县（市、区）户均补助 2000 元
广东省	各级财政按每户不低于 2 万元对危房改造家庭进行补助，其中对原中央苏区县和少数民族自治县每户分别增加补助 3500 元和 5000 元
贵州省	贫困户：一级危房户均补助 3.5 万元，二级危房户均补助 1.5 万元，三级危房户均补助 1 万元；困难户：一级危房户均补助 0.5 万元，二级危房户均补助 0.3 万元，三级危房户均补助 0.2 万元；威宁县土坯房：贫困户户均补助 2.23 万元，困难户户均补助 1.23 万元

表格来源：作者根据中央政府及相关地方政府官网公布信息整理。

2. 移民搬迁和易地扶贫搬迁改善居住条件。移民搬迁项目，具体包括生态移民搬迁、库区移民搬迁和灾害移民搬迁等。政府集中安置或插花安置迁移出来的人口，并根据安置方式和安置住房的类型给予相应补贴，对我国特定地区的居民的住房改善提供了一定帮助。政府补贴由中央财政和地方财政组成，各个地区补贴水平不一。例如陕西省规定生态移民搬迁，选择集中安置的，每户补助 4.5 万元；选择高层、小高层和多层进行楼房化安置的，每户再奖励 0.5 万元；在农村分散安置的，每户补助 3 万元；集中安置点规划设计红线内基础和公共服务设施建设每户补助 2 万元。[①] 而广西壮族自治区规定滇黔桂石漠化片区、国家扶贫开发重点县的贫困对象人均 1.2 万元、非贫困对象人均 8000 元；其他县的贫困对象人均 8000 元，非贫困对象人均 6000 元。在此补助基础上，安置边境 0~3 公里范围内的搬迁对象人均增加 2000 元，较少民族（京族、毛南族、仫佬族）人均增加 1000 元，基础设施按人均 5000 元进行补助。[②]

易地扶贫搬迁是我国开发式扶贫的重要措施，贫困人口的住房问题是易地扶贫搬迁工作中需要解决的一个重要问题。2014 年国家发改委印发了《关于做好新时期易地扶贫搬迁工作的指导意见》，其中规定贫困户可采取就近、分散插花、规模集中等多种方式安置，地方政府结合中央补助资金和自身财力决定补助形式（人或户）和补助标准，其中中央财政人均补助标准现阶段不超过 6000 元。随着我国减贫工作的不断开展，其他类型的移民搬迁项目逐渐与减贫项目相结合。《中国农村扶贫开发纲要（2011—2020 年）》提出“引导其他移民搬迁项目优先在符合条件的贫困地区实施，加强与易地扶贫搬迁项目的衔接，共同促进改善贫困群众的生产生活环境”。

此外，部分地区还实施了“母亲安居工程”，集政府、社会以及社区的力量，帮助单身贫困母亲解决住房困难问题。2012 年 7 月，我国又实施公共租赁住房制度，面向符合规定条件的城镇中等偏下收入住房困难家庭、新就业无房职工和在城镇稳定就业的外来务工人员出租保障性住房。

---

① 陕西将建立避灾生态移民搬迁补助资金绩效评价制度［EB/OL］.（2016-10-27）. http://www.gov.cn/xinwen/2016-10/27/content_5124836.htm.

② 广西今年扶贫生态移民搬迁 10.83 万人［EB/OL］.（2015-04-29）. http://www.gov.cn/xinwen/2015-04/29/content_2854914.htm.

虽然这项住房补贴局限于城镇地区，但外来人口也可享受该项住房福利，因此农民工等从农村迁移出来的农民群体也可享受这一住房福利，虽然这一政策对农村减贫没有直接的意义，但无疑有利于农村剩余劳动力的转移和城镇化发展。

（三）老龄福利与减贫发展

理论上，老年人与社会经济生产环节已逐渐脱离。虽然部分低龄老年人依然从事劳动生产并获得相应收入以维持生计，但大多数老人主要依靠自身财富积累、子女赡养或社会保障维系生活，属于社会弱势群体。因此，在社会性资源分配上具有经济利益的贫困性、生活质量的低层次性和承受力的脆弱性。① 有学者指出农村老年人口因为年老体衰、社会保障缺失、家庭结构变迁等，极易被边缘化，成为贫困的最大受害者。② 陈友华认为人到老年意味着消费大于生产，若无青壮年时代的积累，也没有转移性支付时，老年消费就成为无源之水与无本之木。③ 在人口老龄化现象加重的背景下，随着扶贫工作的推进，老年贫困问题愈发突出。王德文和张恺悌以老人自评的经济状况为基准计算认为，2005 年全国老年贫困人口数量介于 921 万～1168 万之间，老年贫困发生率为 7.1%～9%，其中城市为 4.2%～5.5%，农村为 8.6%～10.8%。北京大学国家发展研究院 2013 年 6 月发布的《中国健康与养老追踪调查》数据显示，全国有 22.9%的 60 岁以上老年人的消费水平位于贫困线以下。而老年贫困的关键在于是否有足够的基本家庭收入以及能否将这一收入转化为基本的生活服务。2009 年，我国实施了普惠型的新型农村社会养老保险（简称为“新农保”），后改

---

① 陈成文. 社会学视野中的社会弱者［J］. 湖南师范大学社会科学学报，1999，2.

② 周忠，孙开庆. 转型期我国农村老年贫困问题成因及对策思考［J］. 中共四川省委省级机关党校学报，2009.1.

③ 陈友华，苗国. 老年贫困与社会救助［J］. 山东社会科学，2015，7.

为“城乡居民养老保险”。“新农保”制度虽然是一项保险制度，但该制度由国家、企业或集体和个人共同承担缴纳养老费用，部分贫困群体的个人缴费部分也由国家或集体代缴，因此具有一定的福利性。2017 年，各地政府再次上调基础养老金，青海省上调至 155 元/月，高于东部各省。因此，基础养老金成为老年贫困人口的重要收入来源，对于老年贫困人口而言尤为重要。但基础养老金的减贫作用毕竟有限，而且贫困并非仅仅局限于收入方面。对于老年贫困群体而言，社会服务供给也尤为重要，是影响老年人贫困与否的重要因素。针对养老问题，我国政府也采取了一系列福利措施，对老年群体的减贫产生了一定的影响。

1. 地方性高龄补贴政策。2013 年 9 月，国务院发布《关于加快发展养老服务业的若干意见》，该意见明确提出要在全国范围内基本建成针对经济困难的高龄、失能老年人的护理补贴制度。对经济困难的老年人，地方各级人民政府逐步给予养老服务补贴。全国绝大多数省市都设置了高龄补贴政策，但地方的年龄划分与资助标准不尽相同，在目标瞄准和补贴金额等方面表现出明显的地域性,[①]，大多数省市以 80 周岁为起点设档补贴，这种拉开档次的高龄补贴实施成本相对较低，并且可以更好地瞄准对象，增加目标群体的收入，每月增收幅度最低为 25 元，最高为 800 元，对缓解农村低保对象老龄化问题发挥了重要作用。

表 4-5　我国部分省市高龄补贴水平

单位：元/人/月

省市＼年龄段	60~69 周岁	70~79 周岁	80~89 周岁	90~99 周岁	100 周岁及以上
北京	–	–	–	100	200
天津 *	95	105	115	115	500

① 沈雨菲，陈鹤. 中国高龄津贴政策而评述与实证分析［J］. 人口与经济. 2016，1.

续表

年龄段 省市	60~69 周岁	70~79 周岁	80~89 周岁	90~99 周岁	100 周岁及以上
上海 *	–	–	–	–	300
辽宁 *	–	–	不低于 50	–	–
江苏	–	–	–	–	300
浙江	–	–	不低于 30	不低于 30	不低于 30
山东	–	–	不低于 100	不低于 200	不低于 300
甘肃	–	–	25	60	100
青海	–	90	100	120	160
宁夏	–	–	220	450	450
河北	–	–	–	–	不低于 300
吉林 *	–	–	50	100	300
河南	–	–	–	–	不低于 100
山西 *	–	–	30/60	30/60	300
贵州	–	–	50	100	不低于 200
黑龙江 *	–	–	100	100	100
海南	–	–	–	–	不低于 300
陕西	–	50	100	200	300
西藏	–	–	300	500	800
新疆	–	–	50	120	200

* 注释：天津市 100 周岁以下老人的高龄补贴领取需满足“未参加城乡居民基本养老保险且无社会养老保障待遇”的条件；辽宁省的高龄补贴限于低保对象和低保边缘对象中的老年人；吉林省 80~90 周岁的高龄补贴限于低保老年人；上海市的老年补贴为百岁老人营养补贴 300 元/月；山西省 80~99 周岁的老年补贴分为两种：低保家庭为 30 元/月/人，低保家庭中失能老年人为 60 元/月/人；黑龙江省 80~89 周岁的高龄补贴限于低保、低收入家庭老年人。

资料来源：作者根据各省市民政部门网站公布资料整理所得。

2. 失能老人护理补贴和居家养老服务补贴。为破解特殊群体的养老困境，部分地区建立失能老人护理补贴和居家养老服务补贴制度。居家养老服务补贴并不一定直接发放给老人，可以由政府为老人购买养老服务。2017年1月，天津市提高困难老人居家养老服务（护理）补贴标准，将轻、中、重三个照料等级的补贴标准由每人每月150元、200元、400元提高到200元、400元、600元。[①] 2017年5月，南京市调整养老服务补贴，为经济困难的半失能、失能老人购买居家照护服务，购买标准分别由2016年的300元/月和400元/月提高到400元/月和700元/月，还特别"对全市75周岁以上的独居老人安装紧急呼叫终端给予补助"。[②] 2017年1月1日起，银川市民政部门也将为全市空巢、孤寡等低收入老年人提供家政、生活照料、助餐方面的服务补贴。[③]

表4-6 地方特殊老人补贴制度及最新补贴水平

地区	补贴类型	补贴标准及水平（单位：元/人/月）
天津	失能老人护理补贴	轻、中、重三个照料等级的补贴标准分别为200、400、600
西安	失能老人护理补贴	60周岁以上（含60周岁）农村失能老人390
南京	居家养老服务补贴	经济困难的半失能、失能老人补贴400和700

三、教育福利、就业福利与减贫发展

教育福利和就业福利具有较强的发展性。一方面教育福利有利于提升

① 天津：居家养老服务补贴提高［EB/OL］.（2017-01-18）. http：//www.gov.cn/xinwen/2017-01/18/content_5160778.htm.

② 南京市养老服务补贴5月起调整3A级以上居家养老中心补贴翻倍［EB/OL］.（2017-06-02）. http：//www.cncaprc.gov.cn/contents/10/181418.html.

③ 银川2100名低收入老人今年起将获补贴［EB/OL］.（2017-01-03）. http：//www.gov.cn/xinwen/2017-01/03/content_5155970.htm.

个人人力资本和可行能力，从而提高自身反贫困的能力。另一方面，教育不仅影响受教育者本身，而且还会辐射至受教育者的家庭，降低非贫困人口在未来陷入贫困的可能性，有利于阻断贫困的家庭代际传递。拓展到地区而言，教育福利项目有利于增强贫困地区发展后劲、缩小城乡和区域差距。就业并不是直接的社会福利，但与社会福利息息相关，社会成员可以通过就业换取社会福利，可以说就业既是社会成员获取福利的重要条件，也是社会成员获取福利的重要方式。在一些西方国家，鼓励就业被视作解决福利依赖和换取社会福利的重要措施，政府通过提供就业机会解决社会成员的社会福利问题。教育福利和就业福利都更重视通过提高个体能力实现积极减贫。

（一）教育福利与减贫发展

教育作为一种由国家提供的公共服务，具有一定的社会福利性质。改革开放以来，国家就重视教育发展，实施了一些以免费或者低费形式提供教育机会和教育条件的措施。在脱贫攻坚战的过程中，国家更加重视贫困地区的教育事业建设，实施了多项教育福利项目，以切实保障贫困人口的受教育权利。

1. 普惠性教育措施保障贫困家庭孩子平等享有基础教育。2006 年，我国颁布了《中华人民共和国义务教育法》，开始实行九年义务教育制度，赋予所有适龄儿童、少年接受义务教育的权利，具有普及性、免费性、服务性和公益性。免除全部城乡义务教育阶段学生学杂费，免费向义务教育阶段学生提供教科书，城乡家庭经济困难寄宿生可以享受寄宿生生活费补助，简称为“两免一补”政策。补助标准为小学生每生每年 1000 元、初中生每生每年 1250 元。2017 年，中央财政下达城乡义务教育经费保障机制预算 1170 亿元，比 2016 年增加约 70 亿元，除落实农村学生“两免一补”和城市学生免除学杂费政策之外，还将对城市家庭经济困难寄宿生给予生活费补助等。[①] 虽然义务教育是一种普惠性制度，但祝志芬从补缺型福利角度分析义务教育制度保障了处于社会不利地位的儿童和少年的受教育权利，而这里所提到的处于社会不利地位的儿童和少年主要是指家庭经济困难的中小学生、残疾儿童、进城务工农民工的子女。[②] 此外，国家也大力支持贫困地区的义务教育发展。2013 年，教育部等部门联合印发《关于全面改善贫困地区义务教育薄弱学校基本办学条件的意见》。《中国儿童发展纲要（2011—2020 年）》明确逐步提高农村义务教育寄宿制学校家庭经济困难学生生活补助标准，扩大补助范围。

此外，2011 年开始，我国推行“学前教育三年行动计划”，该计划的实施遵循“广覆盖、保基本、有质量”的原则，旨在通过新建或扩建公办和民办幼儿园等措施扩大普惠性学前教育资源。全国学前三年毛入园率由 2011 年的 62.3%提高到 2015 年的 75%，中西部地区在园幼儿数由 2011 年的 2153 万增加到 2015 年的 2789 万，增长了 30%。[③]

2. 瞄准贫困群体的减免性教育项目帮助贫困家庭降低教育支出。新世纪初，我国政府大范围推广国家助学贷款政策。家庭经济困难的学生可申请国家助学贷款，由政府主导，金融机构向高校家庭经济困难学生提供不需要担保或抵押的信用助学贷款，帮助解决在校期间的学费和住宿费用，每学年贷款金额原则上不超过 8000 元。地区间具体福利内容和福利水平也有所差异，例如广东省对 3731 名少数民族地区少数民族大学生就读本专科期间，按每生每年 10000 元标准发放学费和生活费补助。[④]

---

① 中央财政下达城乡义务教育经费保障机制预算 1170 亿元［EB/OL］.（2017-05-15）. http：//www.gov.cn/xinwen/2017-05/15/content_5194154.htm.

② 祝志芬. 中国义务教育福利制度的发展及其完善研究［D］. 华中科技大学，2011.

③ 中国的减贫行动与人权进步［R/OL］.（2016-10-17）. http：//www.gov.cn/xinwen/2016-10/17/content_5120140.htm-1.

④ 广东省 2016 年投 2366 亿元办十件民生实事［EB/OL］.（2017-01-17）. http：//www.gov.cn/xinwen/2017-01/17/content_5160521.htm-2.

2009 年，财政部等多部门联合印发《关于中等职业学校农村家庭经济困难学生和涉农专业学生免学费工作的意见》，指出从 2009 年秋季学期起，对公办中等职业学校全日制正式学籍一、二、三年级在校生中农村家庭经济困难学生和涉农专业学生逐步免除学费（艺术类相关表演专业学生除外）。免除学费的补助资金由中央财政统一按照每生每年平均 2000 元标准，与地方财政按比例分担。对民办中等职业学校符合免学费条件的学生，按照当地相同类型同专业公办中等职业学校免学费标准给予补助。学费标准高出公办学校免学费标准部分由学生家庭负担；低于公办学校免学费标准的，按照民办学校实际学费标准予以补助。家庭经济困难学生比例按区域确定，六盘山区等 11 个连片特困地区和西藏、四省藏区、新疆南疆三地州中等职业学校农村学生（不含县城）全部纳入享受助学金范围。同时，对农村贫困家庭新成长劳动力接受中等职业教育给予生活费、交通费等特殊补贴。2012—2015 年，中央财政共下达中等职业学校免学费补助资金 417 亿元。① 广东省各地市属中职学校（含技工学校）的免学费补助标准提高到每年 3500 元，省直属高职院校的生均定额标准提高到每生每年 6000 元。② 从实际情况来看，我国中等职业学校学生大多数来自农村低收入和困难家庭，对中等职业学校实施免学费补助政策有利于提高中等职业学校的吸引力，提高劳动者素质。2014 年，该政策对片区农村学生就已实现全覆盖。③

实行学前教育三年行动计划之后，国家随后实行了学前教育资助制度，地方政府对经县级以上教育行政部门审批设立的普惠性幼儿园在园家

① 中国的减贫行动与人权进步［R/OL］.（2016-10-17）. http：//www. gov. cn/xinwen/2016-10/17/content_5120140. htm-1

② 广东省 2016 年投 2366 亿元办十件民生实事［EB/OL］.（2017-01-17）. http：//www. gov. cn/xinwen/2017-01/17/content_5160521. htm-2

③ 国家统计局住户调查办公室. 中国农村贫困监测报告 2015［R］. 北京：中国统计出版社，2015：57.

庭经济困难儿童、孤儿和残疾儿童予以资助，确保家庭经济困难儿童、孤儿和残疾儿童平等接受学前教育。此外，幼儿园从事业收入中提取一定比例的经费，用于减免收费、提供特殊困难补助等。广东省学前教育困难家庭幼儿资助标准提高到每年 1000 元。

从 2012 年起，国家在中西部地区启动高校家庭经济困难新生入学资助项目，用于解决学生家庭至录取学校间的路费及入校后短期生活费，省（区、市）内院校录取的新生每人资助 500 元，省（区、市）外院校录取的新生每人资助 1000 元。2016 年教育部印发《关于免除普通高中建档立卡家庭经济困难学生学杂费的意见》，明确提出从 2016 年秋季学期起，免除公办普通高中建档立卡等家庭经济困难学生以及非建档立卡家庭经济困难残疾学生、农村低保家庭学生、农村特困救助供养学生普通高中免除学杂费。对民办学校符合条件的学生，按照当地同类型公办学校标准给予补助。

针对一些贫困地区、民族地区、边远地区教育资源短缺，高中阶段教育普及程度较低，办学条件和师资力量薄弱等问题，2017 年，教育部等四个部门联合印发《高中阶段教育普及攻坚计划》，计划从教育资源、经费投入、扶困助学政策以及教师队伍建设等方面给予支持。同时实施农村贫困地区定向招生专项计划，由重点高校面向贫困地区定向招生，部属高校、省属重点高校安排一定比例的名额招收边远、贫困、民族地区优秀农村学生，提高中西部地区高考录取率。至 2016 年，我国面向 832 个贫困县 4 年累计录取学生 18.3 万人，贫困地区农村学生上重点高校人数连续三年（2013—2015 年）增长 10%以上。① 2017 年贫困地区农村学生进入重点高校人数明显增加，形成保障农村学生上重点高校的长效机制。2017 年 5

① 中国的减贫行动与人权进步［R/OL］.（2016-10-17）. http://www.gov.cn/xinwen/2016-10/17/content_5120140.htm-1

月，教育部印发《关于做好2017年普通高等教育招生计划编制和管理工作的通知》，指出2017年，国家支援中西部地区招生协作计划，共安排28.7万人，其中本科16.7万人、专科12万人，主要由公办高校承担。

3. 提升乡村教师待遇留住乡村教育资源。为了提升农村地区尤其是贫困地区人口受教育水平，国家不仅实施教育费用减免措施，而且重视强化农村地区教育软件设施——乡村教师队伍建设。教师队伍问题是影响农村地区教育发展的重要原因，为此国家高度关注乡村教师的问题，出台一系列针对性政策，并对贫困地区有所倾斜。2014年11月，有关部门联合印发《关于统一城乡中小学教职工编制标准的通知》，将县镇、农村中小学教职工编制标准统一到城市标准，并向农村边远贫困地区倾斜。2013—2015年，中央财政累计投入资金约44亿元，支持连片特困地区向乡村教师发放生活补助，惠及约600个县的100多万名乡村教师。[①] 部分地区根据地方财政实力有所调整，例如广东省财政补助的15个地级市71个县（市、区），均已将山区和农村边远地区学校教师补贴政策实施对象扩大到农村公办普通高中和公办幼儿园在编在岗工作人员，已按人均每月不低于800元的标准发放补助。

教育社会福利项目是一种积极的社会减贫措施。我国教育社会福利建设贯穿整个教育历程——从学前教育到高等教育，从教育质量和受教育机会等多方面提高相对均等的教育服务，保障贫困群体基本的受教育权益，尤其是提高低收入人口的受教育水平和受教育质量，提升自身可行能力，阻断贫困等的代际传递。

（二）就业福利与减贫发展

就业可以视为继社会福利、社会保险和社会救助之外的第四种社会保障

① 中国的减贫行动与人权进步［R/OL］.（2016-10-17）. http://www.gov.cn/xinwen/2016-10/17/content_5120140.htm-1

内容。因此，稳定的就业可提供稳定的社会福利。虽然我国贫困人口致贫原因多样，但贫困在一定程度上与失业、不充分就业或者低质量就业相关联，但就业并非只是服务于减贫，其意义更在于促进社会成员和社会的发展。因此解决就业问题对于脱贫具有重要的意义。改革开放以来，我国政府兼顾公平与效率，坚持高就业率、低工资水平的发展模式。实施扶贫开发政策以来，促进就业一直是我国政府高度重视的减贫发展措施之一。在此过程中，我国逐渐形成一套促进和保护就业的就业福利体系。所谓就业福利就是政府为促进和保护就业所做出的安排，实质上是政府通过促进就业换取福利或者抵消福利需求。而就业福利体系既包括就业保障制度，也包括各种就业服务，还包括一些保护性的在岗福利。此外，我国还设立了失业保险制度用于解决失业问题。本节主要从提供就业培训和就业岗位的就业服务以及稳定就业状态的工作福利两方面简析就业福利与减贫。

1. 多样就业服务促进就业减贫。随着绝对贫困问题的逐渐解决，相对贫困问题日益凸显，社会成员的需求从基本温饱上升为对公共服务的需求。就业是改善社会成员基本生活的重要途径，公共就业服务（Public Employment Service，PES）是政府帮助劳动者提升就业技能、改善或得到就业岗位的公共服务，主要包括职业指导、创业指导、职业介绍、劳务派遣、职业培训、人事代理等服务项目类别。① 政府通过提供公共就业服务为就业困难群体提供帮助，有助于减少社会贫困，防止和减少就业歧视。② 而刘军指出政府在公共就业服务上主要承担着“公共就业服务体系建设规划、公共就业服务制度和政策制定、公共就业服务机构建设、公共就业服务资源开发和公共就业服务的提供等方面的任务”。③ 我国多部门的政府文件都指出要建立相应的就业服务，促进就业脱贫。2016 年，国家发改委等部门公布《关于支持四川省

① 罗瑜亭. 政府购买公共就业服务效率研究［D］. 深圳大学，2017.

② 刘军. 推动我国公共就业服务均等化的认识和建议［J］. 中国劳动，2011，9.

③ 刘军. 推动我国公共就业服务均等化的认识和建议［J］. 中国劳动，2011，9.

凉山彝族自治州 云南省怒江傈僳族自治州 甘肃省临夏回族自治州加快建设小康社会进程的若干意见》，明确提出要增强就业服务能力。2017 年，人社部办公厅印发《关于进一步做好 2017 年就业重点工作的通知》明确指出要全面开展就业扶贫工作。此外，《“十三五”扶贫攻坚规划》将转移就业脱贫作为一项重要的脱贫战略，提出加强贫困人口职业技能培训和就业服务，保障转移就业贫困人口合法权益，开展劳务协作，推进就地就近转移就业，促进已就业贫困人口稳定就业和有序实现市民化、有劳动能力和就业意愿未就业贫困人口实现转移就业。总之，我国促进就业扶贫的就业服务支持主要涉及两方面：以提升人力资本为目的的就业培训服务和提供就业岗位的就业服务。这两种就业服务都属于中间性的就业福利，不仅促进了贫困人口就业，而且努力使有劳动能力的低收入群体从一次性的工作参与转变为持续性的工作状态，从而实现长效脱贫。

西奥多·舒尔茨也指出扶贫中改善穷人福利的关键因素不是空间、能源和耕地，而是提高人口质量，提高其知识水平。[①] 以提升人力资本为目的的就业培训服务旨在提升贫困人口的就业资本和就业能力，具体开展了免费职业培训行动、春潮行动、技能脱贫千校行动、农民工等人员返乡创业培训五年行动计划（2016—2020 年）、残疾人职业技能提升计划和雨露计划等项目。培训对象涉及农村贫困家庭新成长的劳动力、农民工、农村贫困残疾人等。培训服务的提供主体主要是政府或者政府所购买服务的企业和社会组织。但就业培训的内容、方式和程度是决定培训对象“增能”与否的关键因素。然而，从实际就业服务效果来看，就业培训的作用并未得到充分发挥。目前的培训项目和服务通常都是象征性的、初级的、短期的，而大多数有劳动能力的被救助者并不缺乏初级劳动市场能力。[②] 提供就业岗位的就业服务主要通

---

① 西奥多·舒尔茨. 论人力资本投资 [M]. 吴珠华，等，译. 北京：北京经济学院出版社，1990：40.

② 张敏杰. 工作福利政策及对中国的启示 [J]. 浙江社会科学，2006，4.

过劳务协作、转移就业、政府购买公共服务岗位、企业与贫困户对接等方式扩大贫困人口的就业机会。因此，部分地区也因地制宜地探索了就业培训服务和就业岗位服务的方式和内容，国外的一些做法也有一定的借鉴意义。

案例

就业培训服务的实践案例

随着扶贫工作不断推进，社区内部力量在扶贫中的作用日益重要。安徽省阜新市积极培育社区农业大户，将社区内贫困人口和有发展能力的人通过一定的形式有机地组织起来，形成“村两委+新型农业经营主体+贫困户”的社区内部互助合作扶贫模式，确保每个建档立卡贫困村和每个建档立卡贫困户都有一个新型农业经营主体带动，通过牲畜托养等方式，带动贫困户增收，实现“1+1+1>3”的叠加效应。同时，该模式通过新型农业经营主体的带动作用提升贫困户发展技能，逐渐培养贫困户的自我独立发展能力，提高贫困人口的能力建设，实现“先富带后富”，从而推动贫困户长效脱贫。

案例

提供就业岗位服务的地方创新实践案例

江苏宿迁泗阳县王码村利用闲置不用的校舍和工厂等公共房屋资源改造成足球加工厂，发展起“足球加工”这种劳动密集型产业。该种加工业仅需要大量重复劳动，采用计件工资制计薪，而不对劳动者的文化水平、工作地点、工作中的其他活动做硬性要求，有效解决就业困难的女性贫困人口在家门口的就业问题。此外，这种做法还可以通过工厂税收增加了村集体的收入，在实现针对留守贫困人口的精准扶贫的同时，也有利于实现整村脱贫。

江西省龙南县创办了不以营利为目的、扶持贫困群众上岗脱贫的公益性企业，专门面向贫困人口和残疾人，吃住全免，并同时设立保底工资与计件工资，促进贫困人口稳定脱贫①。目前该企业已吸纳254名贫困群众就业，其中残疾人33人，低的月收入有一千多元，高的达两三千元。

中国当前的农村社会是一个高流动性社会，外出务工的农民数量庞大。当前脱贫攻坚行动中，基层政府将家庭内是否有外出务工人员作为贫困户脱贫的重要判断标准，农民外出务工对减贫有重要作用。随着脱贫攻坚战的推进，党和政府也逐步加大对贫困家庭的农民工的关注，出台相应政策提高这一群体的社会保障水平。2016年8月，人力资源和社会保障部在《关于在打赢脱贫攻坚战中做好人力资源社会保障扶贫工作的意见》中指出，每个有参加职业培训意愿的贫困劳动力每年都能接受至少1次免费就业培训，对跨省务工的贫困劳动力给予交通补贴等，以期在多个方面增加就业对于贫困人口的吸引力，降低外出打工成本，提高打工收益。

案例

河南新县实施交通补助支持贫困人口外出务工就业

新县支持外出务工就业，对建档立卡贫困劳动力外出创业就业给予交通费补贴：在省内（不含县内）连续务工6个月以上，收入达10000元以上的，给予每人每年500元的往返交通补贴；在省外连续务工6个月以上，收入在15000元以上的，给予每人每年1000元的往返交通费补助。

① 就业脱贫拔穷根 自力更生暖人心——江西省龙南县创办就业扶贫福利厂，吸纳256名贫困人员就业［EB/OL］.（2016-08-23）. http：//dqs. ndrc. gov. cn/fpkf/201608/t20160823_815437. html.

2. 工作福利吸引和稳定就业。工作福利（workfare）是指有就业能力的福利接受者在享受援助时，应当提供服务劳动，以这一要求为条件的福利项目，为了与现金救济相区别，曾被称为“工作救济”。① 工作福利最早出现于美国约翰逊政府于1967年开始实施的工作激励项目中，被美国政府视为解决福利困境的重要思路。该项目要求所有接受失依儿童家庭补助（Aid to Families with Dependent Children，AFDC）的受助者须参加工作或培训项目。② 澳大利亚政府在促进工作参与的同时也关注收入，对那些主动参与工作的弱势群体提供家庭收入补助。③ 英国政府设立了特别就业中心（Jobcentre Plus），为特别困难家庭的求职者提供快速的求职通道并给予相应的家庭补助津贴。④ 换句话说，工作福利可以被解释成“以工作为目标的福利”，凡接受政府福利补助者，必须接受政府或立法规定的与工作有关的特定义务。不同于其他福利项目，工作福利强调“享受福利”和“参与工作”的双向关系，不仅是鼓励和帮助福利受益人群学习技术，参加工作，自谋生路。同时也关注公民个人应该承担的责任，设置特定的福利享受条件，从而更好地为他们实现自食其力奠定基础。从实际情况来看，我国的工作福利大多是在岗型的福利，即福利与职业相挂钩，社会成员享受这一福利的前提是从事这一职业，社会福利金就由无偿给付转变为“有偿”领取。而完善的工作福利有利于稳定社会成员的就业状态。有学者还指出失业者也是理性人，能根据福利体系变化作出相应改变，工作福利能激励失业者就业。⑤

---

① 张敏杰. 工作福利政策及对中国的启示［J］. 浙江社会科学，2006，4.

② 张敏杰. 工作福利政策及对中国的启示［J］. 浙江社会科学，2006，4.

③ DANIEL PERKINS. Welfare to work and social inclusion：challenges and possibilities［EB/OL］.（2009）. http：//www. Social justice. unimelb. edu. au/sip_forum/pdf/Paper_Perkins.

④ DR ALEX NUNN，SUKKY JASSI，DR TIM BICKERSTAFFE. Early effects of the economic downturn on the Welfare to Work System in deprived areas［J］. Policy Research Institute and the Faculty of Business and Law，2010.

⑤ 肖萌，梁祖彬. 社会救助就业福利政策研究［J］. 社会保障研究，2010，1.

我国的在岗福利项目，具体表现为两种形式：一是可直接享用的福利，以津贴或物资为主，例如交通补贴、高温补贴等；二是中间性的作为发展资本的福利，例如最低工资保障制度、带薪休假等。最低工资标准制度是对劳动者权益的一种保护，既设定正规职业的最低工资，同时也考虑到非正规就业和灵活性就业而设定的小时最低工资（详见表4-7）。农民工构成了城市劳动力市场上非正规就业的主要部分，[①] 贫困人口的就业多属于非正规就业和灵活就业，因此最低工资标准制度对贫困人口就业有一定的保护作用。但学者们对该制度减贫成效的研究却是各执一词。例如有学者从劳动力市场供求关系角度分析，反对者认为提升最低工资标准会降低企业雇佣更少的低工资、低技能的劳动者；支持者认为适当地提高最低工资有利于留住工人。[②] 此外，计件制也是劳动工资计算的重要方法之一，但最低工资标准制度中并没有规定最低计件工资，部分企业为规避最低工资标准，而选择计件方法计算工资，如此难以发挥最低工资标准对贫困人口就业权益的保障作用。

表4-7　2017年部分地区最低工资标准

单位：元

地区	月最低工资	小时最低工资
北京市	1890	21
上海市	2300	20
深圳市	2130	19.5
天津市	1950	11.2
重庆市	1500	15
福建省	1700/1650/1500/1380/1280	18/17.5/16/14.6/13.6

① 都阳，万广华.城市劳动力市场上的非正规就业及其在减贫中的作用［J］经济学动态，2014，9.

② 余显财.EITC、最低工资与福利制度创新［J］.财贸经济，2010，3.

续表

地区	月最低工资	小时最低工资
陕西省	1680/1580/1480/1380	16.8/15.8/14.8/13.8
山东省	1810/1640/1470	18.1/16.4/14.7
江苏省	1770/1600/1400	15.5/14/12
河北省	1650/1590/1480/1380	17/16/15/14
辽宁省	1530/1320/1200/1020	15/13/10.8/9.5

资料来源：根据政府官网公布数据整理得出。

相关法律规定职工可以带薪休假，用人单位须依法为职工缴纳社会保险等。2012 年，国家安监局等部门联合出台《关于印发防暑降温措施管理办法的通知》，各省市开始实施高温津贴，例如河北省规定从事室外露天作业的劳动者每人每小时（含加班加点）1.5 元，没有防暑降温设备或有防暑降温设备但达不到降低工作场所温度效果的室内劳动者每人每小时 1 元；[①] 天津高温津贴日标准为上年度全市职工日平均工资的 12%。[②] 此外，各地区还实施交通补贴，中、夜班津贴以及有毒有害等特殊工作环境下的岗位津贴等。毋庸置疑，工作福利的设置能充分发挥社会福利在促进就业中的特殊效用。中国的工作福利项目更多的是与城镇正式就业挂钩，而贫困人口的就业特征更倾向于灵活性、流动性和非正规性，这从贫困居民人均收入结构可见一斑，2014 年我国贫困地区居民收入中的主要经营性收入占比 44.3%，而非工资性收入占比 32.7%（详见表 4-8）。我国贫困地区居民多数实际上被排除在大多数工作福利之外。即使部分工作福利是面向

① 河北发布夏季高温津贴试行标准 [EB/OL]. (2015-08-03). http://www.mohrss.gov.cn/SYrlzyhshbzb/dongtaixinwen/dfdt/gzdt/201508/t20150803_216730.html

② 天津试行企业高温津贴制度 [EB/OL]. (2013-06-17). http://www.mohrss.gov.cn/SYrlzyhshbzb/dongtaixinwen/dfdt/gzdt/201306/t20130617_105351.html

于所有劳动者，但从名义福利转变为实质福利的过程仍有一定的障碍。

表 4-8 2015 年贫困地区与全国农村居民人均收入水平及结构

指标名称	贫困地区		全国农村	
	水平（元）	构成（%）	水平（元）	构成（%）
人均可支配收入	7653	100	11421.7	100
其中：工资性收入	2556	33.4	4600.3	40.3
经营性收入	3282	42.9	4503.6	39.4
财产净收入	93	1.2	251.5	2.2
转移净收入	1722	22.5	2066.3	18.3

资料来源：《中国农村贫困监测报告 2016》和《中国统计年鉴 2016》。

目前，我国还没有针对贫困群体的就业问题出台相关法律，或者相关法律中没有针对贫困人口的就业问题做出法律规定。而其他国家针对贫困群体就业制定了一些法律规定，例如印度大胆地将贫困人口就业的法律建设纳入法律体系，于 2006 年开始实施《全国农村就业保障法》，规定联邦政府和地方政府制定实施全国农村就业保障工程。该工程主要针对印度农村地区生活贫困、没有劳动技能的失地农民，旨在拓宽无业贫困农民的收入渠道，改善农村地区贫困落后状况，规定每年政府为农村自愿从事非技术性体力劳动的家庭，也就是出工换酬的贫困家庭，提供至少 100 天的工作，并支付相应的劳动报酬。[①] 针对传统的集中于收入和消费方面的福利政策，华盛顿大学社会发展中心主任迈克尔提出了关注储蓄、投资和资产积累的以资产为基础的福利政策，即为贫困家庭建立个人发展账户，鼓励他们靠自己的力量积累资金，如果将个人发展账户积累的资金用于个人发

① 贺永红. 破解无业贫困农民就业难新举——印度《全国农村就业保障法》的制定与实施[J]. 中国人大，2011，7.

展或子女上学、用于做小生意或者用于购房，政府则给予同等金额的资金匹配。① 唐钧认为这一做法对扶贫帮困而言，具有革命性的意义，不仅能鼓励人们积极工作，还改变传统的被动式帮扶，让贫困人口掌握未雨绸缪的主动权，而且有利于鼓励贫困人口自立、自助，如此确保低保对象真正脱贫。②

四、探索其他福利来源缓解贫困

福利具有多样性，在社会福利之外，我国还做出了诸多具有福利性的社会实践和政策安排，例如基本公共服务建设和完善、资产收益扶贫，这些措施并非严格意义上的社会保障内容，但具有明显的福利性，对缓解我国农村贫困状况具有重要意义。

（一）基本公共服务供给与减贫发展

基本公共服务一般指政府为满足社会公共需要、提供公共产品的服务行为的总称③。公共服务的公共性决定了公共服务业具有一定的福利性。但不同于前文所提到的直接增加社会成员的收入，基本公共服务不仅能增加社会成员获得收入的可能性，还有助于减少支出，是一种减少社会成员支出的社会福利。但基本公共服务的福利性并不是指基本公共服务的完全免费，而某种程度上是让社会成员用更少的成本享有同等的公共服务。在具体实施过程中，我国基本公共服务供给呈现城乡不均衡和地域不均衡的特征，严重阻碍农村地区发展。十六届五中全会以来，国家将实现基本公共服务均等化作为我国重要的民生内容之一，并先后出台了三次基本公共

① 唐钧. 精准扶贫需在“可持续”上狠下功夫［J］. 人民论坛，2017，1.

② 唐钧. 精准扶贫需在“可持续”上狠下功夫［J］. 人民论坛，2017，1.

③ 唐铁汉，李军鹏. 公共服务的理论演变与发展过程［J］. 新视野，2005，6.

服务均等化的统筹性规划文件。所谓公共服务均等化是指“全体公民都能公平可及地获得大致均等的基本公共服务，其核心是促进机会均等，重点是保障人民群众得到基本公共服务的机会，而不是简单的平均化”。① 基本公共服务是与居民最低层次的需求相对应的，② 公共服务既可以满足社会成员的基本需求，还可以促进社会成员的发展。学者对公共服务的类型划分并不统一，总体来看可以分为四种，即维护性公共服务、经济性公共服务、社会性公共服务和基础性公共服务。其中维护性公共服务是保证国家机器的存在和运作的公共服务，如政府的一般行政管理、法律与司法、国防等；③ 经济性公共服务是政府为促进经济发展所提供的各种服务，如政策性的信贷服务等④⑤；社会性公共服务指政府提供的社会性服务，如文化教育、医疗卫生、社会保障和福利性收入转移支付等；⑥⑦ 基础性公共服务是指通过国家权力介入或公共资源投入，为公民及其组织提供生产、生活、发展和娱乐等活动需要的基础性服务，如提供水、电、气、交通等基础设施。⑧ 由于上文中着重分析了医疗、住房、教育以及养老等直接性福利与减贫发展，本节着重分析基础性公共服务和社会性公共服务的供给与减贫发展。

---

① “十三五”推进基本公共服务均等化规划［R/OL］.（2017-03-01）. http：//www.gov.cn/zhengce/content/2017-03/01/content_5172013.htm

② 刘蕾. 基本公共服务均等化内涵研究述评［J］. 长安大学学报（社会科学版），2009，1.

③ 唐铁汉，李军鹏. 公共服务的理论演变与发展过程［J］. 新视野，2005，6.

④ 唐铁汉，李军鹏. 公共服务的理论演变与发展过程［J］. 新视野，2005，6.

⑤ 中国（海南）改革发展研究院. 政府转型：中国改革下一步［M］. 北京：中国经济出版社，2005：28.

⑥ 唐铁汉，李军鹏. 公共服务的理论演变与发展过程［J］. 新视野，2005，6.

⑦ 中国（海南）改革发展研究院. 政府转型：中国改革下一步［M］. 北京：中国经济出版社，2005：28.

⑧ 中国（海南）改革发展研究院. 政府转型：中国改革下一步［M］. 北京：中国经济出版社，2005：28.

1. 基础性公共服务均等化。贫困不仅仅表现为收入贫困，还包括饮用水、道路、卫生设施等其他指标贫困，也是多维贫困的重要表现。① 农村地区基础性公共设施建设相对薄弱，这一问题在贫困地区尤为突出。在当前的脱贫攻坚战中，城乡均等的基本公共服务供给是解决区域贫困的一个重要目标和指标。而农村基本公共服务问题既是民生问题，也是发展问题。基本公共服务供给不足使得贫困人口的基本生存和生活得不到保障，基本的发展权益被剥夺，阻碍贫困人口以及贫困地区的减贫发展。我国城乡间和地域间的公共服务供给并不均衡，严重制约中西部地区的减贫发展。丁建军通过测算和比较分析了 11 个集中连片特困区的贫困程度发现，连片特困区的社会服务有所改善，但仍然十分落后。② 因此，在精准扶贫过程中切实改善农村公共服务质量、摸清贫困户公共服务需求底数、精准对接供给是贫困地区有效减少贫困、防止返贫的重要途径。③

20 世纪我国的反贫困项目常以修筑公路、电力设施、供水设施为先导，④ 基本公共服务供给水平大幅度提升。虽然当前我国扶贫项目更集中于产业发展、就业促进、易地搬迁以及社会保障兜底等方面，但贫困地区基础设施建设依然是我国的重要减贫措施和工作内容之一，具体表现为两方面：一是政府针对饮水、供电、交通等方面出台相关政策和设立建设项目，二是扶贫资金投向集中于基础设施建设，自 2014 年以来，我国扶贫资金首要投向转变为村通公路投资（详见表 4-9）。同时，在享受水、电、路等基础性公共服务时，农户需要支付一定的费用，但农户花费较低成本

---

① 赵莹，刘小鹏，郭永杰. 集中连片特困地区多维贫困的度量及动态演变——以宁夏西吉县为例 [J]. 宁夏大学学报（自然科学版），2015，1.

② 丁建军. 中国 11 个集中连片特困区贫困程度比较研究——基于综合发展指数计算的视角 [J]. 地理科学，2014，12.

③ 李顺毅，贺红兵. 贫困地区农村公共服务改善与精准扶贫联动发展对策分析 [J]. 农村经济与科技，2017，7.

④ 国家统计局农村社会经济调查总队. 中国农村贫困监测报告 2000 [R]. 北京：中国统计出版社，2000：9.

即可享受这些基础性公共服务。以电费为例，1998 年我国城乡用电价格已同步，2016 年电费价格持续下调。在此基础上，政府还针对特殊贫困群体实施减免或者补贴政策，例如山东为低保户发放专项电费补贴，每人每月补贴约 8 元。如此，不仅尽可能保障所有社会成员公平、平等地享有基本公共服务，也为贫困地区的减贫发展奠定基础。

表 4-9 2012—2015 年扶贫资金主要投向变化情况

指标	2012 年	2013 年	2014 年	2015 年
村通公路（通畅、通达工程等）占扶贫投资的比重	9.4%	11.0%	12.8%	14.6%
农村中小学建设占扶贫投资的比重	10.6%	11.6%	11.3%	10.0%
农业占扶贫投资的比重	8.9%	10.0%	9.2%	9.1%
农村危房改造占扶贫投资的比重	9.3%	9.0%	7.7%	7.6%

资料来源：根据《中国农村贫困监测报告 2016》相关数据整理得出。

经过数十年的发展，我国贫困地区基础性公共服务建设成效明显。贫困地区饮水困难有所缓解，饮水质量也有所提高。2014 年，贫困地区 82.3%的农户不存在饮水困难，59.2%的农户使用管道供水。① 贫困地区的电讯服务进一步发展，2015 年，绝大部分贫困地区都已实现通电和通电话，宽带、道路硬化和班车也逐渐普及，为贫困地区居民的正常生活和发展奠定了基础（相关数据详见表 4-10）。

表 4-10 2015 年贫困地区基础性公共服务建设情况

指标名称	贫困地区	连片特困地区	扶贫重点县
通电的自然村	99.7%	99.7%	99.7%
通电话的自然村	97.6%	97.7%	97.7%

① 国家统计局住户调查办公室. 中国农村贫困监测报告 2016 [R]. 中国统计出版社，2016.

续表

指标名称	贫困地区	连片特困地区	扶贫重点县
通宽带的自然村	56.3%	53.2%	55%
主干道硬化的自然村	73%	71.7%	72%
通客运班车的自然村	47.8%	47.5%	46.8%

资料来源：根据《中国农村贫困监测报告2016》相关数据整理得出。

2. 贫困地区社会性公共服务供给结构的优化。在实施实物补贴和减免政策的同时，国家也高度重视基础教育、医疗卫生和养老等方面的社会性公共服务建设，鼓励培育政府之外的多元供给主体，推动社会性公共服务供给主体多元化。同时，通过政府购买公共服务、政府和社会资本合作、志愿和慈善服务、“互联网+”益民服务、合作型公共服务供给等多样化的供给方式，实现减贫发展目标。

（1）基础教育服务建设逐步完善。基础教育师资力量和基础教育设施均衡配置是实现义务教育公平的重要基础。但我国贫困地区的师资力量配置不均衡，基础教育设施落后，成为制约贫困地区教育发展的两个重要因素。为了提升农村地区尤其是贫困地区少年儿童受教育水平，国家不仅实施教育费用减免措施，而且重视农村地区教育软件和硬件设施的建设。2010年，教育部和财政部联合实施“国培计划”，旨在提升乡村教师整体素质。2013年，教育部等部门联合印发《关于全面改善贫困地区义务教育薄弱学校基本办学条件的意见》，提出从学校基本教学条件、生活设施、教学点以及教师队伍素质四方面全面提升贫困地区义务教育薄弱学校基本办学条件，不让贫困家庭孩子输在成长的“起点”。2015年，国家还实施了《乡村教师支持计划（2015—2020年）》，努力打造一支扎根于农村地区的素养优良的教师队伍，促进农村孩子均能接受公平、有质量的教育。

此外，国家也高度重视贫困地区基础教育办学条件的提升。2015年，国务院教育督导委员会印发《全面改善贫困地区义务教育薄弱学校基本办学条件工作专项督导办法》，要求全面改善贫困地区义务教育薄弱学校的基本办学条件。《“十三五”脱贫攻坚规划》的教育扶贫战略明确提出“全面改善贫困地区义务教育薄弱学校基本办学条件”。同时，国家重视学前教育体系建设，支持中西部农村扩大学前教育资源，包括利用农村闲置校舍改建幼儿园、依托于小学富余校舍增设附属幼儿园、在偏远农村地区开展巡回支教试点等。① 随着国家的不断投入，我国贫困地区基础教育设施情况逐步改善。据统计，2015 年贫困地区有幼儿班或学前班的行政村占比 56.7%，有小学且就学便利的行政村占比 63.6%，较 2012 年均有明显上升（详见表 4-11）。总而言之，国家对贫困地区基础教育服务的建设有利于缩小城乡和区域差距，推动义务教育均衡发展，增强贫困地区发展后劲。

表 4-11　贫困地区基础教育设施建设情况

指标名称	2012 年	2014 年	2015 年
有幼儿班或学前班的行政村	43.2%	54.7%	56.7%
有小学且就学便利的行政村	58.1%	61.4%	63.6%

资料来源：根据 2015—2016 年《中国农村贫困监测报告》相关数据整理得出。

（2）基层基本医疗服务能力不断提升。21 世纪以来，我国农村建立了由县、乡、村三级医疗服务机构构成的卫生服务网络。基层医疗机构是农户主要的就诊场所，在农村医疗服务系统中扮演着较为重要的角色。② 但贫困地区基础医疗服务供给能力薄弱，是阻碍因病致贫和因病返贫问题解决的“短板”。一方面贫困地区基层医疗机构分布不均衡，部分地区就医

---

① 国家统计局农村社会经济调查总队. 中国农村贫困监测报告 2000 [R]. 中国统计出版社，2000：58.

② 李晓敏. 贫困地区农户医疗服务需求与利用研究——以湖北省红安县为例 [D]. 华中农业大学，2009.

较为不便。虽然随着政府对贫困地区医疗服务机构建设的不断投入，贫困地区基层医疗机构数量明显提高。2015 年底，绝大多数行政村都设有卫生站，并且配有有合法行医证的医生（详见表 4-12）。但从建设现状来看，贫困地区的医疗机构建设还需要进一步加强。2014 年，贫困地区仍有 5.6%的贫困人口患病后不能得到及时治疗，其主要原因是医院距离太远（详见表 4-12）。另一方面，贫困地区三级医疗服务体系结构简单，存在一些问题，例如财政投入结构不合理，县乡医疗机构获益较大，而村卫生室财政投入偏少；上级医院不重视对下一级医疗机构的医疗指导；县级医院治疗风险性疾病的能力有限，易增加贫困人口的治病费用。①

表 4-12　贫困地区卫生服务建设情况

指标名称	2012 年	2014 年	2015 年
有卫生站的行政村	86.8%	94.1%	95.2%
有政府办卫生院的乡镇	92.1%	98.2%	-
有合法行医证医生的行政村	83.4%	90.9%	91.2%
有全科医生的乡镇	69%	83.2%	-
生病后能及时就医	-	94.4%	-
生病后不能及时就医	-	5.6%	-
其原因为：经济困难	-	16.5%	-
医院距离太远	-	75.4%	-

资料来源：根据 2015—2016 年《中国农村贫困监测报告》相关数据整理得出。

2016 年底，国家发改委印发了《全民健康保障工程建设规划》，要求进一步加大向基层、贫困地区和公共卫生领域的倾斜力度，促进医疗资源向基层和中西部地区流动，逐步缩小城乡、地区间医疗卫生资源差异，加

① 乔勇，李晓敏. 贫困地区农村医疗服务体系及政府投入反思［J］. 湖北民族学院学报（哲学社会科学版），2016，6.

快促进基本医疗卫生服务均等化。部分地方积极探索新型医疗服务供给方式，例如四川省内江市建立移动“互联网+远程医疗”的医疗服务供给模式，尝试破解贫困乡村医疗服务困境。

案例

四川内江移动“互联网+远程医疗”医疗服务供给模式①

2015年9月，四川移动内江分公司与内江市中区政府合作启动了四川省基层医疗机构管理信息系统在内江市的托管和组网建设，实现了居民电子健康档案、慢病管理信息化和区域内数据共享。同时内江分公司通过组网优化实现了“新农合”平台数据和基层医疗平台数据共享，让村民在村级卫生站就可以实现就诊医疗、建健康卡和“新农合”报账服务。2017年3月，内江分公司又通过“云视讯”，助力内江市中区政府在省级贫困村瓦堆湾村搭建了县级医疗机构，搭建了远程医疗实时咨询服务平台，村民在村卫生室即可通过高清视频会议系统直接连线二级甲等医院专家，享有优质的诊疗咨询服务。

（3）养老服务供给方式趋于多样化。老年贫困群体的贫困具有特殊性，仅依靠资金补贴难以使贫困老人真正脱贫，还需要完善社区养老服务供给。然而我国农村地区养老服务体系建设较为欠缺和滞后，贫困地区更为严重，表现为养老服务机构覆盖率不高、养老服务知识和人才匮乏等。于红梅研究发现与沿海、内地经济发达地区农村相比，内蒙古农牧区社会

① 黄粟. 内江移动“互联网+远程医疗”打破贫困村医疗服务壁垒［J］. 通信与信息技术，2017，2.

养老服务体系建设相对缓慢，尤其是贫困农牧区社区养老服务体系建设严重滞后①。

为改善农村养老条件，国家出台一系列促进农村养老服务体系建设的政策文件，地方政府也积极探索养老服务供给路径。2013 年 9 月，国务院发布《关于加快发展养老服务业的若干意见》，明确提出了加快发展养老服务业的总体要求、主要任务和政策措施，对于积极应对人口老龄化，满足老年人多样化、多层次的养老服务需求，保证养老服务业持续健康发展具有重要意义。一方面，鼓励养老服务供给方式多元化。在完善传统养老机构的服务供给的同时，政府鼓励建立非营利性养老机构，积极探索社区互助养老，或者通过购买服务的方式给老年人提供养老服务。2016 年，国务院印发《关于全面放开养老服务市场提升养老服务质量的若干意见》，要求加强农村敬老院建设和改造，推动服务设施达标，满足农村特困人员集中供养需求，为农村低收入老年人和失能、半失能老年人提供便捷可及的养老服务；提出鼓励优先安排贫困、高龄、失能等老年人家庭设施改造；鼓励各地建设农村幸福院等自助式、互助式养老服务设施，加强与农村危房改造等涉农基本住房保障政策的衔接。山东淄博市聚焦于老年贫困群体的服务建设，探索出一种“养老+扶贫”的积极服务体系。老人可通过电话和服务人员入户两种方式接受服务，可享受的服务内容多种多样，具体涉及生活上的照料和精神关怀两方面。同时，基层政府从建档立卡的贫困户中，选择有劳动能力的扶贫对象（主要为妇女）开展护理技能培训，让这些贫困户作为护理人员上岗就业，为老人们提供养护服务，并给予相应报酬。山东淄博市的这一实践既是社区互助养老的体现，也是政府向贫困户购买养老服务的大胆尝试。另一方面，在养老服务内容供给方面

① 于红梅. 贫困农牧区社区养老服务现状与对策研究——以内蒙古为例［J］. 云南民族大学学报（哲学社会科学版），2015，4.

提倡医养结合。2015 年，卫计委等部门联合印发《关于推进医疗卫生与养老服务相结合的指导意见》，鼓励将医疗服务与养老服务相结合，提升养老服务水平。农村集体经济、农村土地流转等收益分配应充分考虑解决本村老年人的养老问题。

（二）资产收益扶贫：一种福利转化的积极尝试

自中共中央、国务院《关于打赢脱贫攻坚战的决定》印发以来，资产收益扶贫成为我国重要的扶贫方式之一。所谓资产收益扶贫就是农民合作社和其他经营主体有效利用扶贫资金和农户及集体所拥有的自有资源或权益等资产，再按比例量化成股权分至贫困户和贫困村村集体，通过产业发展等方式产生效益，并按股分红，从而帮助贫困群体实现脱贫。其中，自然资源和农户及村集体自有资源或权益是贫困村和贫困人口的发展要素，但由于农村地区经济发展环境不成熟以及农户自身能力有限，这些发展要素被闲置，未能产生经济效益，提升家庭收入。资产收益扶贫的实施为农村集体资产和农户的资产转化提供了契机，通过扶贫资金注入和有效的市场经营，贫困户和贫困村的这些发展资源被有效融入市场经济并产生收益，既整合了资源，也实现资产的保值增值和有效转化。因此，可以说资产收益扶贫是将贫困户的资产转化为一种社会福利，是一种半福利半救助的扶贫措施。目前，资产收益扶贫的主要经营形式包括农业产业、乡村旅游、光伏扶贫、水电矿产资源等。虽然资产收入扶贫的最初瞄准对象是贫困村和贫困户，贫困户无须直接参与投资经营即可享受保底收益，不用承担市场经营的风险，收益对象也并不排斥普通农户参与，但资产收益扶贫的适用对象有一定的优先性，分配环节也有相应的倾向，即更侧重于无劳动能力和缺乏劳动能力的群体，如高龄、残疾等贫困人口。

地方实践中，将资产收益扶贫的福利水平与贫困户贫困特征相挂钩。淄博市部分贫困村整合村庄自然资源和扶贫资金，因地制宜发展乡村旅游业、果蔬种植、食品加工和观光农业等。考虑贫困户的贫困程度差异和扶贫资金来源等，设立多样化股权结构，例如按照扶贫对象的贫困程度分为特困户、中等户和一般户，按照扶贫资金来源的不同分为奔康股、扶贫股和后备股，股权由贫困户长期持有。普通村民也可根据入股情况持有部分股份。同时，还组织专家团队进行资产评估，并在相关章程中设定保底收益、设置清算临界值、明确清算后资产归属三项规定，保证贫困户享有保底收益。

案例

淄博市资产收益扶贫

淄博市博山区池上镇上小峰村是山东省定扶贫工作重点村，该村 2016 年的贫困发生率约为 36. 55%。2015 年，该村注册成立“山东上峰旅游开发有限公司”，将 100 万元中央财政专项扶贫资金作为股金投入公司经营运作，根据贫困户数量折股量化到贫困户，一人有 3936 元的股金，1000 元/股，即一人持股 3. 9 股。股份结构为贫困户的贫困股+普通村民的集体股，一户一本股权证，一人一本分红证。折股量化给贫困户的资产负盈不负亏，按保底收益不低于所持量化资金的 10%确定，计入公司运营成本，实际收益超过保底承诺的，按实际收益确定，确保实现贫困户持续增收。贫困户 2015 年已分红，2015 年底贫困户分红 100 元/人，2016 年上半年分红 500 元/人；普通村民于 2016 年开始分红，2016 年上半年分红 300 元/人。

五、社会福利与减贫发展面临的挑战

社会福利制度是一个国家的重要制度内容之一，社会福利制度的建设情况能折射出一个国家的发展水平。我国是一个社会主义国家，具有悠久的社会福利事业历史，[①] 社会福利建设一直是中央政府高度关注的工作内容之一。同时，在当前脱贫攻坚战期间，国家逐步认识到社会福利对减贫发展的影响，并且愈发重视社会福利事业的发展，突出表现为"三保障"方面的社会福利建设，即教育、医疗和住房三方面。目前，我国社会福利建设已大幅度改善，既有普惠性的福利项目，也有针对特殊群体设立的福利项目，内容涉及教育、医疗卫生、住房、养老等多方面，并对贫困地区的社会福利建设有所侧重和倾斜。但我国的社会福利体系建设尚不完善，具体表现在社会福利内容的供给、社会福利瞄准的对象和福利依赖的预防三方面。

（一）发展性和服务性社会福利供给不足

目前，我国的社会福利项目涉及教育、卫生医疗、住房以及养老等方面，这些方面的社会福利水平均有所提高，但在当前的减贫发展背景下，现有的福利更侧重于资金补贴或减免，而轻服务建设和供给。资金给付形式的社会福利虽然能快速提高农村居民的收入，暂时性解决经济贫困问题，但难以将直接性的福利转化成为可行能力，并不利于贫困人口长效脱贫和长远发展，这一问题在各项具体福利项目中的表现有所不同。

对其他方面的社会福利项目建设而言，我国教育类社会福利建设较为全面，几乎覆盖所有的教育范围：从学前教育直至高等教育，为贫困人口提供较为完善的教育福利。但贫困地区教育资源匮乏，如何吸引并留住优秀教师在贫困地区执教仍是个难题，少数贫困地区的基础教育机构建设仍然较为欠缺。2014 年，我国贫困地区仍有 2. 5%的儿童（16 岁以下）因

---

① 黄黎若莲，唐钧. 中国社会主义的社会福利［M］. 北京：中国社会科学出版社，1995.

学校距离较远而中途辍学。[①] 健康福利建设不仅要减少医疗支出，更要关注疾病的预防，降低疾病发生率，从根本上减少因病致贫和因病返贫现象的发生。当前贫困问题主要是关注于疾病之后的治疗，虽然也设立居民免费体检等相关福利项目，但是对于初级卫生保健方面的福利项目建设较少，例如对健康教育和疾病预防知识普及方面的投入不够。此外，虽然农村地区建立了三级卫生机构服务体系，虽能满足基本的医疗服务，但难以解决风险性疾病治疗的问题。

相对城市而言，农村住房福利水平较低，这与城镇化发展息息相关。我国城镇化发展迅速，农村剩余劳动力大量外流，加之移民搬迁和易地搬迁扶贫项目的实施，农村住房的发展整体上进入“萎缩”阶段，相对于在农村建房，政府更鼓励有条件的农民向城镇迁徙，农村建房一定程度上被限制。因此，从长远发展来看，对于农村居民而言，不仅需增加农村地区范围内的住房福利项目，也需相应设立农村居民转移至小城镇居住所能享受的住房福利。虽然这类住房福利项目可能更多地服务于非贫困农村居民，但对于农村和小城镇的发展具有重要意义。在养老福利建设方面，老年贫困的本质是缺乏养老服务，各项养老补贴有助于老年人脱“贫”，但不一定能使贫困老年人有效脱“困”。虽然政府在养老服务体系建设方面做出诸多实践和努力，并产生了一定效果，但相较于全国的贫困状况，其覆盖面有限，中西部地区尤为匮乏。

我国的就业福利建设并不完善，虽然福利内容涵盖了岗前、在岗和失业三方面，但从事或者曾经从事正规性职业是居民享有大多数在岗和失业福利性项目的重要前提，而贫困人口的从业特征表现为非正规性、灵活性等，因此被排斥在这些福利项目之外，难以享受相关福利。此外，虽然职

---

① 国家统计局住户调查办公室. 中国农村贫困监测报告 2015 [R]. 北京：中国统计出版社，2015：33.

业技能培训是以发展被救助者的技能为导向，使培训者能与劳动力市场建立长久的关系，但实际操作过程中，技能培训流于形式，追求快速就业成效，就业的稳定性和长远性建设相对不足。

在减贫发展项目的推动下，我国基础性公共服务供给水平已大幅度提升，但部分地区的基础性公共服务水平仍没有达到基本水平。2014 年末，民族自治地方还有 1237. 7 万农牧民的饮水安全问题未得到解决。因此，基本公共服务建设亟待进一步完善。

（二）部分困难群体的福利体系建设滞后

通过对我国与减贫相关的福利项目的梳理发现，我国现有的减贫性福利项目主要瞄准儿童、残疾人以及老年人群体的社会福利体系建设，例如国家制定并落实《中国儿童发展纲要（2011—2020 年）》和《国家贫困地区儿童发展规划（2014—2020 年）》，健全完善留守儿童关爱服务体系、困境儿童分类保障和救助保护机制。《中国儿童发展纲要（2011—2020 年）》提出要保障儿童享有基本医疗卫生服务，提高儿童基本医疗保障覆盖率和保障水平，为贫困和大病儿童提供医疗救助。提高儿童医疗救助水平；加大对大病儿童和贫困家庭儿童的医疗救助；对贫困家庭儿童、孤儿、残疾儿童参加城镇居民基本医疗保险及新型农村合作医疗个人缴纳部分按规定予以补贴；探索对儿童实施营养干预和补助的方法，改善儿童营养状况；建立完善残疾儿童康复救助制度和服务体系；建立 0—6 岁残疾儿童登记制度，对贫困家庭残疾儿童基本康复需求按规定给予补贴等。国务院印发《“十三五”国家老龄事业发展和养老体系建设规划》提出，在全国范围内基本建成针对经济困难的高龄、失能老年人的补贴制度。地方各级人民政府对经济困难的老年人逐步给予养老服务补贴，并且要健全居家为基础、社区为依托、机构为补充、医养相结合的养老服务体系，但对农民工等特殊群体的社会福利建设甚为缺乏。

当前脱贫攻坚行动中，基层政府将家庭是否有人外出务工作为低保或贫困户的重要识别和退出依据之一，农民外出务工对减贫有重要作用，但农民工的贫困问题并未得到关注，部分农民工群体也存在贫困问题，属于隐形贫困群体。目前多数学者从横向角度分析农民工贫困的多维性，农民工的贫困分为经济贫困和人文贫困，其中经济贫困具体表现在收入贫困、住房贫困和社会保障缺乏，人文贫困主要是指教育权利的贫困。[①] 葛笑如认为农民工贫困主要表现为经济贫困、权利贫困和能力贫困三个方面。[②] 据统计显示，2016 年我国初中及以下教育水平低的农民工比例达 73.6%，接受过农业和非农职业技能培训的农民工占 32.9%。[③] 由于自身受教育水平不高以及缺乏劳动技能，部分农民工所从事的工作岗位具有较高的风险性，具体表现为工作环境差、工作内容危险、工作时间长、工作强度大而易造成身体损伤以及工资拖欠等。农民工的住房普遍存在居住面积小、配套设施差等不足，[④] 影响农民工的身体健康和工作效率。有数据显示，2016 年日从业时间超过 8 小时的农民工占 64.4%，周从业时间超过 44 小时的农民工占 78.4%；2016 年被拖欠工资的农民工人数为 236.9 万人，被拖欠工资的农民工人均拖欠 11433 元，比上年增加 1645 元。[⑤] 农民工在外出务工的前三年内，愿意付出更多的时间成本，愿意进入更脏的工作环境、从事更累的工作项目以获得收入。[⑥] 因此，从短期来看，农民工外出

---

① 叶普万. 农民工贫困的演变路径与减贫战略研究 [J]. 学习与探索，2013，12.

② 葛笑如. 包容性增长视角下农民工贫困问题再审视 [J]. 大连理工大学学报（社会科学版），2012，4.

③ 2016 年农民工检测调查报告 [R/OL]. (2017-04-28). http: //www.stats.gov.cn/tjsj/zxfb/201704/t20170428_1489334.html

④ 吴炜，朱力. 农民工住房福利现状与政策走向——基于福利多元主义的视角 [J]. 长白学刊，2012，2.

⑤ 2016 年农民工检测调查报告 [R/OL]. (2017-04-28). http: //www.stats.gov.cn/tjsj/zxfb/201704/t20170428_1489334.html

⑥ 梁海兵. 福利缺失视角下农民工城市就业生命历程分析 [J]. 农业经济问题，2015，11.

务工对农村减贫贡献重大，但从长期发展来看，农民工高强度和高风险的劳动是对自身身体健康的透支，这会增加农民工陷入风险的概率，并且这些风险会延伸或者转移至农民工往后的生命阶段。无论是横向角度表现出来的多维贫困，还是纵向角度存在的风险强化和风险转移，都充分体现了兼具特殊性和脆弱性的农民工群体需要完善的社会保护。然而我国农民工的社会福利体系和保险体系均不完善，难以保障农民工不会成为未来社会的贫困群体。

(三) 福利依赖和其他相关的道德风险

福利依赖起源于西方福利国家，目前我国对福利依赖的研究主要集中在两方面，一是我国的福利制度导致养懒汉现象的发生，这类研究主要集中于对最低生活保障制度的分析。但在中国社会保障制度体系和中国式话语体系下，这种依赖实际上是一种救助依赖。二是我国福利水平低下，尚且不足以形成福利依赖。虽然，相较于福利国家，我国的福利水平较低，福利依赖问题暂且不突出。但福利依赖实际上是一种倾向，是一种社会成员对福利的“上瘾”。换言之，福利依赖的产生一定程度上也是福利享有者的一种策略选择，这为我国的福利建设带来一定的道德风险，部分地区已经呈现出这样的趋势。但中国是社会福利制度建设的后发国家，具有后发优势，为中国福利制度建设中避免福利依赖提供了更多机会，可以充分学习西方国家的经验和研究成果，在提高福利系统性的同时也做出相应的制度设计以避免福利依赖。例如上文提及的发展就业福利，鼓励“就业换福利”的做法就是遏制福利依赖的重要举措。迈克尔·谢若登提出的“以资产为基础的福利政策”也是对传统福利政策的突破。此外，还有学者提出私有化改革，即将一些由公共部门提供的福利转化为由私人部门提供，降低人们对福利的依赖。①

---

① 徐丽敏. 国外福利依赖研究综述 [J]. 国外社会科学，2008，6.

· 第五章 ·

社会保险与减贫发展

贫困的成因有很多，个体经历的风险未得到及时化解是重要原因之一。但风险并非一定会造成贫困，只要管理得当，可避免由风险引发的贫困。而保险作为一种风险管理工具，已被人类社会运用了六百多年。时至今日，市场中自发性的商业保险与政府实施的社会保险，都已成为社会发展不可或缺的内容。保险不仅有助于个体降低风险的冲击性，创造稳定的社会发展环境，还能够帮助国家减少贫困、维护社会公平，因此建立起完善的社会保险制度逐渐成为各国追求的重要目标之一。长期以来，我国农村地区仅有新型农村养老保险与新型农村医疗保险两种保险制度在发挥作用。在国家的大力支持下，两项保险制度均具有较高的福利性质，是农村低收入人群重要的收入来源或支出补偿方式。此后随着扶贫开发进程以及农村地区经济发展水平的提高，针对贫困人口各种风险的多层次、多形式、广覆盖的农村社会保险体系逐步建立起来，并且农村政策性保险体系仍然在不断发展之中，这有利于提高农村贫困人口应对风险的能力、减少返贫概率，提高了城乡公共服务均等化水平。农民工群体具有特殊性，长期以来，农民工虽然扮演着重要的经济发展角色，但他们却缺乏应有的、足够的劳动保护。由于农民工群体具有高流动性特征，并且在劳资双方中处于弱势地位，因此多数农民工被排斥在职工社会保险体系之外。同时，现有的居民社会保险体系由于补偿水平较低，同样也无法满足农民工对社会保险的需求。长期游离在社会保险制度外导致农民工群体很容易遭受风险的冲击，进而出现返贫，成为更加难以脱贫的群体，减贫效果大打折扣。因此，必须重视农民工参加社会保险过程中存在的问题，以维护农民工作为劳动者的权益，进而增强减贫的持续性。

一、作为减贫发展基础与目标的社会保险

早在14世纪，保险就已经诞生，起初用于海上风险防范，至今已被频繁运用于人类生产生活的各个领域。社会保险由商业保险演变而来，二者作为保险的主体，都是防范风险的重要工具。而国家如果希望实现消除贫困、维护社会公平的最终目标，在全国范围内建立起以社会保险为核心的社会保障制度就应当成为其持续努力的方向。就我国目前情况来说，在农村地区发展社会保险，既可以为贫困者个体提供基本生活保障，还可以培养其通过工具来转嫁自身发展风险的意识；而在农村保险体系完善的同时，农村金融也会焕发活力，最终有利于农村经济与社会的发展。

（一）保险、商业保险与社会保险

人类社会始终存在着多种多样的风险，这些风险是每一个个体都需要面对的。为了规避风险，增加确定性，“保险”应运而生。最早“保险”被运用于海上贸易中，文字记载可追溯至公元前916年的罗地安海立法；时至1384年，世界上第一份具有现代意义的保险单在佛罗伦萨产生，用于明确海上运输事故发生时的赔偿与追责。此后，以火灾保险为起点的财产保险以及伴随统计技术产生发展的人身保险相继出现，[①] 到后来保险分化为商业保险与其他类型的保险，保险作为人类用于管理风险的重要工具，一直发展延续至今。

保险涉及的学科领域广泛，因此很难为保险下一个准确的定义。根据

---

① 马鸣家. 保险代理基础知识［M］. 北京：中国社会科学出版社，1999：24.

《中华人民共和国保险法》第二条规定，所谓“保险”是指“投保人根据合同约定，向保险人支付保险费，保险人对于合同约定的可能发生的事故因其发生所造成的财产损失承担赔偿保险金责任，或者当被保险人死亡、伤残、疾病或者达到合同约定的年龄、期限等条件时承担给付保险金责任的商业保险行为”。由此可见，在我国法律语境下，“保险”仅指“商业保险”而不包括社会保险。但有法学研究者提出，我国《保险法》对于保险的定义“本质上是对于保险合同的定义”，难以涵盖“保险”一词本身的定义；[①] 从本文研究来看，如果采用《保险法》中对于保险的定义，则在对比分析“保险”“商业保险”与“社会保险”时，可能会产生概念之间的混淆与偏差。

哈维·鲁宾的《保险学词典》中将“保险（insurance）”定义为“以契约形式将大量纯粹风险集合起来，使风险负担得到转移的机制”；[②] 而将“商业保险（commercial insurance）”定义为“由私有性质的保险公司出售的以盈利为目的的保险”。[③] 这两个定义较好地体现了两者之间的差异，因此本文中所指的“保险”和“商业保险”即指以上两个定义中的概念。

根据我国社会保险制度的目标与内容，社会保险是指由国家通过立法形式，为依靠劳动收入生活的工作人员及其家庭成员保持基本生活条件、促进社会安定而举办的保险。从制度安排上来看，我国的社会保险制度体系跟随社会保障体系发展而形成了城乡二元式的制度安排，城镇的社会保险体系又可分为职工社会保险体系和居民社会保险体系，其中职工社会保险体系以养老、医疗、失业、工伤、生育保险（简称“五险”）为主体，

---

① 樊启荣，张晓萌．保险之定义亟待修正——以我国《保险法》第二条评析为中心［J］．湖北警官学院学报，2014，7.

② 哈维·W．鲁宾．保险学辞典［M］．李晓林，译．上海：上海财经大学出版社，2010：304.

③ 哈维·W．鲁宾．保险学辞典［M］．李晓林，译．上海：上海财经大学出版社，2010：120.

企业年金为补充，城镇居民社会保险主要包括养老保险和医疗保险两部分；农村社会保险体系与城镇居民社会保险相似，也由社会养老保险（“新农保”）和社会医疗保险（“新农合”）两部分组成。随着 2014 年《国务院关于建立统一城乡居民基本养老保险制度的意见》（国发〔2014〕8 号）、2015 年《国务院办公厅关于全面实施城乡居民大病保险的意见》（国办发〔2015〕57 号）以及 2016 年《国务院关于整合城乡居民基本医疗保险制度的意见》（国发〔2016〕3 号）等文件的颁布，城乡统一的社会保险体系正在逐步建立起来。

与商业保险相比，社会保险既具有保险共有的互济性和分散风险的特征，又具有强制性、公共性以及部分的社会福利性①，并且作为社会财富再分配的一种重要手段而存在。

（二）作为减贫发展基础的社会保险

之所以说社会保险是一国减贫发展的基础，是因为如果缺乏社会保险这样一种国家制度安排，减少贫困、实现个人和社会的发展将难以实现。这种基础地位具体表现为：在个人层面，社会保险可以消减风险，保障基本需求，积累发展资本，从而避免贫困的产生；在社会层面，社会保险可以促进社会共识、创造良好的发展环境以及维护社会公平。

1. 社会保险对个体的作用。人的一生中会遭遇多种多样的风险，一旦消解不及时，风险就可能转化为损失。经济学中假定每个人都是风险的厌恶者，因为风险的增加会降低个人的效用。为了减少未来的不确定性，人们会尝试各种方法以规避风险，最常见的方法就是储蓄。但过度的储蓄行为于社会而言有损于经济发展活力，于个体而言会抑制消费行为、降低当下的生活水平，因此，基于大数定律建立起来的保险制度就成为平衡防范

① 邓大松. 社会保险［M］. 北京：中国劳动社会保障出版社，2002：9.

风险需求与消费投资需求的合理选择。

但是，商业保险很容易发生严重的逆向选择问题，因为保险公司倾向于将高风险项目设置相应高昂的参保费用以保证公司盈利，当个体面临高风险却没有足够的收入来负担保费时，商业保险的风险规避作用显然不大。此时，由国家主办的社会保险就成为规避风险的较为“保底”的选择，因为社会保险通过强制所有社会成员参保（理论上所有社会成员都应参保），从而避免了商业保险中保险公司的逆向选择问题，以保证参保费用保持在绝大部分社会成员都有能力负担的水平，同时又能够通过国家财政来保证制度的平稳运行。①

由此可见，社会保险能够帮助个体降低风险防范成本。从贫困的成因来看，当个体无法承担风险造成的损失时，贫困便会发生。而社会保险恰好为个体提供了风险的防范机制，从而大大降低了个体遭受各种损失的可能性，因此，社会保险通过补偿各种损失从而避免个体跌入贫困的境地，因此具有较强的防止贫困发生的作用。

2. 社会保险对社会的作用。社会保险不仅能够帮助个人防范风险，还能够在社会层面创造出更安全稳定的环境，即在社会层面防御风险。当前我国正处于快速发展与变革当中，风险社会的特征愈加明显：环境污染导致的自然灾害的破坏程度增加，全球化程度加深使得国内经济更加容易受到外部环境影响而产生波动，等等。这些风险已超越了个人与家庭，成为一种群体风险，并且一旦发生，则会对整个社会造成冲击，引发社会动荡，甚至可能导致社会和经济发展的倒退。② 因此，由政府主导建立起以社会保障为核心的社会安全网，就成为防范群体性风险的必要和基础性措施。

---

① 杨俊. 社会保险经济学［M］. 上海：复旦大学出版社，2012：7.

② 孙树菡，毛艾琳. 社会保险学［M］. 北京：北京师范大学出版社，2012：53.

而之所以要重视建立起社会保险制度，是因为一方面社会保险相比于社会救助、社会福利等制度来说，更加具有“防贫”的积极作用，另一方面，由于其资金来源的广泛性，政府财政负担更小，制度效应的更可持续。

（三）减贫发展目标之一：建立完善的社会保险制度

为消除绝对贫困，减少相对贫困，实现国家长治久安，建立并不断完善社会保险制度一直是各国追求的重要目标。在2016年开始实施的联合国《2030年可持续发展议程》当中，第一个目标“在全世界消除一切形式的贫困”中的第三条即为“执行适合本国国情的全民社会保障制度和措施”，由此可见，通过建立起社会保障制度，其中必然包括通过建立社会保险制度来消除贫困，实现可持续发展，已成为世界各国的共识。

在我国，农村的绝对贫困问题要比城市更为严重。在当前的农村扶贫开发进程中，社会保险作为保障贫困人口基本需求、消除绝对贫困的途径而发挥着日益重要的作用。根据中共中央、国务院《关于打赢脱贫攻坚战的决定》要求，到2020年，稳定实现农村贫困人口不愁吃、不愁穿，义务教育、基本医疗和住房安全有保障。要实现这一目标，就必须将完善农村地区，特别是贫困地区的社会保障体系，其中以社会保险为主体，作为主要的发展目标之一。

然而，从社会保险与国家发展的关系来看，国家建立完善的社会保险制度，并不仅仅是为了反贫困，还为了更加长远的、可持续的发展。社会保险来源于商业保险，其本质是一种风险转嫁机制，而这种风险转嫁行为不仅能够转嫁人身风险，也能够转嫁大量的财产风险。因此，从更长远的角度来看，需要通过国家强制推行的方式，广泛地培养起农村居民通过正式制度进行风险转嫁的意识，以完善农村地区的社会保险体系。农村居民一旦形成这种意识，就可以运用于生活的方方面面，从而自发性地投保其他类型的政策性险种，甚至主动花费较高的投保费用购买商业保险。这样，就可以真正从源头上建立起农村居民生产、生活的风险防范机制，从而在方方面面减少个体因脆弱性造成的积累不足。与此同时，农村的金融市场也会因保险制度的普遍建立而逐渐站稳脚跟，从而为农村经济发展带来源源不断的活力。由此可见，保险对于农村地区的个体发展以及地区整体发展，都具有超越消除绝对贫困目标的重要而深远的正面作用。

二、农村社会养老保险与减贫发展

我国农村正处于快速变革时期，农村老年贫困问题逐渐凸显，但老年贫困问题是受多种因素影响而成，这一问题的解决也具有复杂性。当前农村地区发挥减少老年贫困作用的制度主要包括低保、五保以及区域性的老年福利制度，这些都是老年贫困人口的重要收入来源，然而都具有一定的局限性，并且不具有保险的功能。在过去相当长一段时间，城乡之间的养老制度是相独立的，2014 年城乡养老保险体系打破制度分割，统一为城乡居民养老保险。尽管农村地区的养老保险制度的给付水平较低、统筹层次参差不齐、对农村家庭的作用存在着一定的不确定性，但该保险制度仍然是农村贫困人口收入的主要组成部分；而在今后，农村社会养老保险在当前国家不断提高基础养老金以及政府财政投入的稳定支持下，将进一步产生增加老年人收入、减少老年贫困问题的制度效应。

（一）农村老年贫困

1. 多重因素共同作用下的农村老年贫困。中国农村的老年贫困问题由来已久，并且始终存在。传统上导致农村老年人陷于贫困的原因包括城乡发展水平不均、农村老年人的收入来源单一、文化水平普遍较低以及健康状况的提高落后于寿命的延长等；而在改革开放后的新时期，农村老年人群体不论是在农村社会中还是在市场竞争中均处于劣势，因此又面临着诸如贫富差距扩大、农村社会迅速转变以及家庭养老没落等新的冲击。[①] 此外，包括农村社会保障体系在内的农村基本公共服务供给的不完善同样是导致农村老年贫困的原因。[②③] 有实证研究表明，家庭经济收入与老年经济贫困的情况有正相关关系，并且有无养老金是决定老年是否贫困的关键变量，而经济贫困的老人也更容易受精神孤独和健康受损之困。[④⑤] 经济、文化及政策制度等多重因素共同作用于农村老年贫困群体，因此要减轻和消除农村老年贫困问题并非简单易行。

当前农村扶贫进程中，老年人的贫困发生率高于其他年龄段的人群。按照现行贫困标准测算，2014 年，老年人贫困发生率为 9.3%，稍低于 15 岁以下儿童贫困发生率 9.5%，而高于其他年龄组的贫困发生率。[⑥] 因此老年贫困也是扶贫进程中需要关注的贫困问题之一。

2. 当前农村反贫困进程中应对老年贫困问题的制度安排。按照我国现阶段农村社会保障体系的建设情况，消除农村老年贫困的制度安排主要包括“五保”制度、最低生活保障制度、新型农村社会养老保险（简称“新农保”）以及补充性农村老年人福利津贴。社会医疗保险与医疗救助对减少老年人经济支出和提升健康水平同样具有关键性作用，但这两项制度涵盖的对象远不止老年群体，因此在本节暂时不做讨论，而将在下一节详细

① 王琳，邬沧萍. 聚焦中国农村老年人贫困化问题 [J]. 社会主义研究，2006，2.

② 孙文中. 场域视阈下农村老年贫困问题分析——基于闽西地区 SM 村的个案调查 [J]. 华中农业大学学报（社会科学版），2011，5.

③ 仇凤仙，杨文健. 建构与消解：农村老年贫困场域形塑机制分析——以皖北 D 村为例 [J]. 社会科学战线，2014，4.

④ 王瑜，汪三贵. 人口老龄化与农村老年贫困问题——兼论人口流动的影响 [J]. 中国农业大学学报（社会科学版），2014，1.

⑤ 乐章，刘二鹏. 家庭禀赋、社会福利与农村老年贫困研究 [J]. 农业经济问题，2016，8.

⑥ 国家统计局住户调查办公室. 中国农村贫困监测报告 2015 [R]. 北京：中国统计出版社，2015：15.

分析。尽管老年群体只是低保和五保制度目标群体的一部分，但从结果来看，两项制度在实施时，受保人中老年人所占比重较大，因此两项制度对于减少老年贫困问题都不可或缺。

农村低保制度于 2007 年建立，目前已覆盖所有农村地区。根据 2014 年《社会救助暂行办法》，低保对象一般包括一个家庭中的未成年人、成年劳动者以及老年人。截至 2017 年一季度，农村低保总人数达到 4518 万人，其中 60 岁及以上的老年人 1829 万人，约占总人数的 40. 5%①，由此可见，农村接受低保金的受助群体中有将近半数为老年人，即低保是缓解老年贫困的主要制度之一。

我国的农村五保制度实施时间较低保制度更长，最早可见于 1956 年颁布的《1956—1967 年全国农业发展纲要》，② 并于 2014 年《社会救助暂行办法》颁布时被并入“特困人员供养”制度之中。在当前，农村五保制度覆盖群体中老年人占有较大比例。③ 五保制度为老人提供的生活补贴相较低保较多，例如 2017 年青海省五保供养标准为 7200 元/年，④ 而农村低保标准为 3320 元/人/年（海东市）。⑤ 特困供养制度是减轻农村贫困问题不可或缺的制度安排，我们将在本书第六章进行深入的分析探讨，因此在此不作赘述。

随着农村社会保障事业的发展，国家开始逐渐意识到，应当为老年群

---

① 民政部. 2017 年 1 季度全国县以上农村低保情况［EB/OL］.（2017-05-24）. http：//www.mca. gov. cn/article/sj/.

② 宋士云. 中国农村社会保障制度结构与变迁（1949—2002）［M］. 北京：人民出版社，2006：96.

③ 根据《国务院关于进一步健全特困人员救助供养制度的意见（国发〔2016〕14 号）》规定，纳入孤儿基本生活保障范围的，不再适用特困人员救助供养政策。

④ 青海省人民政府. 特困人员救助供养标准提至每人每年 7200 元［EB/OL］.（2017-01-03）. http：//www. qh. gov. cn/msfw/system/2017/01/03/010246813. shtml.

⑤ 青海民政. 海东市提高城乡低保标准［EB/OL］.（2017-04-24）. http：//www. qhmz. gov. cn/html/show-6491. html.

体提供更具有针对性的经济支持，因此出台了一些老年津贴政策，如高龄老人津贴、老年服务津贴以及护理津贴等。老年服务津贴和老年护理津贴的补助对象为60岁及以上的老人，而高龄老人津贴的补助对象为80岁及以上老人，各地区根据实际财政承受能力制定不同的补贴标准。

以上提及的低保、五保及老年人津贴项目为农村地区老年人提供了一定水平的经济支持，尤其是高龄老人津贴中按年龄的差异性补助，更体现了物质帮助的针对性。现有的实证研究也指出，这些社会救助和社会福利项目对于消除农村极端贫困、减轻老年贫困和刺激消费等均起到了一定程度的作用。

然而，不难看出，以上几种措施均具有一定的局限性。就低保制度而言，一方面因为低保制度实行按户施保和差额补贴，所以浅层贫困家庭中的老人通过低保制度获得的收益较少，如收入水平接近低保线的家庭，即低保制度中的老人受益水平呈现出较大的差异性；另一方面农村低保标准本身也较低，所以仅仅起到对老年贫困人口经济救助的“兜底”作用。

在五保制度方面，由于五保对象的界定较为严苛，能够覆盖的农村老年群体十分有限，因此要通过该项制度解决普遍存在的农村老年贫困问题，目前来看仍旧是杯水车薪。在老年福利方面，不同地区老年人享受的津贴水平与当地的经济发展情况密切相关，因此从全国层面来看，其减少老年贫困的制度效应依然十分有限。总体来说，现有的农村社会救助、社会福利措施仅能够解决最极端的老年贫困问题，并且仅能给予老年人最基本的需求保障。而如果将社会保险与社会救助、社会福利的制度特点相比较，当前农村地区解决老年贫困问题的手段不仅没有起到提高代际公平的作用，反而对代际间的“纽带”产生了冲击，一些地方甚至还出现子女为让老人吃低保而唆使老人单独立户，甚至拒绝赡养老人的情况，[①] 产生了较为恶劣的社会影响，有损于农村反贫困工作的社会认同。

相比之下，社会养老保险制度覆盖人群和资金来源更广泛、更注重保险对象的参与性，因此具有更强的防贫功能。在许多发达国家，社会养老保险甚至已成为老年人的最主要的经济来源，为老年人带来的积极作用远多于老年人社会救助和社会福利项目。因此，应当充分完善和利用当前农村地区广泛存在的社会养老保险制度，拓宽老年人生活保障来源，增强养老保险对农村老年人的支持能力，以实现更高层次的、更广泛的减少老年贫困的目标。

（二）农村养老保险与农村老年贫困

1. 我国农村养老保险制度的发展历程。实际上，农村社会养老保险制度化进程早在20世纪80年代就已经开启。1987年3月14日，民政部印发《关于探索建立农村基层社会保障制度的报告》的通知，该报告经国务院批准，要求逐步在全国农村探索建立起农村社会保障制度；1992年1月，民政部发布《关于印发〈县级农村社会养老保险基本方案（试行）〉的通知》，[②] 明确规定农村社会养老保险的保障对象（农村居民）、筹资方式（个人交纳为主，集体补助为辅，国家予以政策扶持）、缴费及支付（多档缴费，60岁之后领取）和基金的管理（专款专用，转为国家债券）等实施细则，这是我国历史上第一个正式的针对农村居民的社会保险法规，自此，农村养老保险制度（也称“老农保”）开始运行。

然而“老农保”在运行中遇到了诸多问题，比如基金运行难、参保人

---

① 儿子拒付赡养费 只因82岁老母亲享低保［EB/OL］.（2009-11-22）. http://news.xinmin.cn/rollnews/2009/11/22/2955642.html.

② 宋士云. 中国农村社会保障制度结构与变迁（1949—2002）［M］. 北京：人民出版社，2006：225.

出现了严重的逆向选择、国家与集体补助缺位等；加之1998年政府机构改革，农村养老保险制度的基层网络并没有及时调整，由此出现了制度运行上的断层；1999年7月，《国务院批转整顿保险工作小组〈保险业整顿与改革方案〉的通知》决定对农村社会养老保险进行清理整顿，“老农保”基本陷入瘫痪与停滞。[①]

2009年，国务院印发了《关于开展新型农村社会养老保险试点的指导意见》(国发〔2009〕32号)，新型农村社会养老保险制度开始在农村建立并实施。2010年，《中华人民共和国社会保险法》（简称《社会保险法》）颁布，其中第二十、二十一条对新型农村社会养老保险做出规定，第二十二条则对城镇居民社会养老保险与“新农保”的合并提出鼓励，“新农保”制度自此正式纳入国家法律制度之中。截至2011年底，新型农村社会养老保险试点地区参保人数32643万人，比2010年末增加22367万人，[②] 参保总人数占当年农村总人口（65656万[③]）的34%。

2014年，国务院发布了《关于建立统一的城乡居民基本养老保险制度的意见》(国发〔2014〕8号)，将原有的城市居民社会养老保险与农村地区的“新农保”两项制度合并，在资金筹集、待遇领取、基金管理等多方面实现城乡居民养老保险制度的统一。[④]截至2015年底，城乡居民社会养老保险参保人数达到50472.2万人，占当年全国总人口（137462万）的36.7%。

当前“新农保”制度的受益对象包含了大多数的农村居民；在资金筹

① 赵曼. 农村社会保障制度研究［M］. 北京：经济科学出版社，2012：90.

② 2011年度人力资源和社会保障事业发展统计公报［R/OL］.（2012-06-05）［2017-06-11］. http：//www. mohrss. gov. cn/SYrlzyhshbzb/zwgk/szrs/tjgb/201206/t20120605_69908. html.

③ 中华人民共和国2011年国民经济和社会发展统计公报［R/OL］.（2012-02-22）［2017-06-11］. http：//www. stats. gov. cn/tjsj/tjgb/ndtjgb/qgndtjgb/201202/t20120222_30026. html.

④ 尽管如此，由于制度实施时间尚短，目前在农村地区提到社会养老保险时人们仍旧会习惯性地称为“新农保”。

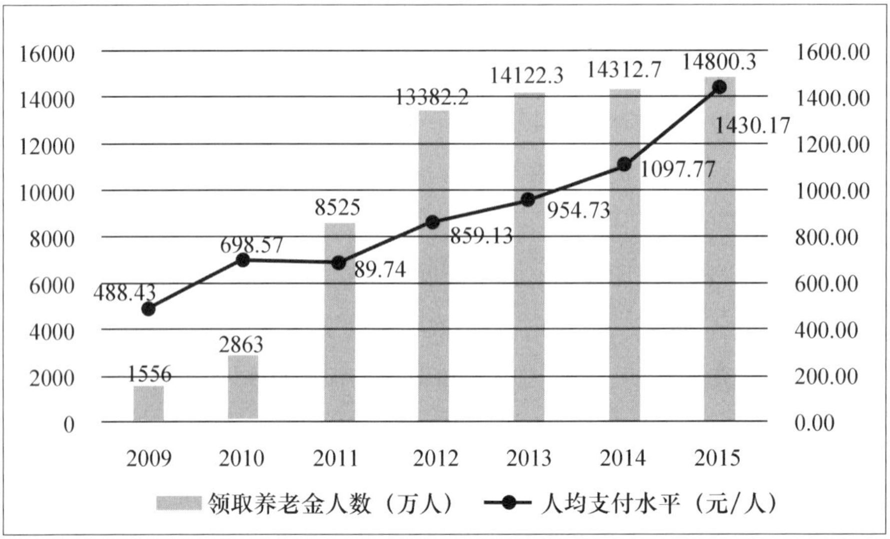

图 5-1　2009—2015 年领取养老金人数及养老基金人均支付水平基金结余情况

注：（1）2009—2011 年数据为新型农村养老保险领取人数及人均支付水平；2012—2015 年数据为城乡社会养老保险领取人数及人均支付水平。

（2）根据 2011 年城镇居民养老保险参保人数（28391.3 万）及“新农保”参保人数（32643 万），估算 2012—2015 年城乡居民养老保险领取养老金总人数中，农村居民领取人数约占 53.5%。

（3）人均支付水平 = 当年养老保险基金支出 / 当年实际领取待遇人数。

（4）各年社会养老保险领取养老金人数、参保人数、养老保险基金支出及实际领取待遇人数的数据均来源于国家统计局。

集上实现了国家、个人和集体的共同负担；在制度的稳定性上实现了从最高级（国家立法）到地方自由裁量的结合，因此具有较好的制度可持续性。从保险的功能来看，理论上应当对减轻农村老年贫困问题起到关键性作用。“新农保”相比于“老农保”，其在制度设计上做出了大量的改进，加之当前我国社会发展水平提升和国民法治素养提升，尽管在运行中仍旧出现了诸多问题，但目前制度运行总体平稳，并且已经实现了对全国所有地区的制度全覆盖，制度效果惠及千万农村老年人。

2. 农村社会养老保险的减轻农村老年贫困作用。农村扶贫开发进程中，国家对于运用农村社会养老保险减轻老年人贫困问题较为重视。在《中国农村扶贫开发纲要（2011—2020 年）》中，国家将“实现新型农村社会养老保险制度全覆盖”列为扶贫目标之一；根据《关于开展新型农村社会养老保险试点的指导意见（国发〔2009〕32 号）》和《关于建立统一的城乡居民基本养老保险制度的意见》（国发〔2014〕8 号）要求，对于“重度残疾人等缴费困难群体，地方人民政府为其代缴部分或全部最低标准的养老保险费”。政府代缴养老保险参保费用的做法有利于维持贫困人口持续参保养老保险并从中受益。

为了让社会养老保险发挥其应有的作用，一方面，政府帮助贫困人口持续参加社会养老保险，以保证贫困人口从社会养老保险中获益的可能性；另一方面，国家各级财政也在积极投入大量资金保证社会养老保险参保者的收益水平。城乡居民社会保养老保险金由基础养老金及个人账户养老金两部分组成。2015 年 4 月，人社部发布通知称，全国城乡居民基本养老保险基础养老金最低标准提高至 70 元/人/月，即在原 55 元/人/月的基础上增加 15 元。① 此外，各地每年均基本上调本省的基础养老金，以适应本地老年人的养老需求。

① 人力资源社会保障部 财政部 关于提高全国城乡居民基本养老保险基础养老金最低标准的通知［EB/OL］.（2015-01-14）［2017-06-11］. http：//www.mohrss.gov.cn/SYrlzyhshbzb/shehuibaozhang/zcwj/yanglao/201501/t20150114_148917.html.

表 5-1 国家基础养老金与各收入或标准线的比较

收入或标准线	数值	国家基础养老金（840 元/年，2014 年）与各收入或标准线相比
全国农村居民人均可支配收入（元/年）	11421.7	7.35%
农村居民按收入五等份分组的人均可支配收入中的最低收入组	3085.6	27.22%
全国农村平均低保标准	3686	22.79%
国家贫困线	2800	30.00%

从各省制定的基础养老金标准来看，各省之间的水平差异较大，如河南省为936元/人/年，内蒙古为1080元/人/年，标准从900元左右到1680元不等（见表5-2）。养老金高低除了与本地人口多少以及中央的扶持政策有关以外，还可能与当地政府对农村养老保险的重视程度有关。①

表 5-2 2016 年部分省份城乡居民基础养老金情况

省份	基础养老金（元/年）	省基础养老金与国家基础养老金相比（840 元/年，2014 年起）	该省 2015 年农村居民人均可支配收入（元/年）	基础养老金与该省农村居民人均可支配收入相比	该省农村低保标准（2015 年 4 季度）	基础养老金与该省农村居民人均可支配收入最低收入组相比
河南	936	1.11	10852.9	8.62%	2332.29	40.13%
河北	960	1.14	11050.5	8.69%	2670.74	35.95%
内蒙古	1080	1.29	10775.9	10.02%	3891.18	27.76%

① 中央财政对中西部地区按中央确定的基础养老金标准给予全额补助，对东部地区给予50%的补助。

续表

省份	基础养老金（元/年）	省基础养老金与国家基础养老金相比（840元/年，2014年起）	该省2015年农村居民人均可支配收入（元/年）	基础养老金与该省农村居民人均可支配收入相比	该省农村低保标准（2015年4季度）	基础养老金与该省农村居民人均可支配收入最低收入组相比
宁夏	1380	1.64	9118.7	15.13%	2606.05	52.95%
江苏	1380	1.64	16256.7	8.49%	6029.78	22.89%
浙江	1440	1.71	21125	6.82%	6683.91	21.54%
青海	1680	2.00	7933.4	21.18%	2494.24	67.36%
四川	900	1.07	10247.4	8.78%	2409.10	37.36%
湖南	960	1.14	10992.5	8.73%	2446.36	39.24%

资料来源：基础养老金来源于各省民政厅官网；各省2015年农村居民人均可支配收入均来源于《中国统计年鉴2016》；各省低保标准（2015年4季度）来源于国家民政部官网；省基础养老金与国家基础养老金相比、基础养老金与该省农村居民人均可支配收入相比、基础养老金与各省低保标准相比的数据由作者计算得出。

从各省农村基础养老金占农村居民人均可支配收入比重可知，国家补贴的养老金，尤其对于西部地区来说，是农村居民重要的经济来源之一。而通过考察基础养老金占农村居民按收入五等份分组的人均可支配收入比重更能够看出，通过养老保险获得收入对于农村低收入群体中的老年人来说更是重要的生活物质依靠。

3. 进一步强化养老保险的减贫发展作用。当前通过养老保险方式减轻老年贫困问题仍然存在着一些局限。首先，由政府帮助获得社会养老保险的优惠政策惠及范围有限，非低保户的其他建档立卡贫困对象仍然需要自己负担社会养老保险参保费用。在一些地区已经开始出台政策鼓励建档立卡贫困户参加社会养老保险，但各地具体情况各有差异，如山东省太河镇至2017年4月时仍然是建档立卡对象自主缴纳城乡社会养老保险参保费；江西省武宁县以及云南省兰坪县于2016年开始着力于理清建档立卡对象参加社会养老保险的情况，以及做好宣传引导，①② 而江西省南康区财政从2015年起开始为本区所有建档立卡贫困户（4.7万人）代缴100元/人/年的养老保险参保费。③

其次，农村地区的社会养老保险由于个人账户积累部分不足，导致总体待遇水平较低。如根据某地区政府的测算，一个参保人员在基础养老金65元、缴费15年、每年交100元的情况下，到60岁开始领取养老保险待遇时，每个月从个人账户中领取的养老金仅有14.03元；如果选择2000元缴费档，个人账户中月支取额为237元；即便是加上国家补贴的基础养老金，最高档次的城乡居民养老金待遇每月仅有302元。④ 根据中国社会科学院2014年发布的《社会蓝皮书》显示，2012年，城镇职工人均养老金水平已达20900元，"新农保"为859.15元，两者相差24倍；⑤ 而2016年，全国企业退休人员月人均基本养老金达到2362元/月，同年城乡居民月人均养老金达到117元，二者仍然相差20倍之多。⑥ 因此，尽管农村社会养老保险对于农村当前贫困群体来说是重要的收入来源，但其对于未来

---

① 建档立卡贫困户参加城乡居民养老保险工作方案［EB/OL］.（2016-04-28）［2017-05-26］. http：//www. wuning. gov. cn/Item/57993. aspx.

② 兰坪县人社局积极推进建档立卡贫困户参加城乡居民社会养老保险工作［EB/OL］.（2016-12-19）［2017-05-26］. http：//www. njzrsj. gov. cn/rsdt/jcdt/9044521958767931381.

③ 2015年财政为贫困户代缴养老保险参保费的情况公示［EB/OL］.（2015-11-30）［2017-05-26］. http：//www. nkjx. gov. cn/zxjf/12345. jhtml.

④ 城乡居民基本养老保险缴费及待遇领取比对明细表［EB/OL］.（2015-01-07）. http：//akrs. ankang. gov. cn/akrs/Article/ShowArticle. asp？ ArticleID＝3060.

⑤ 我国城镇职工与农民人均养老金水平相差24倍［EB/OL］.（2014-02-08）. http：//money. 163. com/14/0208/07/9KI0HU7L00253B0H. html.

⑥ 人社部. 全国企业退休人员月人均基本养老金达2362元［EB/OL］.（2017-05-29）. http：//news. xinhuanet. com/2017-05/29/c_1121054144. htm.

老年人口的养老资本积累的贡献程度仍有较大的提升空间，防止新的老年贫困发生的效能有待进一步提高。为此，一方面当地政府应当加大对农村养老保险的补贴力度；另一方面，在有条件的地区可以适当加强村集体对农村养老保险的贡献程度，例如将村集体资产产生的一部分收益转入老年人养老金的个人账户积累部分中，以解决长期以来农村养老保险筹资过程中集体组织缺位的问题。

三、农村社会医疗保险与减贫发展

疾病风险是每一个社会成员面对的众多风险中最主要的风险之一。由于疾病风险的特殊性，一旦不能及时补偿疾病损失，不但会给患者造成健康上的损失，也很可能会使得患者以及患者的家庭迅速跌落到贫病交加的困境之中。随着工业化社会的发展，仅仅非正式的方式已无法应对疾病风险带来的冲击，而对于贫困人口来说，更是需要通过医疗保险与医疗救助的方式来减轻疾病支出给家庭带来的负担。我国当前的农村贫困人口中，因病致贫人口占比始终超过四成，因此实现贫困人口医疗有保障、杜绝疾病支出造成的贫困也一直是农村扶贫必须考虑的目标。我国农村地区的医疗制度起初仅有新型农村合作医疗保险，随着扶贫工作的进行，农村医疗保险制度逐渐发展成为以城乡居民医疗保险为基础的多层次、广覆盖的医疗保障体系，切实为农村贫困人口减少了医疗支出，提高了医疗服务的可及性，有利于维护社会公平。而多地区自主实施的商业补充医疗保险则进一步提高了医疗保险给贫困人口医疗支出的补偿程度，通过多种形式满足了不同层次、不同条件的医疗报销需求。在注重解决货币补偿的同时，也需要关注那些有护理需求的贫困人口，尤其是失能老人和重症残疾人，仅仅提供现金补贴不能解决他们正常生活面临的问题。为此，国家一方面为残疾人提供生活和护理补贴，另一方面积极探索长期护理保险制度并试点运行，未来农村贫困人口将享受到生活照料服务和收入补贴的双重优惠政策，农村反贫困的制度效果将进一步得到巩固。

（一）疾病风险与贫困

在当前的风险社会中，人类面临着多种多样的风险，其中就包括患病的风险。从人的生命历程来看，患病并不是一种概率事件，而是存在一定的必然性；但从短期来看，人们总会采取多种方式，以降低患病的可能性和严重程度，因为患病不仅对患者的财富、身体和精神造成损害，也可能会对与患者发生联系的社会网络中的其他个体产生负面影响。狭义来说，疾病风险是指由个体患病带来的经济、生理等损失的风险，而广义来说还包括了生育和伤害等方面存在或引起的风险。疾病风险既具有风险的一般特性，如不确定性和发生可能的客观性，也具有自身的特点，如对人身健康的危害性、与其他风险种类相比的更高的发作性、患病情况的复杂性以及部分疾病（如传染病）所带有的损失的外延性等。①

从风险与贫困的关系来说，个体如果对其所面临的疾病风险没有充足的防范，则会引起风险的暴露，即患病；而如果此时有足够的外部干预条件，即治病措施的采用，则疾病造成的损失就能够被及时终止或降低；但当患病者的外部干预条件不足，即因多种原因导致治疗手段不够有力时，会出现两种情况：其一，疾病对身体造成的损伤无法再修复；其二，疾病对个体经济上的冲击无法恢复，贫困就会产生，即因病致贫。与此同时，由于发生疾病，贫困家庭大多劳动力数量较少，当家中有病患需要照料时，就可能会使得家中的健全劳动力不得不中止劳动，提供照料，而当劳动中断时，家庭收入也可能会随之中断，由此会进一步导致家庭收入的减少，贫困境况的加深。

---

① 周绿林，李绍华. 医疗保险学［M］. 北京：科学出版社，2006：2.

疾病一直是我国农村贫困成因中主要的原因之一。根据国务院扶贫办2015年对农村7000多万建档立卡贫困人口的摸底调查显示，因病致贫占贫困人口总人口的42%,[①] 远高于因灾、因学等其他致贫原因；而2016年的全国建档立卡数据显示因病致贫、返贫的贫困户占到贫困户总数的42.6%，因病致贫、因病返贫中最突出的问题为大病、慢性病和重病。[②] 解决好因病致贫、因病返贫问题成为当前做好脱贫工作、稳固脱贫成果的重中之重。

一般来说，管理疾病风险的策略在类型上可以划分为正式的和非正式的机制，从过程上可以划分为风险的预防——增加资金储备、做好疾病预防等，风险的应对——及时就医、调用储蓄和社会支持网络保证治疗顺利进行，以及损失的处置——继续扮演因疾病而中断的社会角色、逐渐恢复储蓄量和恢复社会关系（还债、还“人情”）等。由于当前我国农村人口面临着患大病和慢性病的概率上升、医疗价格走高、工业化和人口流动削弱家庭应对疾病风险的能力，以及市场化的冲击等新的情况,[③] 非正式的风险应对机制可能越来越无力减轻疾病对个人的冲击。此时，国家医疗保险与医疗救助制度这种正式的风险应对策略就成为农村居民较为理想的选择。而就农村贫困人口这类高风险、低收入的群体来说，购买社会医疗保险则是诸多策略中较为合理的策略。事实上，农村的社会医疗保障体系也的确在农村防贫、减贫工作中扮演了关键性的角色。

（二）农村社会医疗保险：预防因病致贫的一道防线

1. 从“新农合”到城乡居民医疗保险。原来的农村合作医疗制度

---

① 国务院扶贫办. 全国7千万贫困农民42%因病致贫［EB/OL］.（2015-12-16）. http://business.sohu.com/20151216/n431429923.shtml

② 未来几年努力解决大病患者因病致贫、因病返贫问题［EB/OL］.（2017-04-21）. http://news.cctv.com/2017/04/21/ARTIVgUesYmteB33uIekHQdb170421.shtml

③ 张广科. 农户疾病风险分布与新农合政策分担效果跟踪研究［M］. 武汉：湖北人民出版社，2014：56-58.

（简称“旧农合”）起初是作为农业合作运动的一部分而兴起，并且具有强烈的社会福利属性，并不具备保险“投保人与举办方费用共担”的核心要件；直到1955年，在山西、河南等省份出现的由农业生产合作社举办的保健站采取了向每位自愿参加的社员收取每年0.2元的保健费，[①] 此可以看作是对参保人缴费义务的正式制度安排，具有保险性质的农村合作医疗才开始出现。[②③] 此后“旧农合”制度几经沉浮，经历了1956—1977年的发展与扩张时期、1978—1989年的衰落与沉寂期、1990—2001年的波动恢复期[④]，尽管多次受创，中央和地方也并未停止积极探索合适制度安排的步伐，“旧农合”因此在农村地区持续发挥着帮助农民解决看病难、看病贵问题的作用。

2002年，中共中央、国务院《关于进一步加强农村卫生工作的决定》（中发〔2002〕13号）颁布，明确将“建立以大病统筹为主的新型合作医疗制度和医疗救助制度”作为农村卫生工作的目标之一，要求“到2010年，新型农村合作医疗制度要基本覆盖农村居民”。此文件是新型农村合作医疗这一提法首次出现在中央和国务院文件之中。2003年，国务院办公厅转发卫生部等部门《关于建立新型农村合作医疗制度意见》，明确了“新农合”实施的相关细则。“新农合”的组织原则为农户自愿参加、多方筹资等，筹资标准为参保者每年缴费标准不低于10元，地方财政补助不低于每年人均10元。此后新农合制度逐渐从试点向全国推进，到2008年时，“新农合”制度已在全国的31个省（自治区、直辖市）建立，提前实现了

① 杨善发．中国农村合作医疗制度变迁研究［M］．南京：南京大学出版社，2012：124.

② 宋士云．1955—2000年中国农村合作医疗保障制度的历史考察［J］．青岛科技大学（社会科学版），2007，3.

③ 赵曼．农村社会保障制度研究［M］．北京：经济科学出版社，2012：140.

④ 于长永，新型农村合作医疗制度实施效果与问题实证研究［M］．武汉：湖北人民出版社，2015：30-39.

"新农合"制度全覆盖的目标。[1] 截至2015年底，全国参加新型农村合作医疗人口数达6.7亿，参合率为98.8%。同时，"新农合"人均筹资水平不断提高（图5-2），2015年度"新农合"筹资总额达3286.6亿元，人均筹资490.3元。[2]

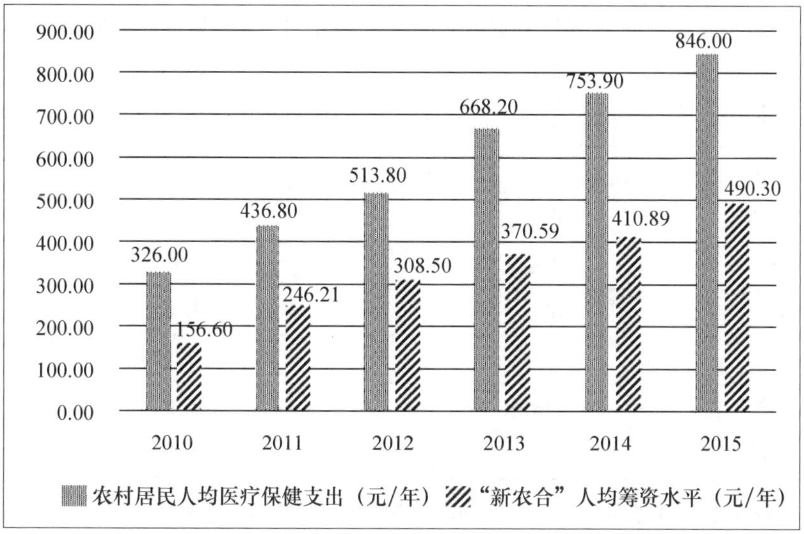

图5-2 2010—2015年农村居民人均医疗保健消费支出与"新农合"人均筹资水平对比

数据来源：农村居民人均医疗保健支出中2010—2012数据来源于《中国统计年鉴2014》；2013—2015数据来源于《中国统计年鉴2016》；"新农合"人均筹资水平来源于国家统计局网站。

目前"新农合"的缴费与筹资标准仍在上升，各地也存在一定的差异，如江苏省扬州市邗江区2017年"新农合"筹资标准为600元/人/年，

① 农村合作医疗制度提前实现覆盖全国［EB/OL］.（2008-07-11）［2017-05-28］. http://www.gmw.cn/01gmrb/2008-07/11/content_803293.htm.

② 国家卫计委. 2015年我国卫生和计划生育事业发展统计公报［R/OL］.（2016-07-20）［2017-05-28］. http://www.nhfpc.gov.cn/guihuaxxs/s10748/201607/da7575d64fa04670b5f375c87b6229b0.shtml.

其中参保人个人缴费 130 元/人/年。[1] 从省级层面来看，中西部地区基本定在 470 元左右，东部地区相对较高，人均筹资水平在 500 元左右。各地人均筹资额度中，政府补贴部分均超过了 70%（详见表 5-3）。

表 5-3 部分省份 2015 年"新农合"人均筹资水平及政府补贴占比

省份	"新农合"筹资水平	"新农合"人均筹资中政府补贴额占比
山西	450	80.00%
甘肃	470	80.85%
河南	470	80.85%
黑龙江	470	80.85%
内蒙古	470	80.85%
云南	470	80.85%
河北	490	77.55%
辽宁	500	76.00%
江苏	516	78.29%

资料来源："新农合"筹资水平和人均筹资中政府补贴额度来自各省（自治区）卫计委网站。

2016 年，国务院发布《关于整合城乡居民基本医疗保险制度的意见》（国发〔2016〕3 号），要求在覆盖范围、筹资政策、保障待遇、医保目录、基金管理等多方面统一城乡两项医疗保险制度，使制度覆盖除职工基本医疗保险应参保人员以外的其他所有城乡居民。该《意见》的颁布意味着我国长期以来存在的城乡居民医疗保险二元分割的局面被打破。截至 2015 年 8 月，全国至少已有 19 个省份先后出台文件，部署城乡医

① 邗江区卫计委. 区政府办公室关于调整 2017 年度新型农村合作医疗筹资标准和补偿政策的通知 [EB/OL].（2016-12-26）[2017-05-28]. http://www.hjwsw.gov.cn/ReadNews.asp?newsId=4559.

保并轨。[①] 2017 年，人社部将城乡居民医疗保险各级财政人均补助标准在 2016 年基础上新增 30 元，平均每人每年达到 450 元，同时提高了个人缴费标准，在 2016 年基础上提高 30 元，平均每人每年达到 180 元。城乡居民医疗保险整合有力破除了医疗保险的城乡分割局面，提高了社会保险的互济性，有利于提高医疗保险的报销待遇，从而减少因病致贫、因病返贫现象的发生。

在当前农村扶贫开发行动中，“新农合”是减少贫困人口因病致贫、因病返贫问题的重要制度安排。《中国农村扶贫开发纲要（2011—2020年）》提出，国家将“到 2015 年新型农村合作医疗参合率稳定在 90%以上，门诊统筹全覆盖基本实现”作为主要的扶贫任务；而 2015 年中共中央、国务院《关于打赢脱贫攻坚战的决定》则提出了财政代缴贫困人口参合费用以及“制度对贫困人口实行政策倾斜”的要求。

在财政代缴参合费用方面，各地政府基本做到为建档立卡贫困人口部分或全部代缴参合费用，据统计，2013 年民政部门资助参加新型农村合作医疗人数为 4868.7 万人，人均资助参合水平 61.7 元，各级财政共支出资助参合资金 30.0 亿元。[②] 在报销政策倾斜方面，各地政府根据实际情况制定适合本地的报销优惠政策（见表 5-4），包括县域内普通门诊全额报销、报销比例提高 5%~10%、定点医院住院起付线减半或取消、报销比例提升 5%~10%等。这些优惠政策为贫困人口就近及时就医、减少医疗支出等提供了良好的条件；另一方面，由于各地优惠政策差异较大，可能会使流动程度较高的贫困人口对政策产生困惑，从而无法有效利用医疗保险来减少医疗支出。

---

① 19 省份城乡居民医保整合落地 筹资水平保障水平将统一 [EB/OL].（2016-08-22）. http://finance.china.com.cn/industry/medicine/yyyw/20160822/3869143.shtml.

② 从 2014 年起，民政部统计公报中将资助参加城市居民保险情况和资助参加“新农合”的情况合并统计。

表 5-4 部分省份建档立卡贫困人口参加“新农合”的政策优惠

	门诊			住院	
地区	门诊起付线	门诊报销比例	门诊封顶线	住院起付线	住院报销比例
陕西（西安）	镇、村两级普通门诊全额报销	–	门诊慢性病提高 20%	一级医疗机构住院不设起付线，全省各级各类新农合定点医疗机构住院报销比例提高 10%（最高不超过 90%）	–
重庆	–	–	–	区域内住院起付线降低 50%	区域内住院报销比例提高 10%
山西	定点医院免挂号和诊查费	患有严重精神障碍的贫困人口，门诊就诊费用报销比例提高到 75%	–	在乡镇卫生院住院只需支付起付线标准费用	在原基础上提高 5%
贵州（贵阳）	特殊病种门诊不设起付线	特殊病种门诊按住院报销比例	县域内门诊统筹报销封顶线最低 400 元/人/年，特殊病种 4 万元/人/年	县内定点医疗机构住院不设起付线；一级—三级医院分别为 500、800、1500 元	乡级 80%，一级医院 70%，二级医院 75%，三级医院 50%~60%
海南（万宁）	镇、村两级新农合公立定点医疗机构门诊报销比例提高 5%	规定的 25 种慢性病特殊病种在省内省、市县级“新农合”公立定点医疗机构就诊的门诊报销比例提高 5%	–	不设起付线	省内定点医疗机构住院报销比例提高 10%；在实施限费医疗的镇级医疗机构住院个人缴费由 180 元减至 100 元

续表

	门诊			住院	
安徽	普通门诊不设补偿起付线	县域内普通门诊报销 70%，常见慢性病门诊 75%	–	在乡镇卫生院、县级、市级、省级住院起付线分别为100、300、500、1000元	在乡镇卫生院和县级、市级、省级医疗机构住院治疗的报销比例分别为80%、70%、65%和60%，其中患特殊慢性病住院治疗的再提高 5%；患重大疾病按相关规定并在定点医疗机构治疗，补偿比提高至 70%

注：表中“–”代表参照一般标准。

资料来源：根据各地健康扶贫政策整理。

农村医疗保险体系近年来迅速发展，其中“新农合”制度从 2003 年开始试点到实现制度的全覆盖仅用了 5 年时间，到 2015 年时参合率已经接近 100%，表明了“新农合”制度获得了大多数农民主观上的认同，[①] 在客观上也的确提高了农民对于医疗资源的利用程度，从而起到防止因病致贫返贫的作用。但仍需注意的是，当前城乡居民医疗保险在制度效果的深度上仍有待商榷，即农民通过新农合制度获得的医疗支出补偿水平并不高，并且存在着逆向选择的问题，即高收入参合群体受益水平低于低收入参合

① 于长永. 新型农村合作医疗制度实施效果与问题实证研究［M］. 武汉：湖北人民出版社，2015：87.

群体的情况，不利于实现农村居民医疗公平。[①②③] 如果考虑了这一点，那么单纯依靠“新农合”来减少因病致贫、因病返贫现象的确有些吃力。因此，针对基本医疗报销后个人自费部分再次进行报销的城乡居民大病保险制度，作为一项在全国城乡同步推行的社会医疗保险制度就显得十分重要。

2. 城乡居民大病保险。为解决当前仅靠基本医疗保险，贫困家庭的医疗支出仍然存在超出家庭承受能力的问题，国务院办公厅于 2014 年发布《关于印发深化医药卫生体制改革 2014 年重点工作任务的通知》（国办发〔2014〕24 号），要求“在全国推行城乡居民大病保险，规范委托商业保险机构承办”，以健全全民医保体系；2015 年，又发布了《关于全面实施城乡居民大病保险的意见》（国办发〔2015〕57 号），要求在 2015 年底前将大病保险覆盖至所有城镇居民基本医疗保险和新型农村合作医疗的参保人群。截至 2016 年底，大病保险已经覆盖了 10 亿多城乡居民，当年累计赔付资金 300 多亿元。[④]

城乡居民大病保险以有效减少家庭灾难性医疗支出为制度目标，注重医疗保障政策的多方衔接，并且直接从城乡居民基本医保基金中提取资金而不再向参保人收取费用，因此既是对调动商业保险支持社会保险体系建设的创新性尝试，也是对农村地区医疗保险制度的有效补充，及时缓解了“新农合”的制度压力。

---

① 方黎明，顾昕. 突破自愿性的困局：新型农村合作医疗中参合的激励机制与可持续性发展［J］. 中国农村观察，2006，4.

② 易红梅，张林秀，颜媛媛. 农民参合行为及其对新型农村合作医疗财务可持续性的影响分析［J］. 经济问题探索，2009，5.

③ 李湘君，王中华，林振平. 新型农村合作医疗对农民就医行为及健康的影响——基于不同收入层次的分析［J］. 世界经济文汇，2012，3.

④ 卫计委主任李斌：大病保险效果明显 实际报销比例达 70%［EB/OL］.（2017-03-11）. http：//health. people. com. cn/n1/2017/0311/c14739-29138411. html.

在帮助贫困人口享受大病保险政策方面，基本上采取了减半起付线、每段报销比例提高5%~10%的做法，这些扶持政策同样有利于贫困人口通过大病保险政策减少大额的医疗支出。

表5-5 部分省份为建档立卡贫困人口设置的大病保险起付线及报销比例

	起付线	报销比例
山东（淄博）	降低50%，6000元	分段比例提高5%，55%~70%。封顶线50万元
陕西（西安）	3000元	-
贵州（贵阳）	降低4000元，3000元	分段比例提高10%，60%~80%
重庆	降低50%	-
山西（太原）	降低50%，5000元	原基础上提高3%
海南（万宁）	降低50%，4000元	-
安徽	降低50%，5000元	提高30%，60%~90%

注："-"为参照一般标准。

资料来源：根据各地健康扶贫政策整理得出。

2016年，国家卫计委发布《关于实施健康扶贫工程的指导意见》（国卫财务发〔2016〕26号），将"贫困地区人人享有基本医疗卫生服务，农村贫困人口大病得到及时有效救治保障"作为主要目标，同时要求建立基本医疗保险、大病保险与医疗救助等制度的衔接机制，共同形成保障合力。

2016年，我国实现了城乡居民医保、大病保险对农村贫困人口全覆盖，农村贫困人口医疗费用实际补偿比达到67.6%；截至2017年5月底，健康扶贫工程已分类救治贫困患者260多万人①，个人负担进一步减轻，

① 贵州省扶贫办．我国健康扶贫工程已救治贫困患者260多万人［EB/OL］.（2017-06-09）. http://www.gzfp.gov.cn/xwzx/zwyw/201706/t20170609_1857532.html.

贫困人口“看病难、看病贵”问题得到了显著解决。

案例

安徽：大病保险，为贫困户织牢保障网①

低矮的房子，家徒四壁……这是定远县张桥镇建档立卡贫困户徐大根的家。徐大根因患重型再生障碍性贫血，让这个原本贫困的家庭雪上加霜。“去年总共花掉43.6万元，‘新农合’和大病保险报销36.2万元。”说起保险，这位年过半百的汉子露出了久违的笑容。徐大根说：“家庭的担子一下子减轻了许多，是保险扶贫让我获得了新生。”

“十年努力奔小康，一场大病全泡汤。”大病保险是解决因病致贫、返贫的有效途径。安徽省尚有300多万贫困人口，其中，因病致贫占57%，因残致贫占7%，失去造血能力的贫困户需要社会保险作为兜底。为兜牢防止因病致贫、返贫的“底”，2015年5月，省政府印发《关于加快发展商业健康保险的实施意见》，提出全面推进商业保险机构承办城乡居民大病保险。

目前，承办安徽省大病保险的公司有国元保险、平安养老等6家保险公司。国元保险董事长张子良介绍，公司目前在全省有90个县区支公司、1240个乡镇服务站、12000个村服务点，乡村协保员近2万人，承办全省60%以上的“新农合”大病保险业务。

从2013年开始，安徽省启动大病保险试点以来，截至2015年底，大病保险制度已实现全省覆盖，共有16个市建立了城镇居民大病保险制度，85个统筹县区建立了新农合大病保险制度。安徽保监局寿险处处长程长虹说：“除马鞍山市城镇居民大病保险外，其余15个市85个统筹县区由商业

① 安徽：避免一人得病全家致贫，防止脱贫后一人得病全家返贫——大病保险，为贫困户织牢保障网［EB/OL］.（2016-04-11）. http：//www.cpad.gov.cn/art/2016/4/11/art_5_48161.html.

保险公司承办，惠及6000余万（人次）城乡居民，2015年累计赔付26.35万人次。”

“没有大病保险，几乎一夜就成贫困户了。”黄山市黄山区谭家桥镇村民黄先生念念不忘大病保险的好。原来，他因患主动脉瘤一共花去52万多元的医疗费，“新农合”报销了20万元。让他没想到的是，他随后又拿到了20万元的“新农合”大病保险报销款，避免了家庭因病返贫。2015年，黄山区积极扩大“新农合”大病保险范围，报销比例也比上年提高了10个百分点。

对于贫困地区的农户来说，只要是“新农合”参保（合）的人口都可以参加大病保险，资金从新农合基金列支，不需要农户个人另外缴费。大病保险起付线为各地城镇居民人均可支配收入或农民人均纯收入，安徽省为1万~2万元，平均水平上使个人支出的医疗费用低于家庭灾难性医疗支出的标准，比如定远县为1万元。“一大批贫困户因大病保险受益，否则因病返贫的农村人口会更多。”定远县新农合管理中心主任许忠亚说。

程长虹认为，下一步，要鼓励商业保险机构发挥各自优势，继续推进“一站式”结算、异地结算服务，提高服务水平。同时，进一步巩固打击持假票据套取医保基金等行为的成果，减少医保基金不必要的支出，最大化发挥大病保险的保障功能和扶贫作用。

3. 运用商业医疗保险应对因病致贫的创新做法。在各地开展的健康扶贫行动中，涌现了许多运用扶贫资金，整合政府与商业保险的资源优势，为农村贫困人口购买商业补充医疗保险，在当前医疗保险、医疗救助之后继续为患者报销自费部分的金额，以进一步减轻贫困人口的治病负担。通过比较各地贫困人口参加商业补充医疗保险的政策（见表5-6）可以看出，各地贫困人口补充商业保险的参保费用基本由地方财政统一代缴，且大部分地区不设起付线，补偿范围基本是经过居民基本医疗保险、大病保险之后的个人住院自费部分，封顶线基本为20万~25万元，一些地区对于医疗救助与商业补充保险的前后顺序略有不同。

表5-6 部分省份农村贫困人口医疗商业补充保险政策对比

单位：万元/人/年

	补偿范围	报销比例	封顶线
山东（菏泽）	经居民基本医疗保险、居民大病保险、居民大病二次补偿、民政城乡医疗救助（特殊人员民政救助）补偿后，需由个人负担的住院医疗费用	医疗保险目录内住院医疗费用补偿90%，目录外补偿80%	25
四川（阿坝州）	基本医疗和城乡居民大病保险补偿后剩余的住院医疗费用	5000元以下部分报销40%，5000元（含）~50万元6档，报销比例45%~70%	20
重庆（奉节）	在城乡合作医疗保险和城乡居民大病保险报账后的、属于居民城乡合作医疗报账范围内的住院费用余额部分	1万元以下30%，1万（含）~20万以上4档，报销比例40%~70%	20
湖北（黄冈）	基本医疗保险、大病保险报销和低五保对象按民政相关政策救助等政策报销工作完成后的住院实际费用	住院实际费用报销比例未达到90%的，由健康扶贫补充保险报销到90%，并且年单人自付费用不超过5000元，超过部分由保险公司赔付	–

续表

	补偿范围	报销比例	封顶线
江西（赣州）	“新农合”、“新农合”大病保险补偿后，需由个人负担的住院医疗费用	新农合目录内报销 90%，目录外 75%；定点医疗机构就医个人负担 20%，非定点机构个人负担 25%	25

注：“-”表示不按照封顶线计算最高报销额度。

资料来源：根据各地发布的贫困人口商业补充医疗保险意见整理。

贫困人口商业医疗保险的设立是农村扶贫行动中应对因病致贫、因病返贫问题较为新颖的做法，既丰富了农村医疗保险的形式，提高了贫困人口对医疗保险的多层次、多样化的需求，也发挥了保险形式在扶贫行动中的作用，有利于帮助低收入人口更好地理解保险这种风险应对工具，增强贫困人口在其他方面利用保险应对风险的意识，从而提高减贫的可持续性。

案例

赣州推行医疗商业补充保险助力健康扶贫①

“如果没有疾病医疗商业补充保险补偿，我们家这次要多付 3 万多元医疗费，根本没办法承受。还好有了这一保障，省了一大笔钱”。近日，因患病花费很大的会昌县精准扶贫对象刘锦绣在获得多重补偿救助后，又

① 赣州推行医疗商业补充保险助力健康扶［EB/OL］.（2016-08-08）. http：//www.ganzhou.gov.cn/zwgk/zwdt/zwyw/201608/t20160808_899017.htm.

获得了疾病医疗商业补充保险补偿 32578.55 元。她说，有了这些医疗保障，心里踏实多了。

刘锦绣是享受贫困人口疾病医疗商业补充保险补偿的众多受益者之一。2016 年初，赣州市在实施“新农合”基本医疗报账、“新农合”大病保险和民政医疗救助的基础上，创造性地推出了农村贫困人口疾病医疗商业补充保险政策，为农村贫困人口再增加一道医疗保障线。目前，全市已全面启动相关补偿发放工作。截至 7 月底，全市共有 510 人次享受到贫困人口疾病医疗商业补充保险补偿，医疗总费用 2386.3 万元，共获得疾病医疗商业补充保险补偿 664.97 万元，占总费用的 27.87%。

刘锦绣医疗总费用 103862.57 元，“新农合”基本医疗报账 50280.67 元后，获“新农合”大病保险补偿 13135.36 元、贫困人口疾病医疗商业补充保险补偿 32578.55 元、民政医疗救助 216.55 元——在详细的医疗账单中，记者发现，刘锦绣共享受各项住院医疗补偿及救助 96211.13 元，占住院医疗总费用的 92.63%，个人自付费用仅占 7.37%，其中，疾病医疗商业补充保险补偿占医疗总费用的 31.4%。

为全面推进健康扶贫工作，赣州市于 2016 年 1 月 29 日出台政策方案，明确以政府购买服务的方式，由市、县财政按 2∶8 的比例出资，按照每人每年 90 元的统一筹资标准，为建档立卡贫困人口购买疾病医疗商业补充保险，并实行统一的补偿方案，确保贫困人口住院医疗自负费用占住院医疗总费用的比例低于 10%。目前，赣州市市、县两级财政共出资 9455.23 万元，已为全市建档立卡贫困对象和 2015 年刚实现脱贫的对象共 105 万人统一购买了疾病医疗商业补充保险。实施贫困人口疾病医疗商业补充保险补偿后，个人自负费用占总费用的比例从原来的 38%降至 10%以下。

四、其他政策性保险的减贫发展作用

除了上述的人身风险外，贫困户还面临着财产风险。由于农村居民越来越多地融入现代市场经济之中，其面临的生产风险、意外事故风险同样与日俱增。为此，部分地区在扶贫实践中，因地制宜地探索出了一些新的做法，通过充分利用政策性保险工具，为贫困人口构建起多方面的保险保障体系。个人的综合性保险增强了贫困人口在通过自我发展实现脱贫后的综合抗风险能力，而家庭综合性保险则着重提高了贫困家庭整体从保险中获取收益的水平；农业保险为继续从事农业生产的贫困及脱贫人口构建起可持续的生产风险抵御机制，而出口信用保险以及海外投资保险则为企业力量参与扶贫保驾护航，同时也为农村低收入人口持续就业提供了保障。这些创新性的政策性保险种类都为丰富保险参与扶贫工作做出了重要贡献，使保险越来越成为农村反贫困的重要措施之一。

政策性保险涵盖范围较广，且含义并不明确。有研究认为政策性保险包含社会保险，①② 也有学者认为政策性保险是指为实现特定政策目标并在政府的干预下开展的一种保险业务，并且政策保险是非人身保险业务，与商业保险和社会保险都存在着交叉关系。③ 本节对政策性保险作以下界定：政策性保险是为实现特定政策目标并在政府的干预下开展的一种保险业务，其种类包括人身保险，并且包括社会保险。

一般认为政策性保险的主要特征包括：(1) 经营政策性保险的目的不是以营利为目的，而是服务于特定的产业政策；(2) 政策性保险突出“政策性”，保险与被保险人双方既不是完全遵循商业保险规则，也不是完全

① 刘京生. 充分认识商业保险与政策保险的二元性 [N]. 金融时报，2005-01-15.

② 袁建华. 商业保险与政策性保险探讨 [J]. 金融理论与教学，2006，4.

③ 张洪涛，郑功成. 保险学 [M]. 北京：中国人民大学出版社，2004：200.

受到强制要求，而是以政府政策为重要的参考依据，包括保险开展的形式、承保范围、费率、责任及赔偿，等等；（3）除社会保险外，常见的政策性保险包括政策性农业保险、出口信用保险以及海外投资保险。① 在我国扶贫开发工作中，各地结合实际还创新性地发展出了一些政策性保险。

根据实际需求，各地在扶贫工作中灵活运用保险手段，发展出适合当地情况的政策性保险模式，以助力农村反贫困工作。这些地方的做法在吸收借鉴常见的政策性保险方式和种类的同时，也融入了一些新的内容。

（一）多层次、多种类的贫困人口保险体系

如辽宁阜新针对贫困人口建立了政银保+人身保+大病保的保险体系，三种保险均由市政府财政划拨资金支持。（1）2014 年阜新市政府办公室建立了“政银保”涉农贷款项目，该项目以政府建立的信贷风险补偿金为核心，政府、银行、保险公司和农户四方合作，希望刺激涉农贷款对象提高对贷款的使用率，以此间接为贫困人口提供发展机遇；② （2）2015 年阜新市政府与中国人寿保险公司合作建立小额保险项目，重点支持扶贫开发重点县和建档立卡贫困户投保小额保险，为农村扶贫对象提供因意外伤害导致的死亡、残疾、烧伤，以及因意外伤害而产生费用的保险保障，并且由市县两级政府为建档立卡户提供保费补贴（市级、县级各补贴 5 元，投保人自缴 20 元）；③ （3）2016 年，阜新市扶贫办调动社会力量组织捐赠，将爱心款设立建档立卡贫困人口医疗保险和医疗救助基金，用于资助建档立卡贫困人口参加新型农村合作医疗和大病保险，对“新农合”和大病保险

① 魏丽，李朝锋. 保险学［M］. 大连：东北财经大学出版社，2015：191.

② 参见《关于印发〈阜新市“政银保”合作涉农贷款实施意见〉的通知》（阜政办发〔2014〕49 号）。

③ 参见阜新市国家扶贫改革试验区领导小组办公室 中国人寿保险股份有限公司阜新分公司《关于印发〈扶贫小额保险合作协议〉的通知》（阜扶贫改办发〔2015〕1 号）。

支付后自付费用仍有困难的，开展医疗救助、临时救助和慈善救助①。根据阜新扶贫办的情况通告，截至 2016 年 10 月底，全市共收到阜新各县区及社会团体各类捐款总计 4167842 元。

阜新的多层次保险体系是一种较为新颖的政策性保险方式，其创新之处在于，一方面将政府、银行与保险机构联合起来，利用各自优势为贫困人口提供有针对性的帮扶，同时兼顾了贫困人口的发展风险、意外伤害风险以及健康风险，让贫困人口不仅在眼前得到发展，也增强了风险抵御能力；另一方面采用捐款的方式调动了社会力量参与扶贫工作，拓宽了资金来源，提高了其他社会群体对农村贫困人口的关注程度。

（二）贫困户家庭综合保险

家庭综合保险不同于以往的投保人以个人为单位，而是以具有两人以上的家庭为单位进行投保，保障项目一般为因意外事故造成的伤害、身故或住院而发生的费用。由于低收入人群投保能力有限，以家庭为单位的保险具有“一人投保，全家受益”的效果。如 2016 年 7 月，山西省运城市保监局与中国人寿、国寿产险和中国人保财险三家保险公司合作推出了贫困人口家庭综合保险，芮城县政府为支持贫困人口投保，划拨 146.5 万元扶贫资金进行全额保费补贴，为全县 13224 户建档立卡贫困人口办理统保，预估共获得 5 亿元的风险保障，实现该县贫困人口综合保险保障全覆盖。贫困户综合保险包括三部分，一是贫困户家庭财产保险，主要针对贫困户因自然灾害或极端天气、火灾、爆炸造成家庭财产损失予以补偿；二是贫困户意外伤害保险，针对贫困户家庭成员因意外事故导致的死亡或伤残；三是贫困户大病补充医疗保险，在基本医保、大病保险基础上再提供每人

① 参见《关于在全市开展“打赢脱贫攻坚战·医疗救助献爱心”社会捐助活动的通知》（阜扶贫攻坚组发〔2016〕6 号）。

20万元保额的大病保险保障，进一步提高医保报销比例。①

芮城县针对贫困人口建立的综合保险的创新之处在于，一方面，它以家庭为单位进行投保，扩大了保险受益人的范围，因此更贴近贫困人口的实际需求；另一方面，贫困家庭综合险不仅包括人身保险，还包括财产保险，突出了对贫困家庭风险防范的综合性。此外，由县政府为贫困人口全额代缴参保费用，既没有给贫困人口造成额外负担，也实现了扶贫资金的灵活运用。

（三）农业保险

农业保险是以农业生产者在从事种植业与养殖业过程中的农作物、林木、牲畜、家禽和其他饲养动物等为保险标的的各种保险种类的总称。政策性农业保险是指享受政府政策扶持、以实现政策目标而非商业营利为目的的农业保险。② 由于农业保险具有双重的正外部性，③ 当前农业保险主体是政策性农业保险。据统计，截至2016年，全国农业保险共有190多个险种，近800个保险产品；到2016年，农险保费收入417.1亿元，参保农户2亿户次；承保农作物从2.3亿亩增加到17.2亿亩，已覆盖所有省份，三级财政补贴的玉米、水稻、小麦三大口粮作物承保覆盖率已经超过70%。④

在农村扶贫工作中，政策性农业保险被作为农村金融产品和服务的一个内容而受到关注。《中国农村扶贫开发纲要（2011—2020年）》以及中

---

① 芮城全县1.3万贫困人口 获得综合保险保障［EB/OL］.（2016-08-03）［2017-06-04］. http://yc.sxgov.cn/content/2016-08/03/content_7341002.htm.

② 丁少群. 农业保险学［M］. 北京：中国金融出版社，2015：123.

③ 双重的正外部性体现在：农业生产者为购买了农业保险支付了成本，在实现自我收益提升的同时也实现了社会的稳定；农业保险的提供者收取保费，向投保人支付赔偿金额，在实现公司盈利的同时实现了社会的稳定，但社会稳定的受益者——社会和政府却不为此支付成本。摘自冯文丽：《中国农业保险制度变迁研究》。

④ 算算农业保险这本账［EB/OL］.（2017-03-07）. http://www.gov.cn/xinwen/2017-03/07/content_5174361.htm.

共中央、国务院《关于打赢脱贫攻坚战的决定》均提出，要完善中央财政农业保险保费补贴政策、鼓励地方发展特色农业保险。各地根据实际情况，在扶贫工作中运用政策性农业保险帮助贫困人口脱贫。如湖南省在2017年联合本地保险企业——中国人民财产保险股份有限公司湖南分公司（简称湖南人保财险）以及中国人寿保险股份有限公司湖南省分公司（简称湖南国寿）为贫困户量身打造适合的农业保险险种，基本形成了肉蛋奶禽、茶菌果蔬等扶贫重点产业、区域特色产业农业保险产品体系。[①]

农业保险（或政策性农业保险）在我国已有较长时间的发展历史，在农村地区具有广泛存在的制度基础，并且拥有稳定的政府财政资金支持，因此，对于从事农业生产的农业人口，尤其是当前依靠农业生产脱贫的农村贫困人口来说，投保农业保险是提高抗风险能力、防止因发展致贫返贫、最终实现致富的较好选择。

此外，在一些地区，当地政府与保险公司合作，对当地龙头企业进行出口信用险的参保支持，三方形成合力，通过产业扶贫方式帮助贫困人口就业脱贫，既保护了本国企业的发展，又提高了社会力量扶贫的稳定性。如安徽霍邱县与中国出口信用保险公司（简称中国信保）合作，于2016年11月利用中国信保产业扶持资金500万元，与安粮实业公司合资成立了霍邱安粮农业科技发展有限公司，该公司主要从事农业种植、农副产品深加工和进出口贸易，结合中国出口信用保险公司特色，发展“龙头企业+专业合作社+农户”的模式，带动贫困村和贫困户实现脱贫增收。[②]

---

① 湖南人保财险为“精准扶贫”注入保险力量［EB/OL］.（2017-04-06）. http：//news.ifeng.com/a/20170406/50893930_0.shtml.

② 中国信保落实精准扶贫 创新对口扶贫模式［EB/OL］.（2017-01-25）. http：//news.xinhuanet.com/money/2017-01/25/c_1120379909.htm.

五、农民工：社会保险与未来的生计安全

在当前的扶贫工作中，农村贫困人口通过非农就业实现脱贫是一种重要的、较为积极的脱贫方式。这些劳动力进入了二、三产业，即成为农民工。农民工通过劳动就业获得的工资性收入是贫困家庭实现脱贫的重要依靠。然而，农民工工资性收入被折算为家庭收入时，农民工为了打工所支付的显性与隐性成本却没有受到重视，这无疑会高估农民工的实际收入水平。此外，不论是城镇职工社会保险体系还是城乡居民保险体系，农民工的参保状况都显现出持续的低迷，参保率没有预期的高。据对中原某县调查显示，2017 年初该县 WCZ 镇有建档立卡贫困人口 1583 人，其中 132 人未参加农村居民医疗保险，以外出务工者居多，未参保比例为 8.34%。非建档立卡人口中农民工的医疗参保情况可能也不容乐观。社会保障缺失导致农民工长期以“高损耗、低积累”的模式生存，同时其面临的疾病与工伤风险都大大增加，农民工当下的工资积累实际上是透支自身未来身体健康的结果。这种透支使得当前依靠劳动脱贫的人口在未来很容易再次返贫。同时，在贫困家庭中，农民工的工资性收入是总收入的重要组成部分，因此，农民工的劳动权益保障问题也会影响到其所在家庭收入的稳定性，从而影响农村减贫效果的可持续性。为了改变农民工低参保率的情况，我们应当对农民工自身的特点给予足够的重视，逐步破除当前保险制度体系中阻挡农民工持续参保的重重障碍。只有实现农民工就业与参保的高度关联，农民工作为劳动者的权益才能得到保障，依靠就业脱贫的人口才不会在未来变为贫困群体。

根据中共中央、国务院《关于打赢脱贫攻坚战的决定》等扶贫政策文件的要求，对于建档立卡贫困对象中有劳动能力的，应当尽量通过就业的方式实现稳步增收，除一部分继续从事农业以外，大量农村贫困对象在扶

贫资金的帮助下开始从事非农产业，即成为一名“农民工”。换句话说，“农民工”概念中的“工人”的职业属性在扶贫工作中受到了重视和充分运用。

一旦贫困对象成功就业并开始有工资性收入后，贫困户的家庭收入的计算就会将农民工的工资性收入计算在内。一般来说，农民工能够提供工资收入证明的，按照实际工资收入计算个人和家庭收入，无法准确提供收入水平证明的，则根据农民工就业所在地的最低工资标准为基数来计算①，当达到脱贫的收入标准，且在其他条件已满足的情况下（教育、医疗和住房等），该贫困户即为脱贫。一些地方甚至会激进地将“外出务工”作为“家庭脱贫”的充分条件，即只要家庭中有人外出务工，即可视为该贫困户的收入标准达到了脱贫标准。因此，贫困人口在成为农民工后的务工收入在扶贫工作中也受到格外重视，但同时农村扶贫工作也有过于倚重贫困对象外出务工获取收入的倾向。

表 5-7 2015 年全国农村居民及贫困地区农村居民收入情况

指标名称	全国农村		贫困地区农村	
	水平（元）	结构（%）	水平（元）	结构（%）
人均可支配收入	11422	100	7653	100
1. 工资性收入	4600	40. 3	2556	33. 4
2. 经营净收入	4504	39. 4	3282	42. 9
3. 财产净收入	252	2. 2	93	1. 2
4. 转移净收入	2066	18. 1	1722	22. 5

表格来源：国家统计局住户调查办公室. 中国农村贫困监测报告 2016 [R]. 中国统计出版社，2017.

① 如西安市规定，对于家庭成员不据实提供务工收入的情况，按照打工所在地最低工资标准乘以 6 个月计算务工收入。实地调研发现重庆市也有根据务工地最低工资标准计算务工收入的做法。

然而，当前农民工参加社会保险面临着诸多问题急待解决，这些问题导致农民工作为一名劳动者应享有的权益受损，从而会降低减贫的可持续性。农民工较低的参保率以及扶贫工作中对于农民工打工成本的忽视可能会引发一些问题，具体来说有两方面：

一是农民工年轻时的“高消耗、低积累”，导致年老时仍旧无法摆脱低收入困境。由于一些农民工群体从事高劳动强度的工作，且工作时间超标，因此对于体力的损耗较大。如果农民工已加入了社会保险体系，那么养老、医疗以及工伤等保险就能够在各方面通过报销、给付现金等方式为农民工的劳动支付成本，从而为其提供一定程度的、部分暂时不可变现的积累。但实际上，以保险形式产生的积累在农民工身上并没有体现。另外，如果贫困家庭主要依靠外出务工来获取家庭收入的话，农民工用于自我积累的财富就会进一步减少，因此加剧了农民工“高消耗、低积累”的现象。短期来看，农民工通过劳动获取工资的确实现了个人与家庭的同时脱贫，但由于资产积累的严重不足，加之居民养老金给付水平过低而无法成为替代工资收入的主要经济来源，最终产生的结果为农民工直到步入老年也无法使用手中已有的资本来替代劳动。因此，以“高消耗、低积累”模式生存的农民工，在年老时一旦停止劳动，就只能维持低水平生活，并且由于抗风险能力没有得到提升，很容易又一次成为贫困人口。

二是由工作造成的永久性伤害风险加大，同样会增加当前和未来贫困人口数量。部分农民工的工作环境和生活环境较差，对身体健康损伤大。由工作造成的暂时性伤害如果不及时救治，可能会对劳动力造成永久损害。永久性的肢体损害可能会导致原本正常就业的农民工顷刻间失去就业工资，而慢性病可能在短期内不会造成失业，但会造成农民工未来劳动能力的逐渐减弱，甚至最终完全丧失，这两类人群是成为当前贫困人口和未来贫困人口的重要潜在群体。据统计，2016 年中国农村 5000 多万贫困人口中贫困残疾人有400多万，占贫困人口总数的8%左右，[①] 除去一部分先天性残疾人口，有一大部分是因为在工作期间没有得到充分的工作保护，包括工伤预防、工伤康复以及工伤补偿等多种保护形式。如果不能及时改变当前农民工参加工伤保险和医疗保险的低参保率情况，未来这些裸露于工伤风险、人身风险之中的劳动者，很可能就会变成新的贫困群体，并且由于贫病交加，其脱贫难度也更大，因此不利于减贫的可持续性。

（一）作为企业劳动者的农民工社会保险参保率低

我国《社会保险法》第十条规定，职工应当参加基本养老保险，由用人单位和职工共同缴纳基本养老保险费。因此，理论上，只要农民工与用人单位发生了劳动关系，用人单位与其签订劳动合同、为其缴纳养老保险是必然之举。此外，不具备参加职工养老保险的农民工还可以参加居民社会养老保险（“新农保”或城乡居民社会养老保险）。在2014年之前，农民工只能参加户籍所在地的“新农保”；2014年国务院《关于建立统一的城乡居民基本养老保险制度的意见》（国发〔2014〕8号）颁布后，农民工在符合条件的情况下也可以直接参加务工所在城市的居民养老保险。

实际上，农民工签订劳动合同与参加养老保险的情况都不容乐观。根据《2016年农民工监测调查报告》统计，2016年与雇主或单位签订劳动合同的农民工比重为35.1%，比2015下降了1.1个百分点；而根据人社部2016年统计公报，2016年末参加城镇职工基本养老保险的人数为5940万，仅占当年农民工总人数（28171万人）的21.0%。[②] 农民工参加职工养老保险比例以及与雇主签订劳动合同比例的双低不仅意味着农民工的“就

① 中国部署“十三五”期间贫困残疾人脱贫工作［N/OL］.（2016-09-27）. http：//news.xinhuanet.com/politics/2016-09/27/c_129302292.htm.

② 2016年度人力资源和社会保障事业发展统计公报［R/OL］.（2017-05-31）［2017-06-06］. http：//www.mohrss.gov.cn/SYrlzyhshbzb/zwgk/szrs/tjgb/.

业”潜藏着大量的就业风险，也意味着通过农民工在城市就业从而逐步实现农村人口的市民化面临着重重阻力。

与养老保险一样，在用人单位务工的农民工同样应当参加城镇职工医疗保险。我国的城镇职工医疗保险设立了个人账户，主要用于支付门诊费用，社会统筹基金则用于支付超过起付线部分的住院费用以及少数几种门诊慢性病。[①] 此外，无法参加职工医疗保险的农民工还可以选择参加城乡居民医疗保险（或“新农合”）。至 2016 年底，参加城镇基本医疗保险（包含职工医疗保险和城镇居民医疗保险）的农民工总数为 4825 万人，占当年农民工总数的 17.1%，[②] 加入城镇社会医疗保险体系的农民工仅占农民工总数的不到两成。尽管实证研究发现农民工群体显示出了较高的参加城镇职工医疗保险的意愿，[③④] 但实际上，参加城镇社会医疗保险的农民工的总数仍然少于养老保险的参保人数，因此，若不考虑用人单位方面的阻碍，参加城镇社会医疗保险体系的农民工很可能多数选择介于职工医疗保险与“新农合”之间的城镇居民医疗保险，以求取得就近就医和减少费用间的平衡。

在职工社会保险体系中，工伤、失业和生育保险都与用人单位密切相关，其中工伤和生育保险个人不缴费，仅由单位缴费，失业保险个人仅缴纳本人月平均工资的不到 1%的费用。但从工伤、失业和生育保险的参保情况来看，三种保险参保率高低在不同的数据来源中皆呈现出一致的情况，即工伤保险参保人数最多，其次为失业保险，最后为生育保险。2014

---

① 刘国恩，唐艳，刘立藏. 城镇职工医疗保险政策研究：个人账户与医疗支出［J］. 财经科学，2009，1.

② 根据 2016 年度人力资源和社会保障事业发展统计公报公布的医疗保险参加人数和当年农民工人数计算。

③ 林李月，朱宇. 农民工参加医疗保险模式的多样化选择及其影响因素——基于福建省福州市的调查［J］. 亚热带资源与环境学报，2013，4.

④ 张丽. 农民工参加医疗保险及其影响因素研究——以江苏省为例［J］. 卫生经济研究，2013，11.

年，我国农民工参加工伤、失业和生育保险的比率分别占农民工总数的26.2%、10.5%和7.8%；[①] 2016年，农民工参加工伤保险人数为7510万人，是参加失业保险的人数（4659万人）的1.6倍（农民工参加生育保险的人数没有单列）；[②] 对农民工参加各项社会保险的意愿的实证研究显示，农民工最希望参加的社会保险项目的依次递减排序为工伤、失业和生育。[③④]

（二）农民工参加养老保险的转移接续问题

由于农民工就业往往具有高度的流动性，经常会面临着养老保险的关系转移接续问题。农民工更换工作地的频率对农民工参加务工地养老保险的意愿具有重要影响，越是频繁更换工作的农民工，越是倾向于参加家乡的养老保险，[⑤] 这在一定程度上体现了养老保险的异地转移接续制度对农民工参加城镇养老保险体系产生了一定的排斥效应。

根据现有规定，养老保险的转移接续分为两大部分：第一是关系的转入转出，第二是养老保险待遇的领取。在转入转出方面，当农民工在新就业地建立养老金账户并开始缴费后，则按照《城镇企业职工基本养老保险关系转移接续暂行办法的通知》（国办发〔2009〕66号）规定的接续流程进行养老金个人账户的转移；在待遇领取方面，当农民工达到养老金领取

① 国家统计局. 2014年全国农民工监测调查报告［R/OL］.（2015-04-29）［2017-06-08］. http：//www.stats.gov.cn/tjsj/zxfb/201504/t20150429_797821.html.

② 人社部. 2016年度人力资源和社会保障事业发展统计公报［R/OL］.（2017-05-31）［2017-06-08］. http：//www.mohrss.gov.cn/SYrlzyhshbzb/zwgk/szrs/tjgb/.

③ 李群，吴晓欢，米红. 中国沿海地区农民工社会保险的实证研究［J］. 中国农村经济，2005，3.

④ 杨桂宏，康晓曦，杨琪. 一线城市农民工社会保险参保状况及其影响因素实证分析［J］. 北京工业大学学报（社会科学版），2016，3.

⑤ 姚俊. 农民工参加不同社会养老保险意愿及其影响因素研究——基于江苏五地的调查［J］，中国人口科学，2010，1.

年限后，根据实际缴费情况，在其养老保险缴费满10年的地区或户籍所在地按月领取养老金。

在实际操作中，理想上的养老保险关系转移接续流程则面临着诸多问题。首先，由于当前各地养老保险统筹层次不统一，只有极少数省份真正实现了省级统筹，造成了在转移接续时由于地区间政策上、标准上、层次上的差异而产生重重阻碍；[①] 其次，由于养老金实行统筹账户与个人账户双账户，而农民工在转移养老保险关系时，只能带走个人账户中的积累部分，实际上应当享受到的大量养老保险积累额度进入了统筹账户无法带走，即农民工为该地区做了贡献却无法享受该地区的发展成果，造成了实际上的不公平；第三，由于高流动性，农民工很难在户籍地之外的地区缴足10年，最终大量农民工只能返回原户籍地的农村享受养老保险待遇；但家乡的养老保险待遇却远远低于农民工就业的城镇职工养老保险待遇，既无法起到补偿因劳动造成的损耗，也无法成为农民工晚年生活的主要经济来源，[②] 可能会导致已过暮年的农民工再次返回城镇工作。原本应当安享晚年生活的农民工却因制度的不公平而仍需在工作中养老，这同样有损社会公平。

（三）医疗保险异地就医结算不畅问题

与老年风险的延后性不同，疾病风险具有频发性和即时性，因此当农民工面临着疾病风险时，无法选择等休息了再回家治病，大部分疾病都必须在务工地进行治疗。另一方面，由于营养、卫生、医疗、保健等条件落后以及文化水平、收入等因素影响，农民工与其他城市低收入劳动者类似，都试图通过拖延、“硬扛”的方式来减少治病支出，但实际上对于降

① 郭秀利，王家宝．农民工社会保险关系转移障碍探讨［J］．广西社会科学，2007，9.
② 左停，张国栋，徐小言．流动农民工养老保险覆盖的窘境与出路［J］．农村经济，2015，3.

低其所面临的疾病风险无益。[1] 因此农民工对于医疗保险的需求同样也较为迫切，稍有不慎，就可能会发生因病致贫、因病返贫问题。

从统计数据来看，农民工参加城镇社会医疗保险体系的人数不到农民工总数的两成，因此大量外出就业的农民工仍参加的是家乡的“新农合”或是没有参加任何一种医疗保险。但对于那些参加了家乡的“新农合”（或城乡居民医疗保险）的农民工来说，尽管从表面上看，他们已被社会医疗保险制度覆盖，但由于跨统筹区就医结算制度的不完善，这些农民工能够从制度中获得的医疗支出补偿实际上少之又少，即出现了名义参保率高于实际保障水平的问题。[2] 这种问题由于高名义参保率而不易被发现和解决，这种名义上的“公平”同样在损害着农民工作为一名劳动者应当享受到的公平的医疗保障权益。

为了获得更多的医疗报销，部分农民工很可能会出现同时参加家乡“新农合”（或城乡居民医疗保险）和城镇医疗保险体系的情况，即重复参保，但医疗保险的“重复参保”不论是根据政策规定还是从合理利用保险基金资源的角度来说都应当杜绝。[3] 为了尽量减少重复参保问题，在鼓励农民工参加医疗保险时，就应当考虑他们的实际情况，尽可能消除农民工获得较高医疗报销比例的障碍。而从人社部近期出台的几项医疗保险异地就医以及关系转移接续的文件[4]来看，我国政府正在朝着此方向不断努力。

---

① 赵曼. 农村社会保障制度研究［M］. 北京：经济科学出版社，2012：271.

② 曾益，孙莉. 外出农民工参加基本医疗保险问题及对策研究［J］. 农村经济. 2012，10.

③ 张国栋，左停，徐小言. 医疗保险“重复参保”研究［J］. 中国卫生经济，2015，5.

④ 如《人力资源社会保障部办公厅关于加快推进跨省异地就医结算系统建设的通知》（人社厅发〔2016〕185号）以及《人力资源社会保障部办公厅关于印发流动就业人员基本医疗保险关系转移接续业务经办规程的通知》（人社厅函〔2016〕478号）等。

六、社会保险减贫发展展望

在农村扶贫工作中，社会保险制度发挥了不可替代的作用。然而由于我国的社会保险体系发展时间尚短，仍然存在着许多不足，包括统筹层次低、制度分割严重以及类别不完善等。为了满足老龄化社会发展需求，我国正在积极探索建立起长期护理保险，以求为失能老人以及广大具有照护需求的老年人口提供稳定而充足的资金支持。在一些地区也正在积极探索适合于本地的、能够同时服务于农村扶贫和老年人生活照料需求的制度安排，这些都为我国社会保险制度的进一步完善以及扶贫工作中保险减贫功能的发挥提供了宝贵的经验。

（一）针对农村的实际情况，发展新的适合农村的社会保险项目

在当前的扶贫工作中，社会保险发挥了重要而不可替代的作用。农村地区的养老保险是农村低收入老年人群体的重要经济来源，其与低保、五保以及地区性的老年福利津贴等制度，为消除极端老年贫困提供了坚实的制度支撑。农村地区的基本社会医疗保险以及城乡居民大病保险是减少农村因病致贫、因病返贫问题的核心制度，其与社会医疗救助以及地方性的贫困人口补充性医疗保险共同形成制度合力，减少农村支出性贫困问题。城镇（城乡）居民医疗保险使得农民工在外出打工时也能够在打工地继续积累养老金、报销部分医疗支出，尽管农民工实际获益水平仍有待提升，但至少保证了最低程度的制度的连续性。

但由于我国社会保险体系从 21 世纪起才逐渐步入正轨，其制度发展历程不足 20 年，与西方发达国家上百年的制度历程无法同日而语，并且不可避免地存在着许多问题。受西方福利国家改革影响，国内对于社会保险的发展路径莫衷一是，对于其能够发挥的作用也并没有达成一致的看法，这

也在一定程度上影响了社会保险相关政策的制定与实施。

就社会保险制度本身来说，由于各地实际情况差异极大，要从国家整体层面制定出放之四海而皆准的政策安排具有很大的难度，各地也由于发展速度不一，社会保险的统筹层次、待遇水平、基金结余、管理标准等都具有或多或少的差别，这对于当前我国正在发生的大规模人口流动和迁徙来说产生了一定的负面影响，反过来也不利于社会保险制度充分发挥其补偿支出、实现社会再分配等作用，从而不利于维护社会各群体间的收益公平。另外，由于针对不同人群的社会保险制度建立的时间不一，即使是同一项社会保险，也存在着一定程度的制度分割，并且分割的各部分间的参保者受益水平也具有一定的差距。最后，现有的社会保险类别也并不能完全满足社会群体对于社会保险的需求，尤其在当前社会老龄化程度加深、老年人数量和其对护理照料需求同步增加的背景下，发展出满足老人需求的长期护理保险就成为必然之举。未来我国社会保险将以形式更多样、保障水平更高、制度安排更公平的姿态为我国反贫困事业助力。

（二）探索建立长期护理保险，为农村贫困失能老人提供基本服务

长期护理保险是指运用保险的风险共担原理对因衰老、疾病、意外或身体器官衰弱而日常生活不能自理的失能老人提供护理所发生的长期的、高额的护理费用提供经济补偿的一种财务制度。[①] 在德国、日本、英国等发达国家，长期护理保险已经较为成熟，而在中国，在国家层面构建长期护理保险制度仍处于起步阶段。[②]

现有的社会医疗保险制度以及医疗救助制度切实减轻了贫困人口在应

① 曹信邦. 中国失能老人长期护理保险制度研究——基于财务均衡的视角［M］. 北京：社会科学文献出版社，2016：20.

② 王德文. 社区老年人口养老照护现状与发展对策［M］. 厦门：厦门大学出版社，2013：273.

对疾病时的经济压力，但仅仅解决金钱上的压力却不能满足所有群体对医疗的需求，尤其对于那些患有慢性病的、缺乏自理能力的老年患者来说，他们更需要的是不同程度的长期护理。因此，逐步在农村地区建立起长期护理保险制度，对于提高贫困老年人的生活质量、消除因家中有人需要照护而无法正常进入劳动力市场就业导致的家庭贫困问题十分必要。

早在 2012 年，青岛市就已在全市城镇地区建立起长期护理保险制度，成为国内最早开始探索长期护理保险的地区，2015 年护理保险制度逐步覆盖至农村地区；2016 年 6 月，人社部下发通知，在河北、江苏、重庆等地建立以长期失能人群为对象的长期护理保险制度试点；2017 年，国务院印发《"十三五"国家老龄事业发展和养老体系建设规划》，提出了探索建立长期护理保险制度的要求，同时要求已实施长期护理保险的地区"做好长期护理保险与重度残疾人护理补贴、经济困难失能老年人护理补贴等福利性护理补贴项目的整合衔接"，满足老年人多样化、多层次长期护理保障需求。

尽管长期护理保险还未在我国普遍建立，但一些地区已开始注意到解决贫困老年人的生活照料需求，并且探索将贫困人口就业需求与解决贫困老年人日常照料需求相结合。如山东淄博市齐陵街道于 2016 年 7 月起与当地社会组织"众爱长者养护中心"签订协议，按照每照顾一位自理老人 90 元/月、不能自理和半自理老人 130 元/月标准对中心进行补助，由中心对贫困人口中有劳动能力、自愿参加者统一组织培训、为街道内的贫困老人提供包括洗澡、做饭、陪护就医等照护服务，同时保证每位贫困对象年增收 5000 元以上。齐陵街道"养老+扶贫"模式的理念与长期护理保险的设立目标相一致。

今后，随着长期护理保险在我国的逐步推广，农村老年贫困人口在未来也能够越来越多地通过该种保险制度获得资金更稳定、保障水平更高的老年照护服务，有利于提高农村少子女、无子女老年人口的生活幸福感，同时减轻多数家庭中年轻人照顾老人的压力，让农村的反贫困工作具有更多人文关怀。

（三）通过完善农民工社会保险促进可持续的减贫发展

在当前农村脱贫攻坚行动中，农民工的工资性收入对于农村贫困人口脱贫有着不可替代的作用。然而，贫困人口务工脱贫中发生的一些成本却没有得到相应的重视。一方面，农民工从事非农产业的生活成本没有得到重视，如往返家乡与务工地的流动成本以及融入新的环境所需的隐性成本等（社会交往、闲暇娱乐等）。这些成本大大提高了务工人员的花销，因此即便从金额上来看，农民工个体收入相比于之前显著增加，但实际上工资中能够结余并且贴补家用的部分微乎其微。因此，仅仅通过家中有劳动力外出就业就判断该贫困户实现脱贫是较为冒险的做法，将劳动力务工工资所带来的名义增收与实际增收混为一谈。

另一方面，农民工的健康成本受到轻视。由于农民工参加社会保险的总体参保水平低下，实际收益水平也不高，因此在一定程度上出现了农民工透支未来以换取短期经济收入的短视行为。这种透支损害了农民工作为劳动力的再生产能力，变相增加了未来为恢复健康所支付的成本，但这种成本在将务工人员收入算入家庭年收入时并没有考虑。因此可以说，当前扶贫工作中通过促进劳动力就业实现脱贫的工作具有一定的短视性，因为既没有考虑帮助成为非农劳动者的农民工积累职业发展资本，也没有注意对其因缺乏劳动保护而返贫的情况的风险防范。

因此，从多方面采取措施提高农民工参加社会保险的比例，既是保护农民工劳动者权益的必要之举，也是巩固脱贫成效的重要选择。具体来说，在养老保险方面，应当针对农民工高流动性的特点，做好保险关系的转移接续安排，并且调整待遇计发方式，确保农民工参加一年保险，就能够在未来享受到缴费带来的收益；此外，如果能够允许农民工同时享受职工养老保险待遇和居民养老保险待遇的话，对于保障农民工养老权益也将更加有所助益。[①] 在医疗保险方面，在打通城乡居民医保之后，应当持续完善保险制度，适当引入市场机制，以灵活多样的医疗形式来适应农民工就业的灵活性和需求的差异性。[②] 而在失业、工伤和生育保险方面，在强调保险制度完善的同时更应当强调企业履行为农民工参保的义务与责任，从提高企业参保的积极性和加强外部监管两方面来提高农民工参加包括失业、工伤和生育险在内的职工社会保险制度的比例。只有当农民工实现就业即可参加职工社会保险、享受职工社会保险待遇时，农民工才能实现体面的劳动与生活，才能降低农民工晚年可能面临的风险，农村贫困人口通过就业、农村贫困家庭通过家庭成员的工资性收入来实现脱贫才真正具有可持续性，农村反贫困的成果也才能最终得到巩固。

① 左停，张国栋，徐小言. 流动农民工养老保险覆盖的窘境与出路［J］. 农村经济，2015 3.
② 张国栋，左停，徐小言. 医疗保险“重复参保”研究［J］. 中国卫生经济，2015，5.

·第六章·

社会救助与减贫发展

社会救助是整个社会保障体系的基础性制度安排，是政府负责并以免除城乡居民生存危机为起码目标的社会机制。[①] 与具有普惠性质的社会福利制度以及强调权利与义务相结合原则的社会保险制度不同，社会救助制度只针对“穷人”，受助者需要接受家庭经济状况调查，只要符合救助条件就可以获得救助，不必履行任何义务。社会救助是现代国家中得到立法保障的公民基本权利之一，是当公民难以维系最低生活需求时，由国家和社会按照法定程序和标准向其提供保障最低生活需求的物质援助的生活保障制度。社会中的每一个人，都有获得生存的权利。在任何时候社会弱势群体总会存在，无论是道义、人类的同情心或者法律的规定，扶危济困、救济贫困者使他们摆脱贫困都应当成为政府的责任。[②]

社会救助计划是旨在通过社会服务领域进行公共投资，更好地保护贫困者和弱势群体，提供就业机会，鼓励自立的一种保障制度。[③] 随着经济发展水平的提高，我国的贫困特征由最初的绝对贫困向相对贫困转变，社会救助政策的重点也由早期关注绝对贫困人口的收入性贫困转变为关注相对贫困人口的支出性贫困，社会救助项目也逐步转向专项救助项目和救急难救助项目。[④] 目前，发达国家（或地区）利用社会救助政策来解决相对

① 郑功成. 中国社会保障发展报告 2016 [R]. 北京：人民出版社，2016.

② 李珍. 社会保障理论（第 3 版）[M]. 北京：中国劳动社会保障出版社，2013.

③ 杨立雄. 社会救助研究 [M]. 北京：经济日报出版社，2008.

④ 王治坤. 中国社会救助发展报告 2013 [R]. 北京：中国社会出版社，2015.

贫困问题，而欠发达国家（或地区）把社会救助政策视为消除绝对贫困的重要工具之一。

一、社会救助与减贫目标关联最直接、效果最明显

贫困是一个复杂的社会经济现象，涉及人们日常生活的方方面面。贫困概念从最初的只考虑经济维度的收入贫困，开始向发展能力的贫困进而到权利贫困的延伸，从认知主客体、贫困致因、贫困表现、贫困周期等不同角度来理解贫困，涵盖了众多的概念范畴。例如主观贫困与客观贫困，绝对贫困与相对贫困，长期贫困与暂时性贫困，收入性贫困与支出性贫困，以及能力贫困、权利贫困、代际贫困、文化贫困等。①随着贫困概念的不断变化，社会保障制度也在不断发展与完善，相应的社会保障措施特别是社会救助项目也越来越多样化。另一方面，由于社会保障制度不断发展完善，从单纯救济弱者到帮助劳动者抵御社会风险再到全面改善社会成员的生活质量，这也使人们对贫困概念的理解不断深化。从某种程度上说，贫困概念的演进与社会保障的发展是相互影响、密不可分的。②

（一）社会救助制度的性质

社会救助制度是社会保障制度的重要组成部分，对保障贫困人口和遭受意外事件者的基本生活，维护社会公平，促进经济长期平稳发展，具有十分重要的作用。在任何制度下和任何国家里，总会存在着这样一部分社会成员，他们仅仅依靠自己的力量难以满足自身的生存需求。为避免家庭和个人陷入危机，他们不得不从国家和社会寻求帮助，社会救助是公民最

① 左停. 贫困的多维性质与社会安全网视角下的反贫困创新［J］. 社会保障评论，2017，2.
② 张浩淼. 关于贫困问题的社会保障学分析［J］. 兰州学刊，2007，5.

后的安全网。社会救助制度是国家和社会通过物质帮助、服务等方式，保障困难群众基本生活，解决困难群众在吃饭、穿衣、居住、医疗、教育、就业等方面的制度安排。① 社会救助的内涵，是指国家与社会向贫困人口与不幸者组成的社会脆弱群体提供款物接济和扶持的一种生活保障政策，它通常被视为政府的当然责任或义务，采取的也是非供款制与无偿救助的方式，目标是帮助社会脆弱群体摆脱生存危机，以维护社会秩序的稳定。社会救助的外延则包括灾害救济、贫困救济和其他针对社会脆弱群体的扶助措施。②

当代社会救助制度起源于传统社会救济政策，是社会救济政策的本质性发展。作为一种正式制度，一般可追溯到 1601 年英国颁布的《济贫法》，该法是社会救助制度的雏形。③ 社会救助制度的性质是国家和社会（救助主体），对依靠自身能力难以维持基本生活的公民（救助对象），根据法定程序和标准（救助方法），提供的物质帮助和服务（救助内容）。由于政治形态、经济体制和文化传统等存在的差异以及社会保障理念的不同，各国的社会救助体制和内容不尽相同，水平高低不一。从实践的手段和结果来看，多数国家的社会救助制度均体现出政府行为，致力于如何解决低收入人群生活的困境。从救助制度的类型上看，英国和北欧等几个国家属于“福利式”社会救助，中国和美国等属于“补救式”社会救助，德国属于“保险式”社会救助，日本属于“家庭式”社会救助。从救助资源的分配来看，一是坚持普遍主义原则，高福利国家采取普遍性给付；二是坚持选择主义原则，受益者应该是家计调查审核后，符合救助条件的对象。无论是以何种理论基础指导社会救助制度的实施，均体现了社会救助

① 洪大用. 转型时期中国社会救助［M］. 沈阳：辽宁教育出版社，2004 年.
② 郑功成. 社会保障学——理念、制度、实践与思辨［M］. 北京：商务印书馆，2000.
③ 邹文开，乔东平. 社会救助理论与实务［M］. 天津：天津大学出版社，2011.

制度的制度化。[1]

中华人民共和国成立以来，我国的社会救助由早期的临时性紧急生活救助，发展为以农村为主、城乡分野的定期定量救助，再到改革开放以后以城乡低保为核心的新型社会救助体系。[2] 以 2006 年《农村五保供养工作条例》和 2014 年《社会救助暂行办法》的颁布为标志，我国已构建了一张覆盖全民、保障底线公平的社会安全网。这一体系包括以最低生活保障和特困人员供养为主要内容的基本生活救助制度，以医疗救助、住房救助、就业救助和教育救助为主要内容的专项救助项目，以受灾人员救助、生活无着人员救助和临时救助为主要内容的急难性救助制度，以社会力量参与为补充的社会救助机制（见表 6-1）。[3] 据民政部网站 2017 年第一季度全国社会服务统计数据显示，城市低保对象 847.9 万户、1461.3 万人，月平均标准 506.9 元/人。农村低保对象 2594.0 万户、4517.8 万人，年平均标准 3901.4 元/人。资助参加基本医疗保险人数 1167.3 万人，民政部门直接救助人次数 784.7 万人次。生活无着人员救助 81.1 万人次，临时救助 147.5 万户次。

---

① 李家喻. 社会救助制度的国际比较研究——以英美德日等国家为例［J］. 中山大学研究生学刊（社会科学版），2015，3.

② 刘喜堂. 建国 60 年来我国社会救助发展历程与制度变迁［J］. 华中师范大学学报（人文社会科学版），2010，4.

③ 王治坤. 中国社会救助发展报告 2013［R］. 北京：中国社会出版社，2015.

表 6-1 中国主要社会救助政策

社会救助项目	主要政策
最低生活保障	国务院《关于在全国建立城市居民最低生活保障制度的通知》（国发〔1997〕29号） 《城市居民最低生活保障条例》（中华人民共和国国务院令第271号，1999年） 国务院《关于在全国建立农村最低生活保障制度的通知》（国发〔2007〕19号） 民政部《关于进一步规范城乡居民最低生活保障标准制定和调整工作的指导意见》（民发〔2011〕80号） 国务院《关于进一步加强和改进最低生活保障工作的意见》（国发〔2012〕45号） 《最低生活保障审核审批办法（试行）》（民发〔2012〕220号） 《社会救助暂行办法》（中华人民共和国国务院令第649号，2014年） 民政部《关于进一步加强农村最低生活保障申请家庭经济状况核查工作的意见》（民发〔2015〕55号） 国务院办公厅转发民政部等部门印发《关于做好农村最低生活保障制度与扶贫开发政策有效衔接指导意见的通知》（国办发〔2016〕70号）
特困人员救助	《农村五保供养工作条例》（中华人民共和国国务院令第456号，2006年） 《社会救助暂行办法》（中华人民共和国国务院令第649号，2014年） 《国务院关于进一步健全特困人员救助供养制度的意见》（国发〔2016〕14号） 民政部关于印发《特困人员认定办法》的通知（民发〔2016〕178号）

续表

社会救助项目	主要政策
医疗救助	中共中央、国务院《关于进一步加强农村卫生工作的决定》（中发〔2002〕13 号） 民政部《关于实施农村医疗救助的意见》（民发〔2003〕158 号） 国务院办公厅转发民政部等部门《关于建立城市医疗救助制度试点工作意见的通知》（国办发〔2005〕10 号） 民政部《关于进一步完善城乡医疗救助制度的意见》（民发〔2009〕81 号） 国务院办公厅《关于建立疾病应急救助制度的指导意见》（国办发〔2013〕15 号） 《城乡医疗救助基金管理办法》（财社〔2013〕217 号） 民政部《关于加强医疗救助与慈善事业衔接的指导意见》（民发〔2013〕132 号） 《社会救助暂行办法》（中华人民共和国国务院令第 649 号，2014 年） 国务院办公厅转发民政部等部门《关于进一步完善医疗救助制度全面开展重特大疾病医疗救助工作的意见》（国办发〔2015〕30 号） 民政部等部门印发《关于进一步加强医疗救助与城乡居民大病保险有效衔接的通知》（民发〔2017〕12 号）

续表

社会救助项目	主要政策
住房救助	建设部关于印发《城镇廉租住房工作规范化管理实施办法》的通知（建住房〔2006〕204号） 国务院《关于解决城市低收入家庭住房困难的若干意见》（国发〔2007〕24号） 建设部等部门关于印发《经济适用住房管理办法的通知》（建住房〔2007〕258号） 《廉租住房保障办法》（中华人民共和国建设部令第162号，2007年） 《公共租赁住房管理办法》（中华人民共和国住房和城乡建设部令第11号，2012年） 住房城乡建设部等部门《关于公共租赁住房和廉租住房并轨运行的通知》（建保〔2013〕178号） 《社会救助暂行办法》（中华人民共和国国务院令第649号，2014年） 住房城乡建设部等部门印发《关于做好住房救助有关工作的通知》（建保〔2014〕160号）
教育救助	《中华人民共和国教育法》（中华人民共和国主席令第三十九号，2015年） 民政部、教育部《关于进一步做好城乡特殊困难未成年人教育救助工作的通知》（民发〔2004〕151号） 《社会救助暂行办法》（中华人民共和国国务院令第649号，2014年） 教育部等部门关于印发《教育脱贫攻坚“十三五”规划》的通知（教发〔2016〕18号）

续表

社会救助项目	主要政策
就业救助	《中华人民共和国就业促进法》（中华人民共和国主席令第七十号，2007年） 《国务院关于做好促进就业工作的通知》（国发〔2008〕5号） 《社会救助暂行办法》（中华人民共和国国务院令第649号，2014年） 财政部、人力资源社会保障部关于印发《就业补助资金管理暂行办法》的通知（财社〔2015〕290号）
灾害救助	《自然灾害救助条例》（中华人民共和国国务院令第577号，2010年） 财政部、民政部关于印发《自然灾害生活救助资金管理暂行办法》的通知（财社〔2011〕6号） 《社会救助暂行办法》（中华人民共和国国务院令第649号，2014年） 国务院办公厅《关于印发国家自然灾害救助应急预案的通知》（国办函〔2016〕25号）
生活无着人员救助	《城市生活无着的流浪乞讨人员救助管理办法》（中华人民共和国国务院令第381号，2003年） 国务院办公厅《关于加强和改进流浪未成年人救助保护工作的意见》（国办发〔2011〕39号） (3) 民政部关于印发《生活无着的流浪乞讨人员救助管理机构工作规程的通知》（民发〔2014〕132号）
临时救助	民政部《关于进一步建立健全临时救助制度的通知》（民发〔2007〕92号） 《社会救助暂行办法》（中华人民共和国国务院令第649号，2014年） 《国务院关于全面建立临时救助制度的通知》（国发〔2014〕47号）
社会力量参与	《关于促进社会力量参与流浪乞讨人员救助服务的指导意见》（民发〔2012〕233号） 《社会救助暂行办法》（中华人民共和国国务院令第649号，2014年）

资料来源：作者根据各部门历年发布的文件整理而成。

（二）农村的救助对象

贫困及其产生的原因是客观存在的，某些个体或群体之所以陷入贫困，除因个人禀赋差异外，还与当地的自然环境、社会经济条件等有关。关于贫困人口的特征，经济学家萨缪尔森在其著作中进行了详细的描述，“你很穷。即使从宽估摸你所生产和消费的物品，你的年平均收入也只有300美元，而在北美洲，这个数字则为7000美元。当你想到世界上的8个人中仅有1个平均得到高于2000美元的收入时，你也许会感到舒服一些。在你们当中，每4个人中只有1个人识字，其余3个人像你一样是文盲……”① 人口学家马尔萨斯在其著作中谈到，“说的粗俗一点，穷苦的劳动者常常现挣现吃，吃了这顿不管下顿。他们把全部心思都在如何满足现时的欲望上，而很少考虑未来。即使有机会储蓄，也难得存下钱来，满足眼前需要后的余款，一般都用来喝酒了”。② 从人口经济学角度，学者王卓在其著作中指出贫困人口的特征，具体表现在经济化的意愿薄弱，生育倾向较重，社会经济活动的参与度低，价值标准较低和自我评价不高等几个方面。③

1. 农村救助对象及其识别与测量。贫困标准是用于测量和识别贫困人口的重要工具。目前，国际上广泛使用的测量贫困方法有三种，即收入标准、人类发展指数、多维贫困指数。

低收入是贫困人口最显著的特征。用单一的收入维度来测算贫困人口，被识别的群体是指没有足够的收入和消费来满足基本需要，缺乏最基本的物质生活来源，其生存标准低于某一底线的人。从人的基本需求出发，贫困是指在特定的社会生产方式和生活方式下，个人或家庭依靠劳动

---

① 萨缪尔森. 经济学：下册［M］. 北京：商务印书馆，1982.

② 马尔萨斯. 人口原理［M］. 北京：商务印书馆，1992.

③ 王卓. 中国贫困人口研究［M］. 成都：四川科学技术出版社，2004.

所得或其他合法收入，不能满足最基本的生存需要，生命的延续因此受到威胁。① 贫困对象所能支配的收入，无法维系本人或者该家庭的基本生存所需要的福利和消费。事实上，致贫原因并不都是单一的，而是多维度的，包括经济发展水平低、资源匮乏和环境恶劣、人力资本低下、制度障碍、缺乏社会资本和文化资本等因素。

收入贫困一直是全球使用最为广泛的贫困标准。以收入标准定义的贫困线，一般包括满足家庭基本需要的食物和非食物货币支出。② 但贫困标准并不等同于贫困线，后者主要是根据收入或者支出来测定贫困的，因此多是可以货币化或者定量化的指标。前者不仅包括可以货币化或定量化的贫困线标准，而且包括一些不能或者很难用货币计算的指标。③

按照世界银行等国际组织的观点，贫困人口是指生活在特定贫困线以下的人口百分比。1990 年，世界银行选取当时一组最穷国家的贫困线，采用购买力平价（Purchasing Power Parity，简称 PPP）换算成美元，通过计算出平均值将贫困线设定在每人日均 1 美元左右。后来，世界银行多次根据购买力平价（PPP）重新调整国际贫困线。根据世界银行官方数据，1993 年，该贫困线为 1.08 美元；2005 年，该贫困线被相应地上调至 1.25 美元；2011 年，该贫困线又由 1.25 美元/人/天上调到 1.9 美元/人/天。按照每天 1.9 美元衡量的 PPP，世界贫困人口的比例 1981 年到 2013 年由 41.91%下降到 10.67%。目前，世界上的极度贫困人口主要分布在撒哈拉以的南非洲、印度、中国和拉美等发展中国家，其中超过 3/4 的贫困人口居住在农村地区。中国贫困人口总量位居世界第二，仅次于印度。经过了 30 多年的减贫历程，我国的扶贫开发取得了举世公认的成绩。我国现行扶贫标准（2010 年不变价）下，从 2010 年到 2016 年，中国农村贫困人口减

---

① 王朝明，申晓梅. 中国 21 世纪城市反贫困战略研究［M］. 北京：中国经济出版社，2005.
② 王小林. 贫困标准及全球贫困状况［J］. 经济研究参考，2012，55.
③ 郑宝华，张兰英. 中国农村反贫困词汇释义［M］. 北京：中国发展出版社，2004.

少了 12234 万，贫困发生率下降了 12.77%（见表 6-2）。

表 6-2　2011—2016 年我国农村贫困状况

指　标	2010 年	2011 年	2012 年	2013 年	2014 年	2015 年	2016 年
国家扶贫标准（元）	2300	2536	2673	2736	2800	2855	2952
贫困人口（万）	16566	12238	9899	8249	7017	5572	4332
贫困发生率（%）	17.27	12.7	10.2	8.5	7.2	5.7	4.5

资料来源：作者根据国家统计局、国务院扶贫办网站历年公布数据整理得出。

在我国，官方贫困标准有两条：一是地方政府发布的城乡最低生活保障标准，主要用于由民政部门操作的社会救助工作。低保标准是由县级以上地方人民政府按照能够维持当地农村居民全年基本生活所必需的吃饭、穿衣、用水、用电等费用确定，并报上一级地方人民政府备案后公布执行。按照经济合作与发展组织 1976 年提出的国际贫困标准，即以一个国家或地区社会中位收入或平均收入的 50%作为这个国家或地区的贫困线①，我国最低生活保障线是明显偏低的（见表 6-3）。二是国家统计局发布的国家贫困线，主要用于由国家扶贫部门操作的农村扶贫工作。从表 6-3 中可以看出，2011—2016 年我国农村扶贫标准（农村居民人均年收入 2300 元）增幅平稳，贫困地区农民人均纯收入逐年增加，但扶贫标准占农民人均纯收入的比重在下降。各地农村低保标准变动比较大，全国平均低保标准占农民人均纯收入的比重在上升。

① 唐钧. 中国城市居民贫困线研究［M］. 上海：上海社会科学院出版社，1998.

表 6-3 我国扶贫标准的变化和追赶中的农村低保标准

单位：元

指 标	2011 年	2012 年	2013 年	2014 年	2015 年	2016 年
农民人均纯收入	6077	7977	8896	9892	11422	12363
贫困地区农民人均纯收入	3985	4602	5389	6090	6828	8452
农村扶贫标准	2536	2625	2736	2800	2855	2952
全国农村低保平均标准	1718	2068	2434	2777	3178	3744

表格来源：左停，赵梦媛，金菁. 路径、机理与创新：社会保障促进精准扶贫的政策分析［J］. 华中农业大学学报（社会科学版），2018，1.

2. 农村救助对象的特征。

（1）结构特征。农村贫困人口规模大，结构较为复杂，减贫任务艰巨。截至 2013 年底，全国共识别确定贫困村 12.8 万个、贫困户 2948 万户、贫困人口 8962 万。从贫困人口的年龄结构来看，18 岁以下的人口占到总人口的 16.0%，18~30 岁的人口占到总人口的 20.1%，30~40 岁的人口占到总人口的 12.8%，40~50 岁的人口占到总人口的 18.3%，50~60 岁的人口占到总人口的 13.0%，60 岁以上的人口占到总人口的 19.6%。从贫困人口的文化程度看，文盲或半文盲的人口占到总人口的 14.8%，小学文化程度的人口占到总人口的 39.9%，初中文化程度的人口占到总人口的 37.3%，高中文化程度的人口占到总人口的 5.7%，大专以上文化程度的人口占到总人口的 2.3%。从贫困人口的劳动能力来看，无劳动力的人口占到总人口 34.1%，丧失劳动力的人口占到总人口 6.6%，技能劳动力的人口占到总人口的 0.5%，普通劳动力的人口占到总人口的 58.4%①。

脆弱性是贫困人口的基本特征之一，各种风险的存在使得脆弱人口陷

① 数据来源：黄承伟.《中国精准扶贫精准脱贫方略之形成与发展》讲课资料［G］. 2016.

入贫困[①]。根据全国建档立卡数据分析可知，疾病、缺资金、缺技术、缺劳力是致贫的主要原因，并且大多数贫困户的致贫原因不止一个，是多个致贫因素综合作用的结果。2014 年全国扶贫开发信息系统中，因病致贫的有 1242.3 万户，占到总户数的 42.2%；因缺资金致贫的有 1043.8 万户，占到总户数的 35.4%；因缺技术致贫的有 658.4 万户，占到总户数的 22.3%；因缺劳力致贫的有 494.1 万户，占到总户数的 16.8%；因学致贫的有 265.7 万户，占到总户数的 9.0%；因残致贫的有 170.9 万户，占到总户数的 5.8%；因灾致贫的有 170.5 万户，占到总户数的 5.8%；因自身发展动力不足致贫的有 170.0 万户，占到总户数的 5.8%；因缺土地致贫的有 150.3 万户，占到总户数的 5.1%；因交通条件落后致贫的有 138.6 万户，占到总户数的 4.7%；因缺水致贫的有 47.2 万户，占到总户数的 1.6%；因其他因素致贫的有 235.0 万户，占到总户数的 8.0%（见图 6-1）。

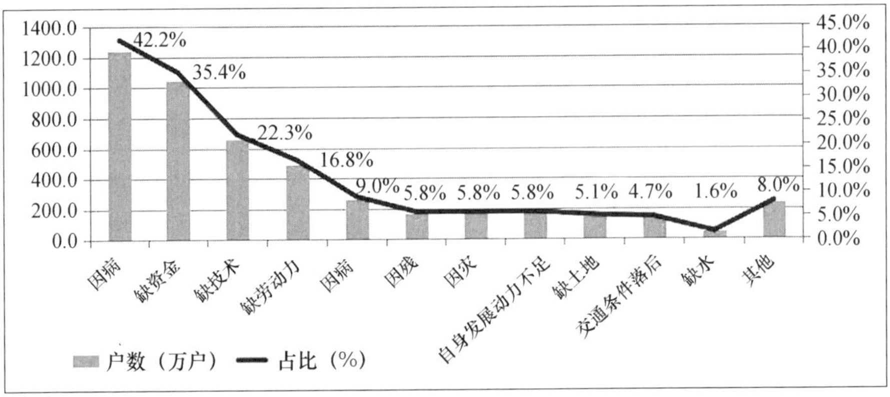

图 6-1 全国建档立卡贫困人口的致贫原因

资料来源：根据国务院扶贫中心提供的内部数据整理得出。

① 左停，刘燕丽，齐顾波．等．贫困农户的脆弱性与小额信贷的风险缓解作用［J］．农村经济，2007，12.

（2）地区分布特征。从区域分布看，西部地区的贫困人口占到全国建档立卡总人口的49.7%，中部地区的贫困人口占到全国建档立卡总人口的43.4%，东部地区的贫困人口占到全国建档立卡总人口的6.9%。东部、中部和西部地区之间贫困人口的致贫因素存在明显的差异，可以从自然生产条件、经济社会发展条件、人力资本因素等分析（见表6-4）。东部地区贫困人口致贫原因主要为人力资本因素，缺乏劳动力、因病、因残致贫的比例是最高的。从人力资本因素致贫成因看，东部、中部地区一半以上的贫困农户是因病致贫，西部地区仅占到28.9%。这与东部贫困人口中老年人、没有劳动力的人和文化程度低的人口比例高是一致的。西部地区致贫因素既有地理位置、生态环境和自然资源的因素，也有基础设施薄弱、卫生教育资源匮乏、经济和社会发展不足、家庭成员人力资本不足的限制[①]。

表6-4 东中西部地区建档立卡贫困人口的致贫原因

地区	自然生产条件			经济社会发展条件					人力资本因素		
	因灾	缺土地	缺水	交通条件落后	缺技术	缺资金	因学	自身发展力不足	缺劳力	因病	因残
东部	3.60%	1.50%	0.30%	0.80%	15.30%	23.20%	4.80%	2.00%	21.90%	58.10%	9.40%
中部	5.20%	4.00%	1.20%	2.60%	17.60%	28.90%	6.70%	4.90%	13.90%	51.60%	6.80%
西部	6.80%	6.90%	2.30%	7.60%	28.90%	44.90%	12.40%	7.40%	18.90%	28.90%	4.00%
全国	5.80%	5.10%	1.60%	4.70%	22.40%	35.40%	9.00%	5.80%	16.80%	42.20%	5.80%

资料来源：黄承伟.《中国精准扶贫精准脱贫方略之国内背景》讲课资料[G]. 2016.

西部地区有44.9%的农户是因缺乏资金而陷入贫困。西部地区交通条件差、缺乏技术和资金、因灾、缺土地、缺水的比例是最高的，中部地区其次。我国贫困人口具有明显的区域特征，主要分布在中西部的老、少、

① 李小云，汪三贵. 宣战2020——中国扶贫报告[R]. 凤凰国际智库研究报告，2016.

边和偏远山区。这些地区有以下特点：一是生态环境被破坏，水土流失严重；二是人均农业资源匮乏、质量差（比如西南地区人均耕地面积少，土地贫瘠；西北地区则缺水）；三是道路、水利等基础设施不足；四是缺乏基本的教育、医疗等社会服务，从而影响贫困人口的基本素质和能力；五是上述因素共同导致农业生产率低下，市场和非农产业发育程度低。[①] 目前，全国 14 个集中连片特殊困难地区、592 个国家扶贫开发工作重点县、12.8 万个贫困村全部集中在中西部地区，中西部 22 个扶贫省份是脱贫攻坚的主战场。据《中国扶贫开发年鉴 2015》显示，截至 2014 年年底，592 个国家扶贫开发重点县有 3649 万贫困人口，其占到全国建档立卡贫困人口的 52%，贫困发生率为 17.5%。其中，中部地区 217 个贫困县有建档立卡贫困人口 1486 万，西部地区 375 个贫困县有建档立卡贫困人口 2163 万。[②]

3. 现阶段农村贫困人口的构成。扶贫开发和最低农村保障制度是我国反贫困的两项重要的制度安排。近年来，中央和民政部都已经要求各地逐步调整低保标准，低保标准不低于动态调整后的国家贫困线，发挥低保兜底保障的作用。2015 年，全国农村平均低保标准已经超过国家贫困线。低保政策本身发端于城市，城乡、东中西省份俱有低保人口分布。低保体现出的是地方政府对地方困难群体长期的、制度化的帮扶，低保的绩效目标不包括减少贫困人口。低保对象是民政部门将人均纯收入低于当地最低生活保障的家庭通过逐级上报的方式统计出来的。截至 2016 年，全国共有 1479.9 万人享受城市居民最低生活保障，4576.5 万人享受农村居民最低生活保障，496.9 万人享受农村特困人员最低生活保障。纵观低保制度的发展历程，我国城市低保对象规模趋于不断减少，农村低保人口规模趋于逐步稳定（见图 6-2）。

---

① 刘坚. 中国农村减贫研究［M］. 北京：中国财政经济出版社，2009.

② 国务院扶贫开发领导小组办公室. 中国扶贫开发年鉴 2015［M］. 北京：团结出版社，2015.

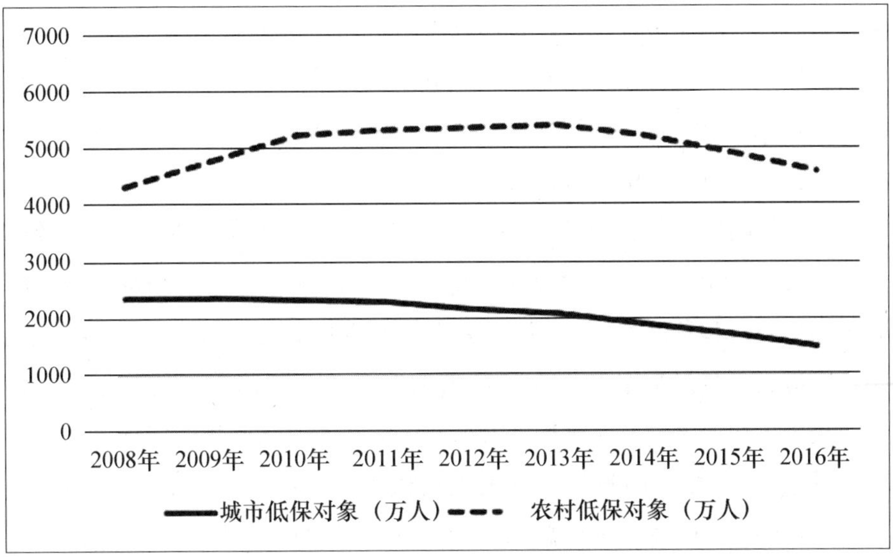

图 6-2 2008—2016 年全国最低生活保障对象的变化趋势

资料来源：根据 2015 年社会服务发展统计公报和民政部网站公布的数据整理得出。

按贫困程度划分，贫困群体通常被划分为赤贫者、一般贫困户和贫困边缘人员。经过 30 多年的农村扶贫开发，多数贫困边缘人群脱离贫困行列，一般贫困者的贫困程度也得到缓解。但是受各种因素的制约，部分贫困者很难采用扶贫开发的方式脱离贫困或缓解贫困，形成所谓的“贫困内核”。他们通常由以下人群组成：生活在自然环境极端恶劣地区的人；无生活来源且无劳动能力或者丧失劳动能力的人，如残疾人、老年人和儿童等；无劳动技能、离开劳动力市场较长的大龄劳动者；家庭成员中遭受重大疾病或患慢性病的家庭。[①] 这些贫困人群分布较为分散，且相当一部分人是老弱病残群体，扶贫开发政策难以有效地帮助他们脱贫，需要通过政

① 郑功成. 中国社会保障发展报告 2016 [R]. 北京：人民出版社，2016.

策兜底脱贫。从年龄分布看，农村贫困人群的年龄分布呈现“偏哑铃型”结构，即劳动年龄段的贫困人口比例最低，未成年人贫困比例居次，老年人贫困比例最高。这种现象被称为“贫困老龄化”，即60岁以上老年人的贫困比例在所有人口中所占比例上升。①

扶贫战略中，“社会救助兜底一批”“低保兜底脱贫一批”“医疗救助脱贫一批”等提法都是对社会救助反贫困作用的高度概括。精准扶贫措施是根据贫困户和贫困人口的实际需要有针对性地制定的。社会救助项目在不断完善，更多是基于贫困人口需求的多样化，贫困治理的复杂性。其中，最低生活保障制度主要解决困难群体的基本生活问题，实现贫困人口“不愁吃、不愁穿”的目标。特困人员供养制度对全社会最贫困的群体（“三无人员”）进行全覆盖，国家对符合条件的特困人员在吃、穿、住、医、葬等方面给予生活照顾和物质帮助。医疗、教育、就业、住房等专项救助满足困难群体的其他需求，避免家庭和个人因医疗支出大、子女就学难、无就业机会、住房条件差等而陷入贫困。灾害救助、临时性救助针对突发性、意外性事故导致基本生活陷入困境的家庭。政府向社会购买服务，鼓励社会力量参与社会救助事业，整合社会资源，扩大社会救助的反贫困效果。

二、特困人群的社会救助

长期以来，在党和政府的高度重视下，中国先后建立起农村五保供养、城市“三无”人员救济和福利院供养制度，使城乡特困人员基本生活得到了保障。特困人员供养制度是我国最早建立的一项社会救助项目，主要是国家对无劳动能力、无生活来源且无法定赡养、抚养、扶养义务人，

---

① 杨立雄. 关于农村残疾人反贫困问题的再思考［J］. 残疾人研究，2015，2.

或者其法定赡养、抚养、扶养义务人无能力赡养、抚养、扶养的老年人、残疾人以及未满16周岁的未成年人，给予特困人员供养。供养的内容主要包括：（1）提供基本生活条件；（2）对生活不能自理的给予照料；（3）提供疾病治疗；（4）办理丧葬事宜。特困人员供养标准，由省、自治区、直辖市或者设区的市级人民政府确定、公布。供养的标准包括基本生活标准和照料护理标准。救助供养的形式包括在家分散供养和当地的供养服务机构集中供养。

（一）特困人员供养制度的发展脉络

特困人员供养制度是传统农村五保供养制度的延续与发展。广大农村地区，传统村民生活保障的来源主要是土地资源和家庭供养。五保供养是中国特色的社会救助体制，始于20世纪50年代的农业合作化时期。1956年，第一届人大三次会议通过的《高级农业生产合作社示范章程》规定：农业合作社对缺乏劳动能力或者完全丧失劳动能力，生活没有依靠的老、弱、孤、寡以及残疾社员，在生产上和生活上给予适当的安排和照顾，保证他们的吃、穿和柴火供应，年幼的受到教育和年老的死后安葬。此后，这一群体被称为“五保户”。人民公社时期，农村“五保户”由生产大队和生产小队负责救助或照顾。1979年，农村地区开始实施家庭联产承包责任制，以集体经济为依托的“五保”救助工作受到了强烈的冲击。为了使五保户的生活有可靠的保障，开始以“乡统筹”和“村提留”的形式为其筹措资金和实物。1994年1月，国务院颁布了《农村五保供养工作条例》，1997年3月，民政部颁布了《农村敬老院管理暂行办法》。

为了带动农村地区五保供养服务工作顺利进行，确保农村五保供养对象的正常生活，促进农村社会保障制度的发展，2006年国务院颁布了《农村五保供养工作条例》，1994年的《农村五保供养工作条例》废止。新条例规定：老年、残疾或者未满16周岁的村民，无劳动能力、无生活来源又无法定赡养、抚养、扶养义务人，或者其法定赡养、抚养、扶养义务人无赡养、抚养、扶养能力的，享受农村五保供养待遇。农村五保供养资金，在地方人民政府财政预算中安排。有农村集体经营等收入的地方，可以从农村集体经营等收入中安排资金，用于补助和改善农村五保供养对象的生活。农村五保供养对象将承包土地交由他人代耕的，其收益归该农村五保供养对象所有。农村五保供养对象可以自行选择供养形式。其中，集中供养的农村五保供养对象，由农村五保供养服务机构（敬老院）提供供养服务；分散供养的农村五保供养对象，可以由村民委员会提供照料，也可以由农村五保供养服务机构提供有关供养服务。2010 年，民政部颁布实施新的《农村五保供养机构管理办法》。

为健全特困人员供养制度，提高特困人员的供养水平，2013 年民政部、国家档案局印发的《农村五保供养档案管理办法》规定：对五保供养对象信息及时更新及录入，在有条件的地方，将符合条件的农村特困人员全部纳入五保救助体系。2014 年国务院颁布的《社会救助暂行办法》指出，特困人员除有基本生活保障外，还可以享受医疗、教育、住房等专项救助政策，特困人员供养与城乡居民基本养老保险、基本医疗保障、最低生活保障、孤儿基本生活保障等制度相衔接。2015 年中共中央、国务院《关于打赢脱贫攻坚战的决定》（中发〔2015〕34 号，以下简称《决定》）和 2016 年国务院《关于进一步健全特困人员救助供养制度的意见》（国发〔2016〕14 号，以下简称《意见》）都强调了政府在脱贫攻坚工作中要对特困人员供养发挥社会保障“兜底线”的作用。

《决定》指出，“加强儿童福利院、救助保护机构、特困人员供养机构、残疾人康复托养机构、社区儿童之家等服务设施和队伍建设，不断提高管理服务水平”。《意见》对救助供养内容、标准和形式做出了明确的规定：（1）全额资助参加城乡居民基本医疗保险的个人缴费部分。医疗费用按照基本医疗保险、大病保险和医疗救助等医疗保障制度规定支付后仍有不足的，由救助供养经费予以支持。对符合规定标准的住房困难的分散供养特困人员，通过配租公共租赁住房、发放住房租赁补贴、农村危房改造等方式给予住房救助。对在义务教育阶段就学的特困人员，给予教育救助；对在高中教育（含中等职业教育）、普通高等教育阶段就学的特困人员，根据实际情况给予适当教育救助。（2）特困人员救助供养标准包括基本生活标准和照料护理标准。符合相关条件的特困人员，可同时享受城乡居民基本养老保险、基本医疗保险等社会保险和高龄津贴等社会福利待遇。纳入特困人员救助供养范围的，不再适用最低生活保障政策。纳入孤儿基本生活保障范围的，不再适用特困人员救助供养政策。纳入特困人员救助供养范围的残疾人，不再享受困难残疾人生活补贴和重度残疾人护理补贴。（3）具备生活自理能力的，鼓励其在家分散供养；完全或者部分丧失生活自理能力的，优先为其提供集中供养服务。为进一步规范特困人员认定工作，确保特困人员救助供养制度公开、公平、公正地实施，2016 年 10 月，民政部印发了《特困人员认定办法》（民发〔2016〕178 号），明确了“无劳动能力”“无生活来源”“无履行义务能力”的具体认定标准，以及特困人员生活自理能力评估的 6 项指标。

（二）特困供养人员的基本状况

特困供养人员包括农村五保对象和城市“三无”人员，主要指的是无劳动能力的老人、孤儿和残疾人等特殊群体。这一人群在经济上没有收入来源和劳动能力、社会心理上缺少基本的家庭照料和生理上老幼残疾，是社会中最贫困的群体。尽管这一人群在全社会只占很小的比例，但特困人员的救助供养是守护社会基本价值底线、维持社会稳定的核心环节。共享改革开放的发展成果是每个公民应有的权利，政府各级救助部门必须认真做实做好特困人员供养救助工作，保障公民的基本权利，维护社会公正秩序，这是履行政府职责的重要体现。据民政部网站公布的数据，截至 2016

年，全国共有农村特困人员 496. 9 万人，其中女性 96. 4 万人，占总人数的 19. 4%；老年人 423. 9 万人，占总人数的 85. 3%；未成年人 14. 4 万人，占总人数的 2. 9%；残疾人 94. 7 万人，占总人数的 19. 1%。集中供养 139. 1 万人，集中供养率为 28%，年平均供养标准 6776 元/人，比上年增长 12. 4%；分散供养 357. 8 万人，分散供养率为 28%，年平均供养标准 5217 元/人，比上年增长 16. 2%。

农村特困人员数量变化呈倒“U”形，以 2010 年为节点（见图 6-3）。2006 年《农村五保供养工作条例》将五保供养纳入公共财政保障范畴，我国农村特困人员增加了 200 多万人。2010 年之后，农村特困人员的数量开始呈下降趋势。其中，2005—2010 年农村特困救助人员增加了 256. 3 万

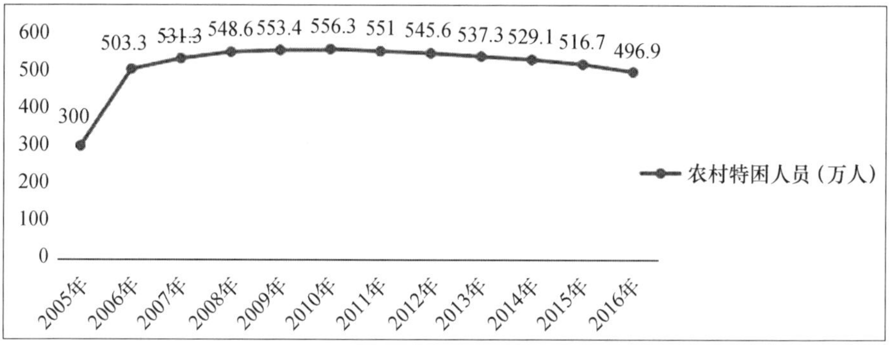

图 6-3　2005—2016 年农村特困人员的变化趋势

资料来源：根据 2015 年社会服务发展统计公报和民政部网站公布的数据整理得出。

人，增长率为 85. 4%，2010—2015 年农村特困救助人员减少了 39. 6 万人，减少率为 7. 1%，但各级财政共支出农村特困人员救助供养资金增加额为 111. 9 亿元。

我国农村五保供养制度经历了 60 多年的变迁，实现了从集体互助共济

向以国家财政保障为主的根本性转变。从供养方式选择上看，农村特困人员主要以分散供养为主，集中供养为辅。2005—2015 年我国农村集中供养人员不到供养对象总数的 1/3，供养意愿的结构性失衡特征显著（见图 6-4）。从供养标准的水平上看，农村特困人员平均供养标准增幅大，2007—2015 年农村集中供养平均标准由 1953 元/人/年增加到 6025. 7 元/人/年，分散供养平均标准由 1432 元/人/年增加到 4490. 1 元/人/年，集中供养和分散供养平均标准分别增长了 67. 6%和 68. 1%（见图 6-5）。

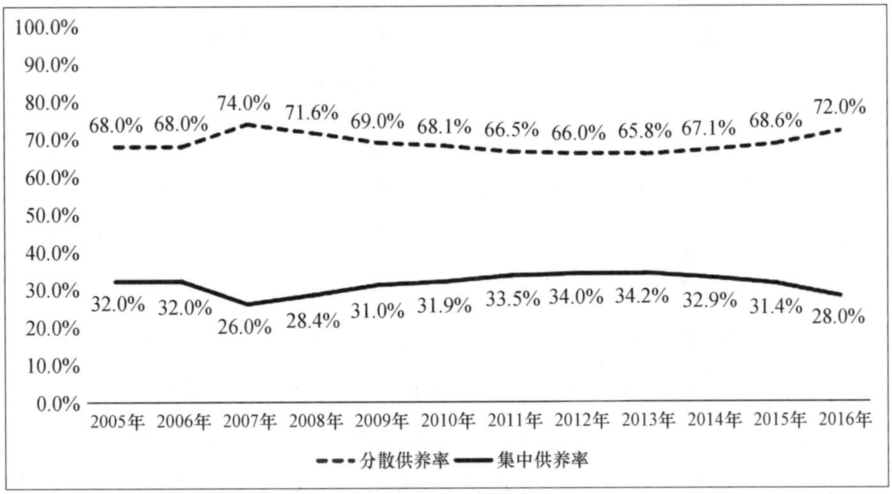

图 6-4　2005—2016 年我国农村特困人员供养情况

数据来源：作者根据 2010—2015 年社会服务发展统计公报和民政部网站公布的数据整理得出。

我国有 3 万多个乡镇，已经基本达到了平均每乡建有一个特困老人供养机构、每地（市）建有一个特困儿童供养机构的水平。截至 2014 年底，全国有面向供养老人和残疾人的床位数 3934390 张、面向收留儿童的床位数 102174 张，拥有服务人员 260 余万。

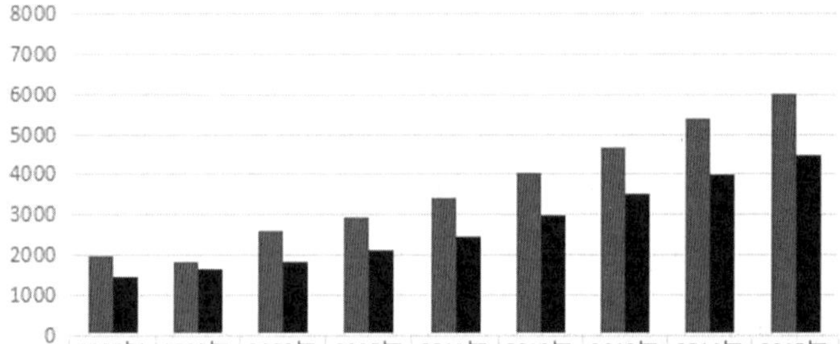

	2007年	2008年	2009年	2010年	2011年	2012年	2013年	2014年	2015年
■农村五保集中供养标准（元）	1953	1842.71	2587.49	2951.5	3399.7	4060.9	4685	5371	6025.7
■农村五保分散供养标准（元）	1432	1624.4	1842.71	2102.1	2470.5	3008	3499	4006	4490.1

图 6-5　2007—2016 年我国农村供养标准的变化趋势

数据来源：根据《中国民政年鉴 2016》公布的数据整理得出。

长期以来，由于特困老人、儿童和残疾人等特殊群体的救助政策、供养标准与内容存在着差异性，老人主要由敬老院提供服务，儿童（尤其是孤儿和困境儿童）由福利中心提供服务，残疾人的福利政策主要由残联负责。三个部门分别对农村五保救助对象进行管理，存在条块分割现象，各项救助政策在实施过程中很可能出现重叠，导致公共资源分配不均。

据民政部统计，全国平均每 13 名集中供养的“五保”对象仅拥有 1 名工作人员。供养机构人员设施不足、维护经费不足等因素导致很多农村老人无依无靠、生活境况差。2016 年，农村特困人员集中供养率超过全国平均水平的有 13 个省、市、自治区，浙江省集中供养率高达 96%（见图 6-6）。

2006 年国务院颁布的《农村五保供养工作条例》规定，农村五保供养对象将承包土地交由他人代耕的，其收益归该农村五保供养对象所有。经济较为发达的农村地区，福利保障水平较高，土地是家庭生计的重要来源。一旦符合供养条件的农户成为特困供养人员，他们的土地（自留地和宅基地）将归农村集体经济组织所有。这种理解是个别地方政策执行主体和农户对特困人员的财产处理上的偏差。

此外，在经济欠发达的农村地区，大龄未婚男青年是一个特殊的群体，这为新的特困人群的产生埋下了隐患。追究其缘由，一是家庭经济状况不好；二是所居住区域位置较为偏僻，交通不便，很少有适龄女性愿意嫁进来；三是娶妻费用太高，而附近适婚女性太少。目前，大部分女性都已陆续离开村庄，去外地打工。一般经济条件好的家庭子女容易找到对象，而中低收入家庭外出务工的青年男女很少返乡，返乡后难以找到对象是其中重要的因素。

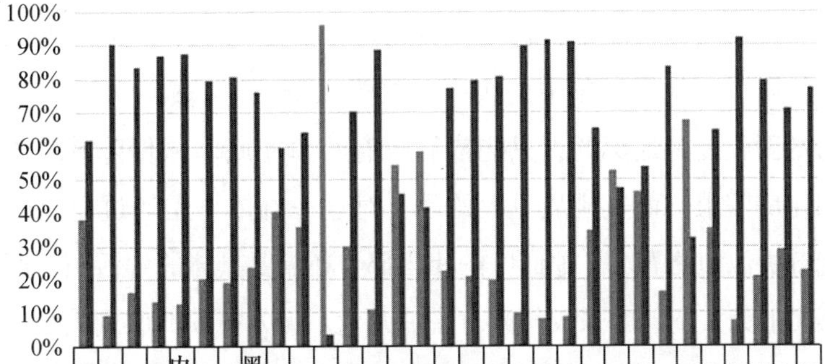

	北京	天津	河北	山西	内蒙古	辽宁	吉林	黑龙江	上海	江苏	浙江	安徽	福建	江西	山东	河南	湖北	湖南	广东	广西	海南	重庆	四川	贵州	云南	西藏	陕西	甘肃	青海	宁夏	新疆
■集中供养率（%）	38	9	16	13	13	20	19	24	41	36	96	30	11	54	59	23	21	19	10	8	9	35	53	46	16	68	35	8	21	29	22
■分散供养率（%）	62	91	84	87	87	80	81	76	59	64	4	70	89	46	41	77	79	81	90	92	91	65	47	54	84	32	65	92	79	71	78

图 6-6　2016 年全国农村特困人员的供养情况

数据来源：作者根据民政部网站公布的数据整理得出。

（三）特困人员供养制度所面临的问题

当前的特困人员救助供养工作存在一些挑战：（1）特困供养对象的认定标准存在差异。各省份对特困人员供养中所限定的“三无”人员，甚至也可能会放宽到“一无”人员。（2）特困人员的供养标准存在差异。目前特困人员供养经费的基本部分来源于地方政府的一般性财政转移支付，中央财政转移支付在东、中、西部地区比例不同，导致地方政府的支付水平存在较大差异。（3）集中供养水平低、供养机构存在人员设施不足、服务不足的问题。截至2014年底，我国特困人员集中供养率不到1/3。基层供养机构的设施相对较为落后，缺乏护理人员，人员工资和机构维护经费来源不一。（4）对分散供养人员的救助供养服务缺少统一的标准。大部分能够自理的特困人员多倾向于独立居住在熟悉的社区内，即选择分散供养。社区供养或第三方寄养是一种救助供养的模式，但不同方面的责权缺少清晰界定。

脱贫攻坚行动中，特困人员属于扶贫建档立卡户中的五保贫困户和低保贫困户，低保对象中的第一、二类人群。① 从贫困深度来看，特困人群的贫困程度是最深的，只能依靠政府的“兜底”来保障其基本生活、医疗和住房需求，而且挑战更大的是，对这一群体不是通过简单的转移支付就能解决他们的需求，他们中的相当部分还需要具体的生活照料服务。② 此外，事实上无人抚养的未成年人、流浪儿童、无人抚养的服刑人员未成年子女等困境儿童救助工作也需要引起重视。他们因监护人不能履行或不能完全履行抚养和监护职责，导致事实上无人照料和抚养，基本生活得不到保障。

案例

湖南省五保对象集中供养掠影

湖南省慈利县农村五保对象集中供养1070人，集中供养率达25%，集中供养的标准已由“十一五”末2010年平均每人每年3000元提高到2015年的6000元，并开始发放一次性丧葬费2900元的补助。全县共有30

---

① 有些地方，低保和五保对象统称政策兜底，这些群体在统计上没有彻底分开。

② 左停. 要把特困人员救助供养工作作为脱贫攻坚的重要支点［J］. 中国民政. 2016. 5.

所敬老院，115名工作人员。其中，苗市镇敬老院建成于2012年，县财政投资300余万，属于省级养老服务示范点。敬老院共有50个床位，2人一间配置。目前，敬老院集中供养五保对象50人。其中年龄最大的是87岁，年龄最小的是49岁（属于重度残疾人）。从性别上看，女性41人，男性9人。全院33个残疾人中，有21人属于重度残疾人。

全院有5名工作人员，基本上年龄在40~50之间。除了王院长是乡镇民政所人员外，其余工作人员都是临时聘用的。52岁的副院长是附近村村干部，常年主持院办业务，每月工资在1500元左右。炊事员每月1400元工资，勤杂工与护理人员每月1200元工资。敬老院的运营费用，一部分是五保人员每年6000元的集中供养金，另一方面是财政拨款（其中省级以上财政占80%，县级财政占20%）。敬老院有3亩生产用地，成立了蔬菜基地和养殖基地，饲养了6头大肥猪，专门种植蔬菜保证自给，满足供养人员的日常需求。敬老院每月会向老人发放30~50元的零花钱。

目前，全省大部分乡镇敬老院是利用废弃的村小学或乡镇公共用地改扩建而成，普遍存在建筑面积小，房屋数量小、建筑结构不合理，设施陈旧老化，基础设施差，缺乏对失能、半失能老人的服务照料设置。山区道路崎岖，敬老院规模小，五保供养人员入住率不高。具有劳动能力的老人暂时还不会选择入住养老机构，社会老人参与率更低。

三、最低生活保障制度在脱贫攻坚中的兜底保障作用

农村最低生活保障制度（简称低保）在我国扶贫攻坚战略中发挥了重要乃至关键的作用。

习近平总书记将“通过社会保障兜底一批”作为精准扶贫方略中措施到户精准的“五个一批”的重要内容之一，社保兜底特别是低保兜底成为精准

扶贫和精准脱贫的重要路径之一。[①] 针对贫困人口中完全或部分丧失劳动能力的人，由社会保障兜底，亦即强调低保在脱贫攻坚中的兜底保障作用。

(一) 低保与扶贫开发政策

从低保政策的发展脉络看，早在 2002 年，党的十六大报告就指出，“有条件的地方，探索建立农村最低生活保障制度”。2006 年，党的十六届六中全会提出在全国“逐步建立农村最低生活保障制度”。2007 年 1 月，中央一号文件要求“在全国范围建立农村最低生活保障制度”。自此，我国形成了以开发式扶贫和最低生活保障两大制度并举的农村扶贫新格局。[②] 2008 年，十七届三中全会指出，“完善国家扶贫战略和政策体系，坚持开发式扶贫方针，实现农村最低生活保障制度和扶贫开发政策有效衔接”。2009 年，国务院扶贫办、民政部、财政部、统计局、中国残联联合发布《关于做好农村最低生活保障制度和扶贫开发政策有效衔接扩大试点工作的意见》的通知。2010 年 5 月，国务院办公厅转发国务院扶贫办等部门《关于开展农村最低生活保障制度与扶贫开发政策有效衔接试点工作的通知》，其目的都是通过探索两项制度的有效衔接，充分发挥农村低保制度和扶贫开发政策的作用，保障农村贫困人口的基本生活，提高其收入水平和自我发展能力，最终实现脱贫的目标。

新时期农村扶贫依然坚持开发式扶贫策略，将贫困标准以下有劳动能力的农村人口作为扶贫对象，实现扶贫开发和最低生活保障制度衔接，把低保制度作为解决温饱问题的基本手段。《中国农村扶贫开发纲要（2011—2020 年）》指出，“把扶贫开发作为脱贫致富的主要途径，鼓励和帮助有劳动能力的扶贫对象通过自身努力摆脱贫困；把社会保障作为解决温饱问

① 左停，贺莉，赵梦媛. 脱贫攻坚战略中低保兜底保障问题研究［J］. 南京农业大学学报（社会科学版），2017，4.

② 左停. 开发式扶贫与低保之衔接互嵌［J］. 中国经济报告，2016，10.

题的基本手段，逐步完善社会保障体系”。2014 年，中共中央办公厅、国务院办公厅印发了《关于创新机制扎实推进农村扶贫开发工作的意见》，提出要“建立精准扶贫工作机制”，“在已有工作基础上，坚持扶贫开发和农村最低生活保障制度有效衔接”。中共中央、国务院《关于打赢脱贫攻坚战的决定》强调实行农村最低生活保障制度兜底脱贫。2016 年，《关于落实发展新理念加快农业现代化实现全面小康目标的若干意见》提出要“对完全或部分丧失劳动能力的 2000 多万贫困人口，全部纳入低保覆盖范围，实行社保政策兜底脱贫”。国务院办公厅转发民政部等 6 部门《关于做好农村最低生活保障制度与扶贫开发政策有效衔接指导意见的通知》强调，通过农村低保制度与扶贫开发政策的有效衔接，确保到 2020 年现行扶贫标准下农村贫困人口全部脱贫。

（二）低保兜底保障作用

作为社会救助制度体系中最为核心的内容，低保经过 10 多年的发展，基本实现了对全国农村贫困人口应保尽保的目标，对保障农村困难居民的基本生活，维护社会稳定发挥了重要作用。

1. 低保救助。从制度设计上看，低保是一种补差型现金救助制度，是政府为无法通过自身努力维持基本生活的群众提供的物质帮助。[①] 农村低保对象是家庭年人均纯收入低于当地最低生活保障标准的农村居民，主要是因病残、年老体弱、丧失劳动能力以及生存条件恶劣等原因造成生活常年困难的农村居民。各地根据经济社会发展水平，确定具有差异性的保障标准，并且随着发展水平的提升，各地农村最低生活保障标准也逐渐提升。低保在整个社会保障体系中充分发挥了最后一张安全网的作用。据民政部网站公布的数据，截至 2016 年底，全国有农村低保对象共 2632.4 万

---

① 蒲宫光. 充分发挥农村低保的兜底作用 [J]. 行政管理改革，2016，4.

户、4576.5万人，农村低保平均标准3744.0元/人/年。全年各级财政共支出农村低保资金984.3亿元，占到社会救助资金支出的44.5%。2008—2015年，我国农村低保平均标准从988元/人/年增加到3178元/人/年，农村低保人均补差水平从50.4元/人/月提高到147.2元/人/月（见图6-7）。

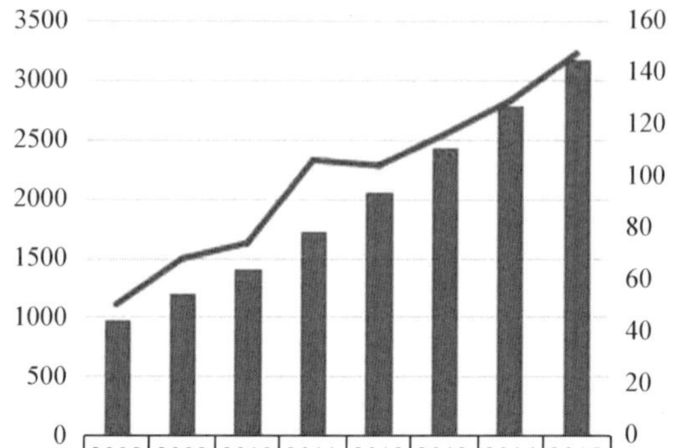

	2008年	2009年	2010年	2011年	2012年	2013年	2014年	2015年
农村低保平均标准（元）	988	1210	1404	1718	2068	2434	2777	3178
人均补助水平（元/人·月）	50.4	68	74	106.1	104	116	129	147.2

图6-7　2008—2015年我国农村低保水平变化

数据来源：根据《中国民政年鉴2016》公布的数据整理得出。

低保兜底强调对象的最低需求保障，通过财政的转移支付手段，直接将现金补助发放到低保对象手中。某种程度上，低保兜底保障作用的发挥是由与低保挂钩的其他救助政策实现的。由于采用了家庭经济状况核查、社区评议等手段，低保具有社会救助的基本制度的特征。因而，在实施其他社会救助政策时，可以充分利用从低保制度上获得的贫困人员的家庭情况、经济收入水平等信息，来判断申请人所述情况是否属实，有利于使救助更为精准，同时有利于节省救助对象识别成本。脱贫攻坚行动中，以低保这一基本制度为基础，其他社会救助政策、社会保障制度相配合，可以共同减少支出型贫困的发生。

2. 与低保挂钩的其他救助政策。根据《社会救助暂行办法》(国务院令第649号),社会救助体系包括最低生活保障、特困人员供养、受灾人员救助、医疗救助、教育救助、住房救助、就业救助以及临时救助八项,同时鼓励社会力量参与,形成社会救助的"8+1"体系。在八项社会救助制度中,医疗、教育、住房和就业四项救助制度明确规定,救助对象应当包括最低生活保障家庭成员。低保制度包含的救助对象确定了这四项制度救助对象的"起始线",低保制度对该四项制度起到了指导作用。

从需求保障来看,最低生活保障制度为受保对象提供的仅为满足基本生存需求的帮助和保障,而不能满足诸如教育和健康等发展的需求。这是因为低保政策设计的初衷就只是保障受助者最起码的生活需要。[①] 换句话说,《中国农村扶贫开发纲要(2011—2020年)》提出的农村扶贫"两不愁、三保障"(不愁吃、不愁穿,保障其义务教育、基本医疗和住房)的目标,低保制度旨在帮助解决"两不愁"问题,"三保障"问题则需要通过其他救助保障途径来实现。从社会环境的支持度来看,低保制度的目标是为了保障生存和减少贫困。如果保障水平过高,则可能会出现制度的逆向激励,使得那些通过低保制度获得脱贫能力的群体,以及靠近但位于最低保障线以上的边缘群体因希望得到低保的补贴而放弃通过自身努力增加收入,反而停留或"跌落"至最低收入人口的群体中,从而违背了制度设计的初衷。

事实上,由于现实中各地政府为降低政策实施成本、提高便利性,"低保户"这一身份正越来越作为一种获得大量社会福利的"准入证"而存在,也产生了一些负面效果,偏离了低保制度的预期目标。这种偏离反映在最低生活保障制度之中,就表现为低保的"身份化"、福利依赖以及社会救助中的"悬崖效应"等。为避免低保制度所产生的"悬崖效应",

① 唐钧. 中国的贫困状况与整合性反贫困策略[J]. 社会发展研究,2015,2.

应根据致贫原因，将教育、就业和医疗救助等专项救助措施作用的对象与低保兜底对象区分开来，实现低保兜底与其他救助政策的“脱钩”与“协作”，真正做到按需施救。通过降低“低保”身份的含金量，还原低保作为保最低需求的制度设计的本来面貌，如此可以有效鼓励有劳动能力的救助对象积极就业。[①] 也可以实施单独低保政策，对农村居民家庭人均收入低于低保标准200%范围的家庭中，无生活自理能力和固定收入的成年重度残疾人，或患重大疾病患者，给予低保待遇，每月发放全额低保金的50%。

四、医疗救助在脱贫攻坚中的作用

医疗救助是政府和社会对患病且无力就医的困难人群的自付医疗费用按一定标准给予补贴的制度。本质是通过转移支付实现不同人群和地区之间卫生资源的公平分配，保障贫困人口的卫生服务利用公平。[②] 医疗救助已成为我国多层次医疗保障体系的重要组成部分，对于保障困难群众基本医疗权益发挥着基础性作用。

（一）医疗救助制度的建立

健康状况与贫困有着密切的关联。劳动人口的健康水平是人力资本的重要组成部分，也是影响贫困发生率的重要因素。健康水平对贫困的影响：（1）疾病会增加个体及其家庭的经济负担。（2）健康水平低会对其他发展因素造成负面影响。（3）健康水平低会降低个体劳动生产率，残疾会导致个体劳动生产力的丧失。医疗救助制度的实施，在很大程度上减轻了

① 左停，贺莉，赵梦媛．脱贫攻坚战略中低保兜底保障问题研究［J］．南京农业大学学报（社会科学版），2017，4．

② 向国春，顾雪非．我国医疗救助制度的发展及面临的挑战［J］．卫生经济研究，2014，3．

农村贫困家庭的医疗负担，医疗救助制度一方面资助农村五保户、贫困家庭、特困户等困难群体参加新型农村合作医疗，另一方面对于医疗负担较重的贫困家庭给予一定比例的补贴，避免农村家庭因病致贫、因病返贫。[①]

为切实缓解困难群众医疗难问题，2003 年，民政部、卫生部、财政部联合制定了《关于实施农村医疗救助的意见》。2005 年，民政部等部门发布了《关于加快推进农村医疗救助工作的通知》。为进一步完善城乡医疗救助制度，保障困难群众能够享受到基本医疗卫生服务，2009 年，民政部发布了《关于进一步完善城乡医疗救助制度的意见》。2014 年，国务院颁布《社会救助暂行办法》规定：低保对象和特困人员可以申请医疗救助。救助方式为资助参加新型农村合作医疗制度及对基本医疗保险、大病保险及补充保险报销后，个人或家庭难以承担自付费用的给予补助。

（二）医疗救助制度的发展与完善

为了进一步提高医疗救助管理服务水平，最大限度减轻困难群众医疗支出负担，国务院办公厅转发民政部等五部门《关于进一步完善医疗救助制度全面开展重特大疾病医疗救助工作的意见》，要求各地要在 2015 年底前，将城市医疗救助制度和农村医疗救助制度整合为城乡医疗救助制度，提出将符合条件的农村贫困人口，包括低保家庭成员；五保供养人员；低收入家庭中的老年人、未成年人、重度残疾人、重病患者；因病致贫家庭中的重病患者等，纳入到医疗救助政策范围内。提高住院救助报销比例，并且向患有慢性病需要长期治疗的医疗救助对象开展门诊救助。全面开展重特大病医疗救助，对经大病保险报销后仍有困难的低保对象、特困人员、建档立卡贫困人口、低收入重度残疾人等困难群众（含低收入老年人、未成年人、重病患者）实施重特大疾病医疗救助，积极探索做好因病

① 李小云，汪三贵. 宣战 2020——中国扶贫报告［R］. 凤凰国际智库研究报告，2016.

致贫家庭重病患者的救助工作。

截至2015年底，全国资助参加基本医疗保险的共6634.7万人，支出资助参加基本医疗保险资金61.7亿元，资助参加基本医疗保险人均补助水平93.0元。全年直接医疗救助2889.1万人次，其中，住院救助1307.9万人次，门诊救助1581.2万人次；支出资金236.8亿元，其中，住院救助208.7亿元，门诊救助28.0亿元。全年累计资助优抚对象436.5万人次，优抚医疗补助资金34.6亿元，人均补助水平793元。① 医疗救助政策在农村地区实施主要体现在新型农村合作医疗制度上，2015年资助参加基本医疗保险、住院救助、门诊救助人均补助水平分别达到人次均93.0元、1595.7元、177.1元。

案例

青海省有关医疗救助制度的做法

青海省人民政府办公厅发布了《关于进一步健全完善医疗救助制度的通知》，规定救助对象为本省户籍的居民，按其家庭医疗费用负担能力，分为以下三类：一是重点救助对象，主要指特困供养人员（含城市“三无”人员、农村五保户、孤儿与低收入家庭中的重度残疾人等）；二是低收入救助对象；三是支出型贫困救助对象。重点救助对象医疗救助的政策：（1）特困供养人员参加城乡居民基本医疗保险给予全额资助并代缴；（2）对特困供养对象每人每年门诊补助360元，患重大疾病在门诊治疗发生的政策范围内的费用，经基本医疗保险报销后，剩余部分按100%给予医疗救助；（3）特困供养人员在定点医疗机构住院期间发生的医疗费用，

① 民政部. 2015年社会服务发展统计公报［R/OL］.（2016-07-12）. http：//www.mca.gov.cn/article/sj/tjgb/201607/20160700001136.shtml.

经政策减免、基本医疗保险和居民大病医疗保险报销后，剩余政策范围内或合规医疗费按100%给予救助。（4）特困供养对象患重特大疾病患者在定点医疗机构住院发生的医疗费用，经政策减免、基本医疗保险和大病医疗保险报销或事故责任方赔付后，个人负担费用（含自费部分）仍然较大的（重点救助对象个人负担费用年累计达到3万元以上），按60%给予重特大疾病医疗救助。每人每年救助限额为10万元。

（三）现行医疗救助制度的功能定位：减少贫困人口因病支出

因病致贫、因病返贫是制约农村脱贫进程的痼疾。据扶贫部门发布的数据显示，因病致贫、因病返贫贫困户占到全国建档立卡贫困户总数的42%。其中，患大病的有417万人，占到贫困人口的4.7%，患长期慢性病的有1504万人，占16.8%。① 农户因病致贫、因病返贫的原因主要集中在以下几个方面：一是医保报销比例较低、渠道较窄，对极端贫困人群缺乏差异化的保障政策。许多治疗大病、重病、慢性病的特效药和器材多是进口或属于新药特药和罕见药，没有纳入医保药品目录。二是因病丧失劳动能力，导致家庭经济收入锐减、支出激增。一方面，患者本人的劳动能力下降或者丧失；另一方面，家中其他有劳动能力的成员也因需要照顾病人而相应减少工作时间影响家庭经济收入。三是贫困地区农村医疗卫生优质资源严重不足，患者选择县外就诊的，治疗费用总支出中的非医疗费用部分如交通、食宿等费用较平时成倍增长。四是偏远、落后贫困地区的医疗卫生基础设施投入不足，缺少专业人才，必要的检查难以进行，许多疾病没有做到早发现、早治疗，往往使小病熬成大病。②

---

① 卫计委. 因病致贫、因病返贫占建档贫困户总数42%［N/OL］. 中国新闻网（2016-06-21）. http：//news. sohu. com/20160621/n455530046. shtml.

② 刘平. 关于在精准扶贫中积极发挥健康扶贫作用的建议［N/OL］. 人民网（2016-09-22）. http：//hlj. people. com. cn/n2/2016/0922/c220024-29046231. html.

为了进一步掌握因病致贫、因病返贫贫困人口的患病情况，2016 年 4 月，国家卫生计生委印发《关于开展建档立卡农村贫困人口因病致贫因病返贫调查工作的通知》，要求各地开展精准扶贫建档立卡农村贫困人口因病致贫、因病返贫调查工作。2016 年 6 月，国家卫生计生委与国务院扶贫办等 15 部委联合发布《关于实施健康扶贫工程的指导意见》，强调对患大病和慢性病的农村贫困人口进行分类救治。从 2016 年起，对农村贫困家庭中患有儿童急性淋巴细胞白血病、儿童急性早幼粒细胞白血病、儿童先天性心脏房间隔缺损、儿童先天性心脏室间隔缺损、食管癌、胃癌、结肠癌、直肠癌、终末期肾病等 9 种大病患者进行集中救治，制订诊疗方案，明确临床路径，控制治疗费用，减轻贫困大病患者费用负担。需要住院维持治疗的，如尿毒症、重性精神病，由就近具备能力的医疗机构进行治疗；需要长期治疗和康复的，如高血压、糖尿病，由基层医疗卫生机构在上级医疗机构指导下实施治疗和康复管理。据统计，2016 年全国累计实施医疗救助 8720. 4 万人次，其中住院救助和门诊救助 3099. 8 万人次，资助困难群众参加基本医疗保险 5620. 6 万人，支出救助资金 298. 7 亿元。[①]

新时期，党中央、国务院将实施健康扶贫工程作为精准扶贫、精准脱贫基本方略的重要内容，列为打赢脱贫攻坚战的七大行动之一。[②] 2016 年 7 月，国家卫计委负责人在全国健康扶贫工作会议上指出，要完善全民医保制度，进一步增强防大病、兜底线能力；继续提高“新农合”人均政府补助标准，形成与经济发展水平和居民收入状况相适应的可持续筹资机制；进一步提高门诊和住院费用实际报销比例。基本医保对农村贫困人口要给予更多扶持，建立与大病保险、医疗救助、商业健康保险等制度的衔接机制，实现“三覆盖、两倾斜、两加大、一窗口”，协同互补，形成保

① 民政部. 2016 年全国累计实施医疗救助 8720. 4 万人次 [N/OL]. (2017-02-21). http://news. 163. com/17/0221/16/CDQI0D3S00018AOQ. html.

② 王培安. 全面实施健康扶贫工程 [J]. 行政管理改革，2016，4.

障合力。[①] 为进一步加强农村低保和扶贫开发两项制度在对象范围、支付政策、经办服务、监督管理等方面的衔接，充分发挥制度效能，2017 年 2 月，民政部等 6 部门印发《关于进一步加强医疗救助与城乡居民大病保险有效衔接的通知》（民发〔2017〕12 号），对经大病保险报销后仍有困难的低保对象、特困人员、建档立卡贫困人口、低收入重度残疾人等困难群众（含低收入老年人、未成年人、重病患者）实施重特大疾病医疗救助，积极探索做好因病致贫家庭重病患者的救助工作。

案例

贵州省有关医疗救助制度的做法

2016 年 12 月 19 日，贵州省人民政府办公厅就转发省民政厅等单位《贵州省农村最低生活保障制度与扶贫开发政策有效衔接实施方案》（黔府办函〔2016〕255 号）规定：加强医疗救助制度与健康扶贫政策衔接，资助建档立卡贫困人口参保参合。对纳入低保范围的建档立卡贫困户参保参合个人缴费部分按每人每年不低于 30 元的标准给予资助；对特困人员、孤儿参保参合个人缴费部分给予全额资助；对其他农村建档立卡贫困人口参合个人缴费确有困难的，由县级人民政府按照脱贫攻坚规划整合相关资金予以资助。将贫困人口全部纳入重特大疾病医疗救助范围，对特困人员、低保对象中的长期保障户及 80 岁以上老年人、精准扶贫建档立卡贫困人口中的重大疾病患者合规住院费个人自付部分，给予年度住院最高救助限额内全额救助，经医疗救助后仍有个人自付合规住院费用的，再通过实施医疗扶贫、临时救助以及慈善援助帮助解决。对低保对象中的重点保障户和

① 全国健康扶贫工作会议在兰州召开［N/OL］. 中国青年报（2016-07-07）. http：//ccn.people.com.cn/n1/2016/0707/c366510-28532143.html.

一般保障户、精准扶贫建档立卡的大病患者合规住院费个人自付部分，按年度基本住院最高救助限额内不低于70%的比例给予救助。（牵头单位：省民政厅、省卫生计生委，市〔州〕人民政府，贵安新区管委会；责任单位：省财政厅、省扶贫办，县〔市、区、特区〕人民政府）

五、贫困人口面临的暂时性困难与社会救助的救急难

改革开放以来，我国政府不断加大扶贫力度，成立了专门的扶贫工作机构，即国务院贫困地区经济开发领导小组（1993年改名为“国务院扶贫开发领导小组办公室”），在全国范围内开展以农村扶贫开发为中心的减贫行动，先后实施了《国家八七扶贫攻坚计划（1994—2000年）》《中国农村扶贫开发纲要（2001—2010年）》《中国农村扶贫开发纲要（2011—2020年）》等政策，减贫措施既包括农村农业基础设施建设，提高贫困人口收入水平，也包括提供社会保障和卫生、教育、文化等公共服务。《决定》（中发〔2015〕34号）强调实施精准脱贫方略，包括特色产业、劳务输出、易地搬迁、生态保护、教育、医疗、低保以及健全特殊群体关爱服务体系等，实现到2020年农村贫困人口摆脱贫困的任务。至此，我国农村反贫困领域已经形成了由生存型扶贫政策（如低保救助、特困人员供养、医疗、教育和住房救助等）、支持型扶贫政策（如农业补贴、教育补贴等）和开发型扶贫政策（如产业项目）三者构成的政策体系。①

（一）减贫项目面临的挑战

1. 劳动力转移对减贫项目“落地”的影响。外出务工是贫困人口脱贫的最主要路径。大量研究表明，过去30多年里中国在减贫方面取得的重

① 王春光. 社会治理视角下的农村开发扶贫问题研究［J］. 中共福建省委党校学报，2015，3.

要成就主要归因于持续快速的经济增长。1980—1985年，农业经营制度改革带来了农业经济快速增长，使得这一阶段成为中国减贫人口数量最多的时期；从1985年至今，经济增长通过劳动就业增加、基础设施改善、公共服务普及等多种方式让贫困人口直接受益，为缓解农村贫困提供了坚实的经济基础，为贫困人口的大幅减少做出了重大贡献。但近年来全球经济增长出现低迷，中国经济增长速度放缓，同时劳动力成本逐年上升，劳动力密集型产业逐渐失去优势进而开始向其他国家和地区转移，产业结构开始朝着资本密集型和知识密集型产业转移。从当前中国农民的收入结构来看，外出务工的工资性收入是家庭收入的重要来源，也是农民脱贫致富的重要途径，贫困人口就业的门槛将会逐渐提高，这对中国减贫将是一个很大的挑战。

“空心村”“留守老人、妇女和儿童”等现象严重。随着工业化、城镇化的不断推进，农村贫困地区人口外出务工的比例逐年提高。虽然从2011年以来，农民工总量增速开始出现放缓的趋势，但农民工总量仍然在增加（见图6-8）。据国家统计局发布的《农民工监测调查报告2016》显示，全国农民工总量达到2.82亿人，其中以青壮年为主，占到总量的80.8%。农村劳动力转移对扶贫开发工作具有重要的影响：一方面，包括贫困户在内的众多农民通过劳动力转移提高了收入，实现了脱贫。劳动力转移就业与人力资源培训等是扶贫部门常用的专项扶贫措施；另一方面，农村劳动力大量向城镇转移，特别是青壮年劳动力的加速外流，导致贫困地区农村的空心化和老龄化现象加重。欠发达地区的农村社区，劳动力短缺现象很普遍，不少贫困家庭尤其缺乏健康劳动力。在这种情况下，扶贫部门在村、户两个层面实施的以增收为直接目标的产业扶持项目，如发展经济作物、推广家畜养殖等，普遍面临着项目实施主体缺失或因人力资本不充分而导致的失效风险。①

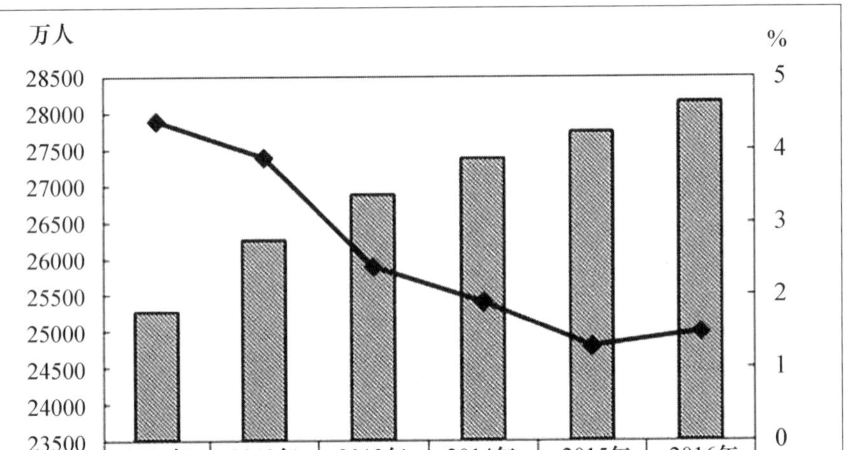

	2011年	2012年	2013年	2014年	2015年	2016年
规模	25278	26261	26894	27395	27747	28171
增速	4.4	3.9	2.4	1.9	1.3	1.5

图 6-8　2011—2016 年我国农民工总数及增速变化

资料来源：根据国家统计局所发布的 2016 年农民工监测调查报告整理。

2. 地方缺乏开发式扶贫必备的条件。开发式扶贫注重提升贫困地区和贫困人口的自我发展能力，主要的做法包括优惠政策向贫困地区和贫困人口倾斜、改善贫困地区基础设施和公共服务、产业扶贫、劳动力转移培训、小额信贷、移民搬迁等。经过 30 多年的努力，具备自我发展能力的个人和家庭，通过国家支持的生产资料进行生产或其他致富途径，逐步摆脱了贫困。剩下的贫困人口不论在人力资本、社会资本、经济地理条件，还是贫困程度都比已脱贫对象差很多，主要是缺乏正常的劳动能力或基本生存条件的人群。

开发式扶贫要想达到预期的目标，需具备两个条件：（1）贫困人口相

① 李小云，汪三贵．宣战 2020——中国扶贫报告［R］．凤凰国际智库研究报告，2016.

对集中，具有明显的地域性。（2）有赖于贫困人口的自我发展能力。然而，当前的农村剩余贫困人口大多不能满足这两个条件：（1）贫困人口的地理分布呈现为既相对集中又遍布全国的格局。在这种情况下，立足于地域发展的开发式扶贫显然难以覆盖这些分散的贫困人群。（2）在当前的农村贫困人口中，相当一部分人是因残疾或大病等原因失去劳动能力。对于他们而言，开发式扶贫的边际效益几乎为零。这也是导致中国近年来农村减贫速度呈现减缓趋势的主要原因之一。[①] 很显然，对于这一部分贫困家庭来说，社会政策兜底是帮助他们脱离困境的最有效路径。

3. 减贫项目难以规避的风险。以产业扶贫项目为例，谁来开发项目、开发什么项目、怎么开发项目、项目效益如何分配等影响着反贫困的效果。首先，项目的实施需要强有力的执行者。由于农村青壮年劳动力大量外出，产业项目的劳动力条件缺乏。很多地方都坚持能人带动原则，倾向选择那些愿干、会干、能干的人来实施扶贫项目。通常情况下，有一定经济实力的家庭都不是贫困家庭。真正参与和享受项目的对象或是公司，或是党员干部、带薪乡镇干部，抑或是经济实力本身就不错的农户，贫困人员基本上被排除在项目之外，或者只能获得很少的溢出收益、土地流转租金。那些将土地流转出来后的农民不一定能在其他地方找到工作，种植项目产生效益之前农民的收入来源是否存在？[②] 再者，农业扶贫项目规模化、产业化存在很大的市场风险。农产品价格下降，农户从农业生产中获得的收入出现了下降和低迷徘徊趋势。[③] 2015 年山西省某国家贫困县红枣迎来了大丰收，但 4000 万斤的产品却只卖出去一半，大部分烂在了地里。枣农贾海民说，往年都有人上门来收枣，如今却还没人来收。往年我把枣运往陕西西安卖，销量好、价位也不错，如今我怕拉一车枣去外地不仅卖不出

① 樊纲，王小鲁. 收入分配与公共政策［M］. 上海：上海远东出版社，2005.

② 王春光. 社会治理视角下的农村开发扶贫问题研究［J］. 中共福建省委党校学报，2015，3.

③ 中国发展研究基金会. 在发展中消除贫困［M］. 北京：中国发展出版社，2007.

去，还得赔上运费。产业项目的成功，需要具备其他条件，如农户合作组织、产业技术服务体系、市场销售服务体系以及金融支持体系等。

（二）社会救助的救急难

1. 应对农村贫困的新特点。中国的农村贫困具有两个重要的社会经济背景条件：一是中国农村仍具有基本的内部公平性，二是中国农村家庭的农业生产开发水平已经不低，中国农村系统内部具有基本的公平和效率。在此背景下，中国目前的农村贫困具有如下的时代特征：在经济性的收入贫困存在的同时，社会性的支出贫困成为重要问题；暂时性贫困容易得到解决而长期贫困（或慢性贫困）成为反贫困中的难题，与之相联系的还出现了代际贫困现象；文化人类学意义上的区域性贫困与生理学意义上的个体性贫困越来越突出；加大的社会不平等以及与社会排斥相联系的弱势群体、脆弱群体及其衍生的问题时有出现；社会转型与市场波动双重风险下的脆弱性与保障不足成为重要的致贫因素。

传统的以生产发展为主干的开发式扶贫（尽管2015年以来有所改变）难以有效地适应和解决上述这类贫困问题，需要在扶贫方法上进行创新，加强贫困人口的社会安全保护网，形成（包括生产发展与人力资本发展的）开发式扶贫与（包括社会保障、社会权利救济在内的）社会保护式扶贫并举的格局。① 最低生活保障制度、特困人员供养解决基本生活问题，医疗、住房、教育等救助制度解决专门问题，临时救助解决突发问题，社会力量帮助解决个性化突出问题。对于有劳动能力但暂时或偶尔陷入贫困的家庭，如果能够给予及时的、有针对性的临时性救助，则无疑会增加他们摆脱困境的机会。否则，暂时的困境很可能会导致长期贫困。这部分人群往往是由突发性事件或新生的家庭需求而致贫，致贫的原因以及致贫后

---

① 左停. 贫困的多维性质与社会安全网视角下的反贫困创新［J］. 社会保障评论，2017，2.

的家庭情况也往往是很不同的，因此，对这类家庭的救助必须针对其致贫原因和家庭自救能力实施相应的、个性化的救助方案。

2. 发挥社会救助制度的优势。社会救助制度能够帮助困难家庭度过暂时的困难，从而避免他们因一时的困境而导致生产能力受损失。例如，向在“新农合”报销医药费后仍有困难的家庭提供医疗救助；在减免农村义务教育阶段的学杂费的基础上，向贫困和低收入家庭的子女在义务教育阶段以后的学习实施教育救助，既有人力资本投资的作用，也可以减缓近年来愈益严重的因子女上学致贫的问题。[①] 目前，教育救助是消除贫困的最有效方法之一，其特点是通过减免、资助等方式，帮助贫困人口获得接受教育的机会，提升人力资本，最终摆脱贫困。

社会救助体系中，以低保、特困人员供养制度为主的基本救助制度和以医疗、教育、住房和就业救助等为主的专项救助制度能及时、有效地发挥社会救助保基本、兜底线的作用。同时，社会救助体系仍存在短板，遭遇突发性、紧迫性、临时性生活困难的群众救助问题仍缺乏相应的制度安排，迫切需要全面建立临时救助制度，发挥救急难功能。2014 年 5 月，国务院颁布的《社会救助暂行办法》规定，国家对因火灾、交通事故等意外事件，家庭成员突发重大疾病等原因，导致基本生活暂时出现严重困难的家庭，或者因生活必需支出突然增加超出家庭承受能力，导致基本生活暂时出现严重困难的最低生活保障家庭，以及遭遇其他特殊困难的家庭，给予临时救助。

同年 10 月，国务院发布《关于全面建立临时救助制度的通知》（国发〔2014〕47 号），这标志着我国已经全面建立临时救助制度，将填补社会救助体系的空白，进一步巩固我国民生保障的安全网。目前，申请临时救

① 徐月宾，刘凤芹，张秀兰. 中国农村反贫困政策的反思——从社会救助向社会保护转变[J]. 中国社会科学，2007，3.

助的人员被限定在以下五类家庭或个体：城乡低保家庭、农村五保对象、城乡低收入家庭、当地人民政府认定的其他特殊困难家庭和在居住地居住、就业一年以上且符合居住地人民政府规定的低收入家庭认定条件的农民工等人户分离家庭。据民政部发布的数据，2015 年临时救助 655.4 万户次，其中，按属地分类救助本地户籍家庭 633.5 万户次，非本地户籍家庭 21.9 万户次①。对于因残疾、患重大疾病、突发性事件等导致刚性支出较大的家庭，尽可能通过临时救助制度来解决。例如，设立专项应急救助周转金。

为更好地满足农村贫困人口的就业需求、解决就业救助正激励效果不显著的问题，2016 年，人社部提出要求实施多项脱贫措施，包括“使每个有参加职业培训意愿的贫困劳动力每年都能接受至少 1 次免费就业培训”“建立和完善输出地与输入地劳务对接机制”“对跨省务工的贫困劳动力给予交通补贴”等，以期在多个方面增加就业对于贫困人口的吸引力，降低外出打工成本、提高打工收益程度。此外，国家对住房救助，灾害救助，生活无着的流浪、乞讨人员提供临时食宿，急病救治、协助返回等救助工作也高度重视。但在当前，我国农村专项救助和临时项目的发展相对滞后，远落后于城市，加强和完善农村社会救助体系尤为重要。②

---

① 民政部. 2015 年社会服务发展统计公报 [R/OL]. (2016-07-12). http://www.mca.gov.cn/article/sj/tjgb/201607/2016070000113.

② 左停，贺莉，赵梦媛. 脱贫攻坚战略中低保兜底保障问题研究 [J]. 南京农业大学学报(社会科学版)，2017，4.

·第七章·

社会保障与扶贫开发的衔接与协作

贫困的表征形形色色，既包括基本需求不足、脆弱性等绝对意义的贫困，也包括社会排斥、社会不平等等相对意义的贫困。纵观反贫困政策的变迁，我国农村减贫工作可归纳为六个阶段：1949—1985 年的救济式减贫和体制改革推动扶贫阶段；1986—1993 年的大规模开发式扶贫阶段；1994—2000 年的“八七”扶贫攻坚阶段；2001—2010 年的第一个扶贫开发纲要阶段；2011—2014 年的第二个扶贫开发纲要前期阶段以及 2015—2020 年的打赢脱贫攻坚战的新阶段（见表 7-1）。[①] 习近平总书记就新时期扶贫攻坚工作强调，要解决“怎么扶”的问题，按照贫困地区和贫困人口的具体情况，实施“五个一批”工程，即发展生产脱贫一批、易地扶贫搬迁脱贫一批、生态补偿脱贫一批、发展教育脱贫一批、社会保障兜底一批。由此，社会保障兜底扶贫成为新阶段精准扶贫、精准脱贫的重要路径之一。

表 7-1　改革开放以来我国农村减贫历史演变

时间	阶段	贫困特征	瞄准对象	减贫措施
1949—1985 年	经济发展和体制改革，让一部分人先富起来	普遍低收入，没有专门的贫困概念	不特定	家庭联产承包责任制、放宽农产品价格、发展乡镇企业

① 左停. 贫困的多维性质与社会安全网视角下的反贫困创新［J］. 社会保障评论，2017，2.

续表

时间	阶段	贫困特征	瞄准对象	减贫措施
1986—1993年	大规模开发式扶贫阶段	区域性贫困	贫困县	设立扶贫工作机构、确定以县为对象的瞄准机制、设立专项扶贫资金
1994—2000年	“八七”扶贫攻坚阶段		贫困县/村	入户项目支持、最低生活救助、教育卫生扶贫、科技扶贫、劳动力转移、生态移民
2001—2010年	第一个扶贫开发纲要阶段	大分散、小集中	贫困县/村	“一体两翼”、整村推进，农村低保制度的推出和两项制度衔接的提出
2011—2014年	第二个扶贫开发纲要前期	全面建设小康社会下的扶贫	片区、贫困户	专项扶贫、行业扶贫、社会扶贫、区域开发式扶贫、扶贫与社会保障制度等多样化扶贫措施
2015—2020年	打赢脱贫攻坚战新阶段	全面建设小康社会下的脱贫	建档立卡户、村、县	精准扶贫方略的提出，“五个一批”等多举措的脱贫方法，“大扶贫”格局真正形成

社会保障兜底扶贫旨在当前精确识别和划分贫困人口类型的基础上，对于无法通过自我积累、自我发展实现脱贫致富的那部分贫困人口，采取最低生活保障、社会救助、社会保险、社会福利等多元化的农村社会保障形式予以救助和支持，以保障其基本生存，使其不再陷入贫困或返贫境

地，并确保 2020 年贫困人口全部脱贫以及全面建成小康社会目标的实现。① 社会保障制度中，与兜底脱贫有关的社会保险制度主要是农村居民养老保险和医疗保险，社会福利制度主要是敬老院、福利院设施建设，以老年人、孤儿、残疾人等特殊群体为主要对象的服务供给等，发挥核心作用的是社会救助制度特别是最低生活保障制度。至于兜底的具体做法，一要加强农村扶贫标准与农村低保标准的统筹衔接；二要加大其他形式的社会救助的力度，对因灾、因病等造成的临时贫困群众及时给予救助；三要加强农村低保与城乡养老保险、五保供养等社会救助制度的统筹衔接；四要加大医疗救助、临时救助、慈善救助等帮扶力度，把贫困人口全部纳入重特大疾病救助范围，保障贫困人口大病得到医治。②

扶贫绝不仅仅是某个部门的责任，也绝不是某个单项的扶贫政策能够独立解决的，脱贫战役打响以来，社会保障相关部门对脱贫攻坚工作积极响应，从各自的角度提出了相应的应对贫困的政策措施（见表 7-2）。

表 7-2 社会保障相关部门对脱贫攻坚的政策响应

时间	政策文件名称
2015 年 10 月 15 日	民政部等《关于做好农村最低生活保障制度与扶贫开发政策有效衔接的指导意见》
2016 年 6 月 21 日	卫计委等《关于实施健康扶贫工程的指导意见》
2016 年 8 月 12 日	人社部《关于在打赢脱贫攻坚战中做好人力资源社会保障扶贫工作的意见》
2016 年 8 月 25 日	发改委等《关于进一步完善社会救助和保障标准与物价上涨挂钩联动机制的通知》

① 黄承伟，叶韬．脱贫攻坚省级样本［M］．北京：社会科学文献出版社，2016.
② 姬升峰．社会救助政策在脱贫攻坚中如何兜底［J］．中国民政，2016，5.

续表

时间	政策文件名称
2016 年 10 月 21 日	教育部等《普通高中建档立卡家庭经济困难学生免除学杂费政策对象的认定及学杂费减免工作暂行办法》
2017 年 1 月 16 日	民政部等《关于进一步加强医疗救助与城乡居民大病保险有效衔接的通知》
2017 年 2 月 10 日	中国残联《贫困残疾人脱贫攻坚行动计划（2016—2020 年）》
2017 年 3 月 2 日	卫计委《农村贫困住院患者县域内“先诊疗，后付费”工作方案》
2017 年 4 月 6 日	教育部《关于做好 2017 年重点高校招收农村和贫困地区学生工作的通知》
2017 年 4 月 21 日	卫计委等《健康扶贫工程“三个一批”行动计划》
2017 年 6 月 27 日	民政部等《关于支持社会工作专业力量参与脱贫攻坚的指导意见》
2017 年 7 月 3 日	教育部等《关于进一步加强全面改善贫困地区义务教育薄弱学校基本办学条件中期有关工作的通知》
2017 年 7 月 12 日	中国残联《关于做好贫困重度残疾人家庭无障碍改造工作的通知》
2017 年 7 月 31 日	卫计委等《关于印发“光明扶贫工程”工作方案的通知》
2017 年 8 月 10 日	人社部等《关于切实做好社会保险扶贫工作的意见》

资料来源：根据相关网站公布信息查询整理。

从已有的脱贫政策框架来看，开发式扶贫与保障性扶贫并举的大扶贫格局已经形成，在这种情况下，不同政策和制度的衔接就十分重要。社会保障与减贫措施的衔接主要聚焦在最低生活保障制度与扶贫开发政策两项制度有效衔接以及医疗救助、医疗保险与大健康扶贫等政策衔接这两大领域；同时，教育救助制度与教育扶贫政策衔接、农村危房改造与易地搬迁政策衔接、易地扶贫搬迁与劳动就业促进相结合、资产收益扶贫与弱能群体帮助相结合等领域在脱贫攻坚行动中也开始受到广泛关注。从各地的实践来看，社会保障与扶贫开发政策尚未实现真正的有效衔接，甚至出现了脱节现象，造成了现实矛盾、执行不协调和适用性混乱等问题，导致扶贫资源的浪费和工作的低效。[①] 制度衔接问题需要尽快解决，因为切实做好社会保障制度与扶贫开发政策的有效衔接工作，可以减少因制度不一造成的问题，形成合力提升两项制度的实施绩效，使社会保障成为国家治理的重要工具。此外，其他方面的制度也需要进行常态化、制度化的衔接与分工协作。

一、最低生活保障制度与扶贫开发政策的有效衔接

（一）最低生活保障制度与扶贫开发政策的衔接

为切实解决农村贫困人口的生活困难，2007 年，中央决定在全国建立农村最低生活保障制度（简称“低保”），这标志着我国农村扶贫工作进入了开发扶贫和低保救助“两轮驱动”的新阶段。在低保与扶贫开发成为我国农村反贫困的两项基本制度之后，两项制度的衔接问题成了一个长期被关注的政策问题，即如何整合有效衔接两项制度，形成反贫困合力。2015 年中共中央、国务院《关于打赢脱贫攻坚战的决定》要求低保标准较低的地区要逐步达到国家扶贫标准，尽快制定农村最低生活保障制度与扶贫开发政策有效衔接的实施方案，抓紧建立农村低保和扶贫开发的数据互通、资源共享信息平台，实现动态监测管理、工作机制有效衔接。

2016 年，民政部等 6 部门联合发布了《关于做好农村最低生活保障制

---

① 左停，贺莉. 制度衔接与整合：农村最低生活保障与扶贫开发两项制度比较研究［J］公共行政评论，2017，3.

度与扶贫开发政策有效衔接的指导意见》（以下简称《指导意见》），其主要目的是通过农村低保制度和扶贫开发政策的有效衔接，形成政策合力，对符合低保标准的农村贫困人口实行政策性保障兜底，确保到2020年现行扶贫标准下农村贫困人口全部脱贫。该《指导意见》提出要在政策、对象、标准、管理四个方面加强衔接。

1. 政策衔接。对符合农村低保条件的建档立卡贫困户，按规定程序纳入低保范围，并按照家庭人均收入低于当地低保标准的差额发给低保金。对符合扶贫条件的农村低保家庭，按规定程序纳入建档立卡范围，并针对不同致贫原因予以精准帮扶。对返贫的家庭，按规定程序审核后，相应地纳入临时救助、医疗救助、农村低保等社会救助制度和建档立卡贫困户扶贫开发政策的覆盖范围。对不在建档立卡范围内的农村低保家庭、特困人员，各地统筹使用相关扶贫开发政策。贫困人口参加农村基本医疗保险的个人缴费部分由财政给予补贴，对基本医疗保险和大病保险支付后个人自付费用仍有困难的，加大医疗救助、临时救助、慈善救助等帮扶力度，符合条件的纳入重特大疾病医疗救助范围。

2. 对象衔接。县级民政、扶贫等部门和残联要密切配合，加强农村低保和扶贫开发在对象认定上的衔接。完善农村低保家庭贫困状况评估指标体系，以家庭收入、财产作为主要指标，根据地方实际情况适当考虑家庭成员因残疾、患重病等增加的刚性支出因素，综合评估家庭贫困程度。进一步完善农村低保和建档立卡贫困家庭经济状况核查机制，明确核算范围和计算方法。

3. 标准衔接。《指导意见》要求各地要加大省级统筹工作力度，制定农村低保标准动态调整方案，确保所有地方农村低保标准逐步达到国家扶贫标准。农村低保标准低于国家扶贫标准的地方，要按照国家扶贫标准综合确定农村低保的最低指导标准。农村低保标准已经达到国家扶贫标准的地方，要按照动态调整机制科学调整。进一步完善农村低保标准与物价上涨挂钩的联动机制，确保困难群众不因物价上涨影响基本生活。各地农村低保标准调整后应及时向社会公布，接受社会监督。

4. 管理衔接。对农村低保对象和建档立卡贫困人口实施动态管理。乡镇人民政府（街道办事处）要会同村（居）民委员会定期、不定期开展走访调查，及时掌握农村低保家庭、特困人员和建档立卡贫困家庭的人口、收入、财产变化情况，并及时上报县级民政、扶贫部门。县级民政部门要将农村低保对象、特困人员名单提供给同级扶贫部门；县级扶贫部门要将建档立卡贫困人口名单和脱贫农村低保对象名单、脱贫家庭人均收入等情况及时提供给同级民政部门。健全信息公开机制，乡镇人民政府（街道办事处）要将农村低保和扶贫开发情况纳入政府信息公开范围，将建档立卡贫困人口和农村低保对象、特困人员名单在其居住地公示，接受社会和群众监督。

（二）最低生活保障和扶贫开发两项制度的比较

农村最低保障制度与扶贫开发都是我国反贫困的重要举措，是我国缓解农村贫困重要的基本制度安排。两项基本制度的互嵌可以有效地发挥各自的制度优势，互相补充，进而提升整体的反贫困效果。①

1. 低保与扶贫开发政策的政策设计与基本运行情况。最低生活保障和扶贫开发两项制度在农村反贫困的宏观目标上具有一致性，都是帮扶贫困人口。但两项制度的起源和发展路径是不一致的，它们有着各自不同的政策目标、比较优势和相关风险（见表 7-3）。而正是由于其政策重点的不同，才能实现政策效应互补、形成帮扶合力。

---

① 左停. 开发式扶贫与低保之衔接互嵌［J］. 中国经济报告，2016，10.

表 7-3　低保与扶贫开发两项制度的比较

	最低生活保障制度	开发式扶贫制度
总体目标	帮扶贫困人口	帮扶贫困人口
管理体系	专门化的社会救助行业管理	跨部门的扶贫开发协调体系
对象识别的基本标准	各地根据当地收入水平、消费水平和财政能力制定的低保标准	国家统计局根据收入调查测算并颁布的统一的国家贫困线
实际工作中的相关标准采用和数量	2015 年全国 2850 个县级行政区中 54.8%低保标准低于国家贫困线；592 个贫困县中 84%低保标准低于国家贫困线。农村低保人口在全国各省均有分布，总数为 4903 万	2011 年的标准为农民人均纯收入 2300 元，2015 年调整为 2855 元。贫困人口分布在中西部的 22 个省市自治区。2015 年贫困人口数量为 5310 万①
制度绩效目标设计	低保政策本身发端于城市，城乡、东中西省份（自治区、直辖市）均有低保人口分布，低保体现出的是长期的、制度化的地方政府对本地贫困群体的帮扶，低保的绩效目标不包括减少贫困人口	目前政策话语下的贫困只是农村贫困、甚至只是 22 个省的贫困，扶贫体现出的是中央动员下全社会对贫困地区贫困人口的帮扶，扶贫绩效目标为减少贫困人口
主要识别方法	低保对象的规模是自下而上汇总，但财政资源是约束低保对象数量的一个因素。基层采取收入调查、家庭经济状况核对、社区评议等方法	总体来说贫困人口数量是自上而下分解形成的。在基层主要采取基本收入调查、生活条件调查、社区评议等识别办法

① 国务院扶贫办信息中心提供的数据，与 2015 年国民经济和社会发展统计公报的 5575 万数据略有差距。

续表

	最低生活保障制度	开发式扶贫制度
主要政策支持路径	通过现金转移支付，增加低保对象的收入，属于“救助”性政策	改善穷人的生产能力，增加产出和收入，具有“投资”的性质
工作重点	低保重在“输血”，强调对象的最低需求保障，通过财政的转移支付手段，直接将现金补助发放到低保对象手中。除了低保的现金补助外，医疗、教育等其他社会救助项目也以低保对象为主要的政策目标群体	扶贫开发重在“造血”，针对扶贫对象特点开展不同的扶贫项目和就业带动家庭脱贫。除了瞄准个体和家庭外，扶贫开发还包括一系列对连片特困地区、重点县和贫困村的开发扶持
制度优势	低保政策的现金转移支付具有直接性、显著性、广泛适用性和实施成本低的特征	开发式扶贫能够增加贫困者的发展能力和发展的可持续性，产生更多的制度外溢效应
制度风险	在社会转型时期，容易造成政策对象的“福利依赖”，以及不同人群的心理失衡	在人口老龄化和市场经济条件下，开发式扶贫项目成功的风险在加大

资料来源：左停. 开发式扶贫与低保之衔接互嵌［J］. 中国经济报告，2016，10.

当然，两项制度在基层也都面临工作难度大的现实困境。由于两项制度本身的形成路径不一，具体做法有很大的差别，造成的结果也必然会有差异。比如扶贫标准和低保标准的形成过程以及相联系的目标群体的数量是不一样的。另外，扶贫开发是以减少贫困人口的数量为重要政策目标，而低保政策目标并不是减少贫困人口数量。

此外，还有一些涉及政策覆盖范围的问题也值得关注。比如目前“打赢脱贫攻坚战”政策话语下的贫困只是涉及农村地区而不包括城市地区，甚至只是涉及中西部22个省的农村地区；扶贫体现出的是中央动员全社会对贫困地区贫困人口的帮扶，扶贫绩效目标是减少贫困人口；但低保政策本身发端于城市，城乡地区、东中西部省份均有低保人口分布，低保体现出的是长期的、制度化的地方政府对地方困难群体的帮扶，低保的绩效目标不包括减少贫困人口，甚至会鼓励地方政府关心民生把更多财政资源投向低保、把困难群体尽量纳入低保。早先的两项制度衔接达成过“扶贫管有发展能力的、低保管无发展能力”简单理解，这一理解在基层扶贫工作实践中仍普遍存在，已直接影响到低保“应保皆保”“应扶尽扶”目标的实现。

2. 低保和扶贫开发政策两项制度目标对象的标准设置。目前，我国扶贫标准和低保标准处于两线分离的状态。我国农村扶贫人口（建档立卡贫困人口）原则上是按照国家统计局确定的国家扶贫线，通过一定的推算办法得出各地的贫困人口，这是一个自上而下的过程。而低保标准的制定是地方省市政府的事权，上级政府只是进行统计汇总（加权）。低保兜底是指向家庭人均收入低于当地最低生活保障标准的贫困家庭给予差额现金救助，使其收入高于贫困线，从而实现低保“兜底”脱贫的目标。

各地每年都要确定一个低保标准，这个标准是由省市级人民政府按照能够维持当地农村居民全年基本生活所必需的吃饭、穿衣、用水、用电等费用来确定。最低生活保障标准实际制定时，既可能考虑农民最低生活需要、物价上涨指数等因素，也可能会考虑财政资源能力。

截至2015年底，全国31个省（区、直辖市）中有16个省份的农村低保平均标准低于国家贫困线2855元。全国有2850个县级行政区域，其中农村低保标准低于国家贫困线2855元的县级行政区域有1562个，占到全国县级行政区域总数的54.8%。中西部贫困地区有832个国家级扶贫重点县，其中农村低保标准低于国家贫困线的重点县有708个，占到贫困地区扶贫重点县总数的85.1%；农村低保标准低于国家贫困线70%的重点县有

157个，占到贫困地区扶贫重点县总数的18.9%。592个国家扶贫开发工作重点县农村低保标准主要集中在2000~2600元之间，农村低保标准低于国家贫困线的有93个（见表7-4）。

表7-4 2015年贫困地区832个县农村低保标准与国家扶贫线的比较

	扶贫重点县（个数）	低于国家贫困线2855元		低于1998.5元（国家贫困线的70%）	
		个数	占比	个数	占比
河北	46	46	100.0%	0	0
山西	36	35	97.2%	2	5.6%
内蒙古	30	5	16.7%	0	0
黑龙江	8	0	0	0	0
吉林	20	4	20.0%	2	10.0%
安徽	20	19	95.0%	7	35.0%
江西	24	0	0	0	0
河南	38	36	94.7%	25	65.8%
湖北	28	17	60.7%	0	0
湖南	40	40	100.0%	33	82.5%
广西	33	33	100.0%	5	15.2%
海南	5	0	0	0	0
重庆	14	14	100.0%	0	0
四川	66	62	93.9%	39	59.1%
贵州	66	64	97.0%	5	7.6%
云南	88	85	96.6%	16	18.2%
西藏	74	65	87.8%	11	14.9%
陕西	56	53	94.6%	0	0
甘肃	58	50	86.2%	3	5.2%

续表

	扶贫重点县（个数）	低于国家贫困线2855元		低于1998.5元（国家贫困线的70%）	
		个数	占比	个数	占比
青　海	42	40	95.2%	0	0
宁　夏	8	8	100.0%	2	25.0%
新　疆	32	32	100.0%	7	21.9%
合计	832	708	85.1%	157	18.9%

数据来源：根据民政部官网公布的低保数据得出。

同一省份不同地域农村低保标准的差异也较大，地方在确定低保标准时会受到财力、服务能力的影响，所以《关于打赢脱贫攻坚战的决定》明确要求贫困地区确保2020年前低保标准不低于国家贫困标准。但即使两项制度的标准实现名义上一致，在技术层面的差距还很大，主要是农民人均可支配收入的计算内容和方法两个系统存在很大的差距。

3. 低保和扶贫开发政策两项制度覆盖人口差异。农村扶贫对象理论上是国家统计局根据全国农村住户抽样调查的收入和消费及全国统一的贫困线计算出来的；但在扶贫攻坚中，一般的理解是社保兜底重点对象应该包括五保户和低保户。其中，一个焦点问题是收入水平在贫困线下或低保标准下的其他有一定能力的贫困人口是否应该被低保所覆盖。宏观层面来说，低保对象应该全部涵盖在扶贫标准之内，但微观的结果却不是这样。低保救助侧重"输血"，民政部门作用于家庭人均收入低于当地最低生活保障标准的贫困人口；扶贫开发强调"造血"，主要对那些具有劳动能力和脱贫愿望的贫困户进行帮扶，其中既包括符合这个条件的低保对象，也包括低保标准之上扶贫标准之下的其他贫困家庭。

从建档立卡贫困对象和低保对象的吻合度来看，两项制度的覆盖率差异很大（见表 7-5）。截至 2015 年底，全国共有建档立卡贫困人口 5310 万，农村低保人口 4903 万，总量数字似乎差别不大，但实际覆盖吻合的只有 1888 万。建档立卡贫困人口中，纳入低保范围的只有 35.6%；农村低保人口中，纳入建档立卡贫困人口的仅占 38.5%。在脱贫攻坚主战场的全国 832 个扶贫重点县中，共有建档立卡贫困人口 3501 万，农村低保人口 2354.3 万，总量数字差异很明显，实际覆盖吻合的仅有 1167.2 万。其中建档立卡贫困人口纳入农村低保的仅占 33.3%，低保对象纳入建档立卡贫困的为 49.6%。以中部地区某国家级贫困县为例，截至 2016 年 3 月底，该县共有建档立户贫困对象 12239 户、36012 人，农村低保对象 13532 人。其中低保对象和扶贫对象相吻合的只有 6271 人，仅占到全县建档立卡贫困人口总数的 17.4%，还不到其农村低保人口总数的一半。

表 7-5 建档立卡贫困人口和农村低保人口的相互吻合情况

（单位：万人）

区域	建档立卡贫困人口	其中，纳入农村低保的人口		低保人口	其中，纳入建档立卡的人口	
		人数	比重		人数	比重
全国	5310	1888	35.6%	4903.2	1888	38.5%
东部 9 省市	210	102	48.6%	731.8	102	13.9%
中西部 22 省	5100	1786	35.0%	4171.4	1786	42.8%
832 扶贫重点县	3501	1167.2	33.3%	2354.3	1167.2	49.6%
592 个国扶县	2942	986	33.5%	2016.4	986	48.9%
中西部其他县	1599	618.8	38.7%	1817.1	618.8	34.1%

数据来源：根据国务院扶贫办信息中心提供的数据和民政部官网公布的低保数据计算得出。

（三）农村低保制度与开发式扶贫政策的衔接与整合

随着脱贫攻坚工作的推进，剩下的大都是贫困程度较深的贫困人口，开发式扶贫的减贫效应渐弱。农村低保能为剩余贫困人口提供基本的生活保障，其所发挥的作用也愈加重要，正在成为农村反贫困的重要工作。两项制度的衔接互嵌，需要通过在政策、对象、标准和管理方面的有效协作，对符合低保标准的农村贫困人口实行政策性保障兜底，减少因制度不一造成的缝隙和叠加问题。同时，农村低保制度并非一种孤立的社会制度，低保政策背后挂钩着一些社会救助政策、社会保险政策以及社会福利政策。贫困也是一个系统工程，涉及产业发展、金融支持、生态保护、易地搬迁、教育、社会救助等多个领域，涉及党组织、政府、社会、市场多个行为主体，需要形成反贫困的协作治理框架。扶贫与低保制度的衔接也包括扶贫开发与“新农保”“新农合”、教育救助、移民政策等多项社会政策的有机结合①。此外，制度衔接也不只是局限在民政和扶贫两个系统，跨部门信息共享和分工协商也都是必不可少的。只有这样反贫困工作才能形成整体合力，形成各方力量各司其职、各展其长、责任共担的机制。

1. 制度衔接与分工协作。两项制度总体上讲应有同有异，在政策瞄准群体方面应该尽量一致，而在政策措施上则应保持区分度，随着精准扶贫、精准脱贫工作的深入，两项制度的覆盖群体的吻合情况应该会逐步改善。伴随着社会转型，需要衔接的制度安排不仅仅是扶贫开发和低保，其他方面的制度安排也需要进行常态化、制度化的衔接与分工协作。当前，两项制度分工协作的基本目标是确保到 2020 年，通过低保的兜底保障作用，使得无法通过其他帮扶措施增加收入、减少支出的农村贫困人口（包括建档立卡贫困户、长期低保户、五保户、困难残疾人)，收入水平不低于贫困线，同时通过其他措施保障他们的住房、医疗和义务教育等方面的基本权利。

---

① 谢有林，谢百胜. 农村低保与扶贫开发如何有效衔接的调查与思考 [J]. 老区建设，2009，21.

跨部门协作是扶贫攻坚工作两项制度衔接所面临的难题。一般来说，精准扶贫的牵头单位是当地的扶贫开发领导小组和扶贫办，帮扶政策落实需要相关部门的支持。目前，危房改造、易地搬迁、生态补偿、劳务输出、金融扶贫、教育、医疗和住房救助等脱贫措施需要发改、农业、林业、人力资源和社会保障、卫计、财政、民政、教育、住建等多个部门衔接，分工合作。扶贫工作既需要不同部门之间横向衔接，也包括同一部门内部自上而下的纵向衔接。中央正在要求三分之一的贫困县开展涉农资金的县级整合，就涉及条条块块的纵向衔接、横向衔接问题。

2. 制度覆盖对象及其识别标准的衔接。扶贫开发已经经历了近 40 年历程，一直存在重开发轻对象识别的现象，至今全国还没有统一贫困人口识别技术和方法。长远来看，要坚持扶贫线与低保线在贫困线基础上“底线合一”，要以统一定义的收入为基础，适当考虑家庭财产核查、民主评议等因素。近期，在脱贫攻坚工作中，要逐步和适度增加贫困地区两个帮扶对象人群的互包互含的比例。切实落实民政部等六部委的最新意见，对符合农村低保条件的建档立卡贫困户，按规定程序纳入低保范围，并按照家庭人均收入低于当地低保标准的差额发放低保金；对符合扶贫条件的农村低保家庭，按规定程序纳入建档立卡范围，并根据不同致贫原因予以精准帮扶，使其逐步具备不同程度的自我发展能力。

近年来，中央和民政部都已经要求各地逐步调整低保标准，低保标准不低于动态调整后的国家贫困线，这样才能保证贫困人口的“两不愁”问题的解决。2015 年，全国农村低保平均标准已经超过了国家贫困线（见表 7-6）。但实际上，正如前文所述，中西部省份重点扶贫县，尤其是 592 个国家扶贫开发工作重点县还有很多是需要追赶的。随着低保标准的提高，可以预期，建档立卡对象中会有更多的贫困户需要纳入低保兜底范畴。此外，贫困县在制定低保标准时，如果盲目提标，很可能会引发两个群体之间的攀比，制度衔接机制的积极效应就难以发挥。

表 7-6 我国扶贫标准的变化和追赶中的低保标准

（单位：元）

指 标	2011 年	2012 年	2013 年	2014 年	2015 年
农民人均纯收入	6077	7977	8896	9892	11422
贫困地区农民人均纯收入	3985	4602	5389	6090	6828
扶贫标准	2536	2625	2736	2800	2855
全国农村低保平均标准	1718	2068	2434	2777	3178

数据来源：作者根据《中国统计年鉴 2016》和民政部网站公布的数据整理得出。

3. 其他社会保障政策的挂钩型衔接。2014 年，《社会救助暂行办法》（以下简称《办法》）的出台标志着我国的社会救助事业朝着法制化方向迈进了一步。在《办法》中，医疗、就业、教育以及住房等社会救助制度都与低保身份有着紧密联系，甚至可以说相绑定。而在地方政策的操作中，低保身份还和电费、供暖、高龄等福利性补贴政策息息相关。随着脱贫攻坚工作中实现贫困人口“两不愁、三保障”目标的提出，贫困人口与医疗、养老等社会救助制度和社会保险制度以及一些社会福利政策间产生强关联性，农村建档立卡贫困人口除了能在经济上获得政府补贴外，还能享受到与“贫困户”身份相挂钩的社会保障政策。精准扶贫战略提出后，我国的扶贫工作从开发式扶贫向大扶贫格局转变。

2015 年，习近平总书记在减贫与发展高层论坛上首次提出“五个一批”的脱贫措施，其中社会保障兜底一批是最后一批，旨在通过构建社会安全网保障贫困人口的基本生活。这一要求将进一步推进两项制度从单一的低保制度与扶贫开发衔接向两项制度以及与二者的挂钩性社会救助、社会保险和社会福利政策的衔接和配合，使农村低保对象和建档立卡贫困对象在相关社会保障政策上均享受同等的政策权益，例如教育救助政策和教育福利政策、重特大疾病救助特惠政策和基本医疗保险政策、危房改造政策、补贴性福利政策以及其他特惠政策。两项制度衔接中，这些挂钩优惠政策在一定程度上满足了低收入群体多样化的生产生活需求，更能有效地缓解低收入人口的贫困问题，改善基本生活状况。

二、医疗保障制度与扶贫开发政策的有效衔接

疾病是导致贫困的最主要的原因，这决定了医疗保障制度与低保制度以及扶贫开发紧密相关。我国现行的医疗保障体系主要由基本医疗保险、医疗救助和补充医疗保险三个部分组成，它们有着不同的基本定位和边界。其中，基本医疗保险是“保基本”而不是“包基本”，医疗救助是满足基本医疗需求而不是改善性需求，补充医疗保险必须是补充“基本保障之外”的部分①。虽然这三种体系在一定程度上都缓解了农民“看病难、看病贵”的问题，但毋庸置疑的是，我国农村的医疗保障体系仍面临很多问题。比如从供给与需求来看，一是以大病为主的医疗保障难以满足农民多样化的实际需求；二是医疗救助范围和对象较窄且救助能力不足；三是忽视初级卫生保健，当前农村疾病模式正在向以慢性病为主转变，农民的疾病负担也大幅度提高；四是不但缺乏高素质的专业从业人员，而且缺乏现代医学诊疗的基本器械，现代医学基本的化验和治疗条件尚不能满足。②

疾病已经成为当前贫困增量产生的主要原因之一，解决疾病特别是大病困扰成为我国脱贫攻坚需要啃的“硬骨头”。截至 2015 年底，我国现有的 7000 多万贫困农民中，因病致贫返贫的占 42%。2016 年 6 月，国家卫生委与国务院扶贫办等 15 部委联合发布《关于实施健康扶贫工程的指导

---

① 左停，徐小言. 农村“贫困—疾病”恶性循环与精准扶贫中链式健康保障体系建设［J］. 西南民族大学学报（人文社科版），2017，1.

② 周建波，刘源. 我国农村医疗保障体系发展模式初探——基于新型农村合作医疗的分析［J］. 财政研究，2011，4.

意见》，其目的是到 2020 年贫困地区人人享有基本医疗卫生服务，农村贫困人口大病得到及时有效的救治保障，个人就医费用负担大幅减轻；贫困地区重大传染病和地方病得到有效控制，基本公共卫生指标接近全国平均水平，人均预期寿命进一步提高，孕产妇死亡率、婴儿死亡率、传染病发病率显著下降；连片特困地区县和国家扶贫开发工作重点县至少有一所医院（含中医院，下同）达到二级医疗机构服务水平，服务条件明显改善，服务能力和可及性显著提升；区域间医疗卫生资源配置和人民健康水平差距进一步缩小，因病致贫、因病返贫问题得到有效解决。

通过完善基本医保、大病保障、医疗救助和商业补充保险政策等方式，织密健康扶贫保障网，提升贫困人口的医疗保障和健康水平，探索建立一条完整的农村健康保障链，是补齐短板，解决因病致贫、因病返贫问题的重要手段。根据保障链的保障内容和效果，可以分成四个层次：预防层、基础层、补充层和托底层。四个层次层层递进，在贫困—疾病陷阱的每个阶段，都能切断并加以控制风险的侵袭（见图 7-1）。同时，要建立各阶段保障的衔接，既包括每种保障制度上的衔接，如“新农合”与医疗救助的衔接、“新农合”与商业保险的衔接、初级卫生保健与“新农合”的衔接、医疗救助与健康扶贫的衔接，也应包括管理上的衔接，如统一法律政策、统一信息平台和医疗保险待遇的衔接，发挥协同互补作用，充分发挥医疗保障制度在预防干预和减少贫困方面的作用。

（一）健康保障链的预防层：家庭和初级卫生保健

1. 家庭健康：基础性环节。家庭保障并不是正式的医疗保障制度，但该保障方式的保障面广，形式灵活多样，是农村医疗保障体系中最原始的保障方式和最需重视的保障层次。之所以把家庭放在农村健康保障链的开端，一方面，从某种程度上讲，家庭是疾病产生的源头；另一方面，家庭又是医疗风险分散、化解的基础。首先，疾病的产生尤其是慢性病跟家庭

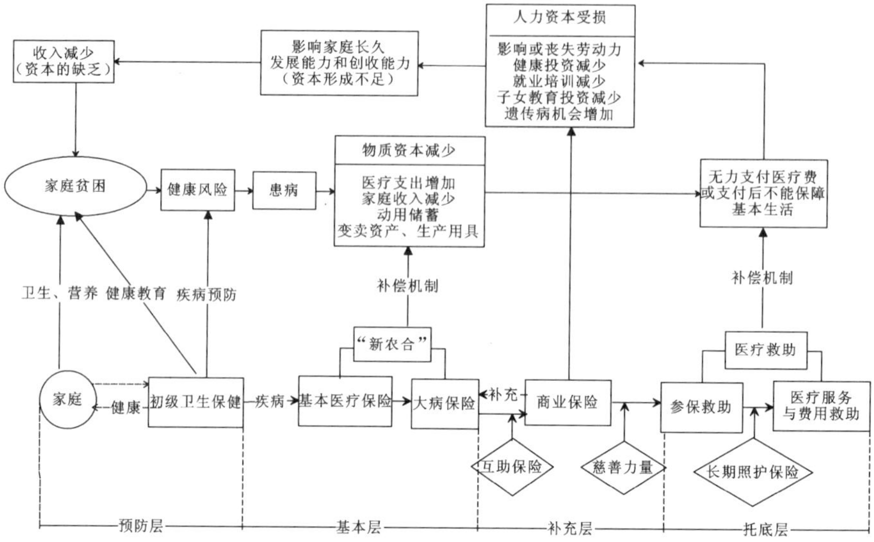

图 7-1　健康保障链切断贫困循环作用图

来源：左停，徐小言. 农村“贫困-疾病”恶性循环与精准扶贫中链式健康保障体系建设［J］. 西南民族大学学报（人文社科版），2017，1.

生活习惯和个人生活方式息息相关。其次，先天性疾病和家族遗传病同样是产生健康隐患的重要因素。当家庭成员中有人因为生病无法有效获取资源从而难以生存时，家庭就发挥资源共享和风险分担的功能。[①] 实现家庭内资源的重新配置，使该家庭成员享受家庭为其提供的保障。对于数额不是很大的医疗费用，可以用手头拥有的现金或者存款来支付。但是，当家庭收入或储蓄数额无法支付医疗费时，不得不采用其他筹资方式，比如出售家庭资产（包括生产性和生活性资产）、减少食物支出、提前出院或转诊到收费低的医疗机构、让子女辍学外出打工等。再次，基于血缘、地缘等关系的扩展家庭以及社区的互助行为对家庭的健康风险同样具有化解作

① 洪秋妹. 健康冲击对农户贫困影响的分析［D］. 南京农业大学，2010.

用，包括亲友间的借贷、赠予，社区成员间的互助等。

2. 初级卫生保健：控制疾病的产生和发展。目前，我国农村初级卫生保健包括传染病的控制、孕妇儿童的管理、农村卫生条件的改善、健康教育与健康促进、公共卫生问题法制化、提高中医药服务水平、提高常见病的诊疗水平、加强与“新农合”的合作8项内容。为什么初级卫生保健如此重要？首先，初级卫生保健是促进卫生公平最有效的方式。保证人人都能享有最基本的卫生服务是初级卫生保健的目的，它强调的是平等的健康权利，提供初级卫生保健的条件不是个人的支付能力而是基于公民权，并且优先覆盖贫困人群和弱势人群。其次，重视初级卫生保健有利于控制医疗费的快速上涨，不但能减少农村居民的医疗费用支出，同时也能减轻国家负担。一是疾病的预防成本要远远低于治疗成本；二是初级卫生保健在疾病预防上强调采用的是符合成本效益的适宜技术，而不是生病之后医生为患者采用的昂贵技术；三是初级卫生保健有利于改善卫生服务机构依靠向病人收费赚取收入，希望患者越多越好、越严重越好的错误激励机制；四是有利于病人的合理分流，减少二三级医院处理多发病常见病等简单疾病造成的资源浪费，以缓解看病难的矛盾。再有，初级卫生保健是应对慢性病和传染病、控制健康风险发生的重要手段。当前农村的疾病模式是以慢性病为主，慢性病与家庭饮食、卫生条件、个人身体素质息息相关，大部分慢性病都是由个人的生活方式导致的，所以就慢性病而言，采取“上游策略”，促进居民形成健康的生活方式和饮食习惯，改善卫生环境，预防疾病发生，控制健康风险的发生；即使疾病已经发生，初级卫生保健也会采取“早发现、早治疗”并且跟踪防治的措施，减少慢性病和传染病的疾病负担。

（二）健康保障链的基础层：新型农村合作医疗保险制度

为解决农民的基本医疗保健问题，2002年10月中共中央、国务院

《关于进一步加强农村卫生工作的决定》提出，建立以大病统筹为主的新型农村合作医疗制度。我国新型农村合作医疗包括基本医疗保险和大病保险。“新农合”是由政府组织、引导、支持，农民自愿参加，个人、集体和政府多方筹资，以大病统筹为主的农民医疗互助共济制度。根据《关于做好2015年新型农村合作医疗工作的通知》的规定，全国各级财政对“新农合”的人均补助标准在2015年的基础上提高60元，达到380元，其中中央财政对120元部分的补助标准不变，对260元部分按照西部地区80%、中部地区60%的比例进行补助，对东部地区各省份分别按一定比例补助。农民个人缴费标准在2015年的基础上提高30元，全国平均个人缴费标准达到每人每年120元左右。从理论上讲，新型农村合作医疗能够切断健康恶化与贫困的恶性循环链条，其作用点在于补偿制度能够减轻农户的医疗负担以及医疗服务的提供能够改变农村居民健康投资不足的现状。

基本医疗保险基本解决了农村居民的多发病、常见病的门诊取药和住院问题，不同级别的门诊和医院报销比例不同，最高报销比例可达到90%。慢性病是造成因病致贫、因病返贫的重要原因。慢性病具有病因复杂、周期性长、隐匿性大、可逆性小、愈后差和致残率高的特点，这些特点导致慢性病患者除了患病期间需要住院治疗外，平时也需要依靠药物维持身体健康，防止病情的恶化，花费很高。根据慢性病的来源分布情况看，占据全部慢性病75%的农村居民常见慢性疾病中，就包括高血压、糖尿病等几乎难以治愈的内分泌失调类疾病，也包括了诸如椎间盘疾病、肠胃炎、胆结石与胆囊炎、慢性肺部疾病等病情发作状况相对不稳定，病症对于病人活动能力影响较大的病种，还包括了脑血管病、缺血性心脏病等难以治愈，却在病症发作的短时期内若得不到救助，则极易致命、致残的高风险病种。这些慢性病患者因为长期的病痛或许丧失了劳动能力，但是他们每年用于医药费的支出很高，很多农户难以承受慢性病带来的经济负担，常常会因为经济问题放弃治疗，如国家第四次卫生服务调查数据显示农村居民应就诊而未就诊率高达 37.8%，这样的直接后果就是贻误病情，将小病拖成大病，原本在门诊用较低的医疗支出就可以控制的疾病，最后需要付出几倍的费用还并不一定能够根治。[①]

城乡居民大病保险制度是对大病患者高额医疗费再次补偿的一项制度安排，需要说明的是，经过整改，大病并不是指包含几种或十几种病种的医疗保险，而是指个人年度累计负担的合规医疗费用超过当地城镇居民上一年度年人均可支配收入或农民年人均纯收入，就给予高额医疗费用的补偿，否则就可能发生灾难性的医疗支出。也就是说基本医疗保险报销后，大病患者发生的高额医疗费用可以进行二次报销。在报销比例上，大病患者在基本医疗保险报销后仍然需要个人承担的医疗费用，最低给予 50%的报销，医疗费用越高支付比例也要越高。2015 年国务院办公厅等 6 部门联合发布了《关于开展城乡居民大病保险工作的指导意见》，优先将 20 种“新农合”重大疾病纳入城乡居民大病保险范围，先由“新农合”按照不低于 70%的比例进行补偿，对补偿后个人自付超过大病保险补偿标准的部分，再由城乡居民大病保险按照不低于 50%的比例给予补偿，力争避免农村居民发生家庭灾难性医疗支出。运行机制上，采取向商业保险机构购买大病保险的方式，由商业保险机构负责经办，通过合同形式承办大病保险业务。商业保险机构提供大病保险的运营、承保、理赔等具体服务，并且建立与政府医保部门、定点医疗机构之间互联互通、医疗费用数据实时共享的信息系统。[②] 商业医疗保险可以对“新农合”提供范围上和程度上的补充，由它承办大病保险有一定的优势。其一，由商业保险公司管理和承担风险，能够进一步制约医疗机构和医疗费用，提升大病保险的运行效

① 徐小言. 农村健康保障链构建研究——基于“贫困—疾病”陷阱的视角［D］. 中国农业大学，2017.

② 周竞. 商业保险机构经办大病保险的可持续研究——以合肥市城镇居民大病保险为例［D］. 贵州财经大学，2014.

率；其二，商业保险机构所具有的专业技术优势能够提高大病保险的统筹层次，增强抗风险能力，保障效应放大；其三，有利于构建农村健康保障链，推动健康保险业的发展。

（三）健康保障链的补充层：医疗互助、商业保险和慈善救助

医疗互助、商业保险和慈善力量位于保障链的补充层，是医疗保险的延伸。首先，医疗互助保险位于社会保险和商业保险之间，它可以吸收两者的长处，避免两者的短处。互助保险是由一些有共同要求和面临共同风险的人自愿组织起来，预交风险损失补偿分摊金的一种保险形式。医疗互助并不是占有主导地位的疾病风险应对制度，但是因为具有公益性、灵活性、群众性和互济性的特征，却一直作为一种化解社会成员疾病风险的补充形式存在，它集中了人的共同意愿，是群众自发兴办的、自筹资金的互助行为，对减轻社会成员自付治病费用负担、防范社会成员疾病风险起到了拾遗补阙的作用。

其次，商业保险是以营利为目的的商业行为，其特点是保障程度多样化、经营范围广泛、覆盖面积大和经营手段灵活，它可以为农户提供不同层次、不同需求的医疗服务保障，可以和“新农合”互相补充，主要表现在两方面。其一，保障作用和范围上的互补性。“新农合”只能提供低层次和低标准的医疗保障，必须在一定范围内进行保障，只针对普遍性的健康风险进行保障；商业保险可以满足农户更高层次的医疗保障，如重大疾病医疗保险、生死两全险、意外保险等。其二，实施方式上的互补性。“新农合”无需审核参合农民的健康状况、经济情况等；而商业保险要求投保人健康状况良好以及必须要有保费缴纳的能力，有利于控制逆向选择现象的发生。所以，在基本医疗保险制度的基础上，引导社会个体购买商业医疗保险、护理保险，有利于提高个体和整体抗击疾病风险的能力、降

低社会成员重大疾病资金自付风险。[①] 当然，除了医疗商业保险，农户还可以通过购买教育、就业保险来保障人力资本不受损失。

慈善力量放在保障链中商业保险与医疗救助之间，因为慈善救助是对医疗救助的一种补充，通过吸引社会慈善力量能够增强医疗救助的能力，但是又无法作为一种正式的具有托底功效的制度。为了避免因病致贫、因贫致病，及时救助因患重大疾病而陷于困境的农户，需要很大规模的医疗救助资金。但医疗救助从来不仅仅是政府行为，而是一种由政府资助、慈善资金和各种道德力量支持的社会性公益行为。所以，通过动员社会慈善资源，为受困群体提供多种多样的医疗救助，是我国构建多层次医疗保障体系的重要组成部分。

（四）健康保障链的托底层：医疗救助和长期照护保险

大病保险并不能保证所有的大病患者都不发生灾难性支出。对于贫困与弱势群体，这部分人有很高的医疗需求，但不具备医疗费用的负担能力，此时，医疗救助就需要发挥托底救急的功能。也就是说，向没有能力参保和即使参保也没有能力支付医疗费用的贫困人群提供医疗救助，例如农村的五保户、低保户、优抚对象以及因灾致贫、因病致贫等特别贫穷的农户。

1. 医疗救助。为缓解农村贫困农民就医难的问题，进一步配合新型农村合作医疗工作的开展，2003 年，民政部、卫生部、财政部联合制定《关于实施农村医疗救助的意见》，起初的救助对象主要限定在低保对象和五保户，救助内容包括参保救助和医疗服务与费用救助两部分。参保救助是为那些无力参保的农户提供参保缴费救助，根据个体情况的不同部分或全部减免参加新农合的费用；医疗服务和费用救助是指在经过医疗保险报销

① 邓微. 整合各种力量构建多层次医疗保障体系［J］. 湖南师范大学社会科学学报，2014，5.

以外的政策范围内的医疗费用的救助或者是提供直接的医疗服务，这类救助具体分为：普通疾病门诊医疗救助、普通疾病住院医疗救助、特殊病种医疗救助和大额费用医疗救助。比如，贫困地区全面实施免费孕前优生健康检查、农村妇女增补叶酸预防神经管缺陷、农村妇女“两癌”（乳腺癌和宫颈癌）筛查、儿童营养改善、新生儿疾病筛查等项目，推进出生缺陷综合防治，做到及早发现、及早治疗。建立残疾儿童康复救助制度，逐步实现0~6岁视力、听力、言语、智力、肢体残疾儿童和孤独症儿童免费得到手术、辅助器具配置和康复训练等服务。加强贫困地区孕产妇和新生儿急危重症救治能力建设，加强农村妇女孕产期保健，保障母婴安全。加大对贫困地区计划生育工作的支持力度，坚持和完善计划生育目标管理责任制，加大对计划生育特殊困难家庭的扶助力度。

医疗救助是帮助救助对象摆脱因病致贫的重要手段，也是维护社会公平的需要。首先，同新型农村合作医疗一样，医疗救助也是解决贫困恶性循环问题的有效途径。贫困导致营养不良，营养不良导致患病，患病导致进一步贫困。贫困既是患病的原因又是患病的结果，这是一种危险的互动，对人口质量造成了严重威胁，它损害了人的基本权利，使得人口的可持续发展成为不可能，并会最终摧毁社会发展所积累的全部成果。[①] 医疗救助通过补偿机制切断“贫困-疾病”循环链，是逐步摆脱贫困的治本之策。其次，公平是卫生服务和医疗保障的最高原则。但是我国目前的卫生服务的利用是不公平的，收入高的人群对医疗保险的利用率往往高于那些低收入的人群。其主要原因就在于收入高的人有足够的经济实力去支付医疗保险里规定的起付线和封顶线以上的自付费用，而收入低的人群面对高昂的医疗费却不敢去医院看病，导致高收入人群的医疗服务的利用率越来越高，低收入人群的医疗服务利用率越来越低。这完全违背了社会医疗保

① 王保真，李琦．医疗救助在医疗保障体系中的地位和作用［J］．中国卫生经济，2006，1.

险的最终目的和意义。而医疗救助通过参保救助和费用救助增加了贫困人口可获得和利用的基本卫生服务，改善了贫困人口的健康状况，提高了卫生服务的公平性，有利于社会的稳定和和谐社会的构建。

2. 长期照护保险。2012 年修订的《老年人权益保障法》明确规定：国家逐步开展长期护理保障工作，保障老年人的护理需求。从我国现有的医疗保障体系现状来看，无论是医疗保险还是商业保险，都无法解决因为疾病、年老而导致失能、半失能人口长期照护的资金问题。建立长期照护保险不但可以减轻家庭照护的人力负担，也能减轻家庭照护的财力负担。所谓长期照护保险，就是指在很长的一段时间内，持续地为患有慢性病或者处于伤残状态下的人提供照顾和护理的服务。涉及内容广泛，包括生活照料、康复护理、精神慰藉、社会交流和临终关怀等，[①]护理的费用由社会保险系统来支付。目前，我国对长期照护保险的建立正在进行一系列的探索。"十三五"规划纲要指出，探索建立长期护理保险制度，开展长期护理保险试点，建立以居家为基础、社区为依托、机构为补充的多层次养老服务体系，统筹规划建设公益性养老服务设施，支持面向失能老年人的老年养护院、社区日间照料中心等设施建设。全面建立针对经济困难高龄、失能老年人的补贴制度。民政部发布的"十三五"规划指出，鼓励有条件的地方开展政策性长期护理保险试点，推广长期护理商业保险产品。建立健全长期照护项目的内涵、服务标准、质量评价等行业规范和体制机制，探索建立从居家、社区到专业机构等比较健全的专业照护服务体系，保障老年人长期护理服务需求。2016 年 8 月，人社部印发《关于开展长期护理保险制度试点的指导意见》，决定在河北、吉林、上海、重庆等 15 地开展长期护理保险制度试点。

---

① 肖云，王冰燕. 中国建立长期照护保险的必要性与路径 [J]. 社会福利（理论版），2013，6.

案例

江苏省宿迁市出台针对低收入农户的大病补充保险制度

为积极探索精准扶贫新机制，有效缓解因病致贫、因病返贫难题，2016年江苏省宿迁市出台了《关于建立低收入农户大病补充保险制度 切实缓解因病致贫问题的意见》（宿政发〔2016〕85号），以“十三五”期间参加基本医疗保险的全市建档立卡低收入农户（包括一般贫困户、低保贫困户和五保贫困户）为对象，开展大病补充保险工作。通过保险制度对基本医疗（新型农村合作医疗保险和城镇居民医疗保险）和大病保险保障进行有益补充，在基本医疗保险、大病保险、城乡医疗救助、疾病应急救助、贫困家庭儿童大病救助和临时救助等补偿的基础上再次补偿，以减轻建档立卡低收入农户医疗费用自付负担，努力构建缓解因病致贫、因病返贫问题的新机制，为脱贫致富奔小康增添新动力。

对纳入我市基本医疗保险和大病保险补偿范围的合规医疗费用经补偿后，剩余部分由大病补充保险再次补偿。其中，一般贫困户经基本医疗保险和大病保险等补偿后，合规医疗费用剩余部分适用大病补充保险补偿；低保贫困户和五保贫困户经基本医疗保险、大病保险和城乡医疗救助、疾病应急救助、贫困家庭儿童大病救助等补偿后，合规医疗费用剩余部分适用大病补充保险补偿。通过政府采购的方式选择规模大、实力强、信誉好的商业保险机构作为大病补充保险的承办保险机构。依托社会保险信息系统，自动标识建档立卡低收入农户，实行“一站式”服务，全程监控赔付和承办情况。

市、县（区）政府作为全市建档立卡低收入农户大病补充保险实施主体责任单位。各级卫计、人社部门会同扶贫部门和承办商业保险机构共同做好软件平台开发、数据采集、系统服务等工作；各级财政部门会同扶贫、卫计、人社、民政等部门统筹做好资金的安排保障工作；市扶贫办统筹做好建档立卡低收入农户认定把关等工作；承办保险机构应积极履行社会责任和精准扶贫义务，及时与现有医疗保险系统平台做好衔接并建立专业团队。

三、其他社会保障帮扶措施与扶贫开发政策的衔接与整合

20 世纪 80 年代开始，中国的扶贫聚焦在生产能力贫困方面，着眼于贫困人群的生产能力的提高，尤其是农业生产能力的提高，“授人以渔”，形成了中国特色的扶贫开发体系，这一方法对于解决生存型经济特别是具有发展潜力或意愿的人群的贫困问题是有效的。但随着市场经济导向的社会转型，一方面，许多贫困人口本身具有较高的脆弱性，外部环境中的风险对贫困人口造成的冲击也比非贫困群体要重大；另一方面，由于贫困人口缺乏社会安全保障机制，因此无法帮助贫困人口及时防范和化解风险。当社会风险造成的损失超过脆弱性人群的承受极限时，就会产生贫困。

（一）现有社会保障措施的“扶贫版”改造

当前中国减贫工作主要在两大统领性扶贫文件的指导下展开，即 2011 年的《中国农村扶贫开发纲要（2011—2020 年）》（以下简称《纲要》）和 2015 年的中共中央、国务院《关于打赢脱贫攻坚战的决定》（以下简称《决定》）。《纲要》指出，“坚持开发式扶贫方针，实行扶贫开发和农村最低生活保障制度有效衔接。把扶贫开发作为脱贫致富的主要途径，鼓励和帮助有劳动能力的扶贫对象通过自身努力摆脱贫困；把社会保障作为解决温饱问题的基本手段，逐步完善社会保障体系。实施易地扶贫搬迁、整

村推进、以工代赈、产业扶贫、就业促进、扶贫试点和革命老区建设的专项扶贫措施，明确部门职责、发展特色产业、开展科技扶贫、完善基础设施、发展教育文化事业、改善公共卫生和人口服务管理、完善社会保障制度、重视能源和生态环境建设的行业扶贫措施，加强定点扶贫、推进东西部扶贫协作、动员企业和社会各界参与扶贫等社会扶贫措施。”

《决定》在《纲要》所提出的扶贫总目标的基础上，又提出“确保我国现行标准下农村贫困人口实现脱贫，贫困县全部摘帽，解决区域性整体贫困的目标”。为了有效促进贫困人口脱贫，《决定》特别提出要进行医疗保险和医疗救助脱贫和农村最低生活保障制度脱贫，并针对留守儿童、留守妇女、留守老人和残疾人群体提出建立关爱服务体系，开始重视社会保障制度在扶贫开发行动中发挥作用。由此可见，中国减贫政策已经从单一的开发式扶贫向开发式扶贫和保护式扶贫并举转变。

2016 年，国务院根据前两个统领性文件以及《中华人民共和国经济和社会发展第十三个五年规划纲要》编制了《“十三五”脱贫攻坚规划》（以下简称《规划》），《规划》明确提出“贫困地区农民人均可支配收入比 2010 年翻一番”的目标，明确了产业发展扶贫、就业脱贫、异地扶贫搬迁、教育扶贫、健康扶贫、生态保护扶贫和社会扶贫的具体要求和内容，同时还提出注重健全社会救助体系与“三留守”人员和残疾人关爱服务体系建设，并且提高贫困地区基本养老保障水平的要求。此外，《规划》中还计划实施多项工程，例如特别针对农村劳动力的“春潮行动”、普惠性幼儿园建设扶贫工程、乡村教师支持计划、同舟工程、民族地区奔小康行动等。

表 7-7 社会保障政策兜底减贫政策（2015 年以来）

时间	文件（会议）	相关规定
2015 年 9 月	《关于全面建立困难残疾人生活补贴和重度残疾人护理补贴制度的意见》	符合条件的残疾人可同时申领困难残疾人生活补贴和重度残疾人护理补贴；既符合残疾人两项补贴条件，又符合老年、因公致残、离休等福利性生活补贴（津贴）、护理补贴（津贴）条件的残疾人，可择高申领其中一类；享受孤儿基本生活保障政策的残疾儿童不享受困难残疾人生活补贴，可享受重度残疾人护理补贴；残疾人两项补贴不计入城乡最低生活保障家庭的收入
2016 年 3 月	三级医院对口帮扶政策	签订对口帮扶责任书、提升临床专科服务能力、培养合格专业人才、提高医院管理水平、方便人民群众看病就医和开展远程医疗服务
2016 年 3 月	健康扶贫工程	“两提高、两降低”倾斜政策；选择经济负担重、社会影响大、治疗效果确切、诊疗路径清晰的 9 种大病实行单病种付费，控制费用总额；实行县域内农村贫困人口先诊疗后付费结算机制；全国三级医院“组团式”对口帮扶贫困县县级医院
2016 年 4 月	《民政部关于贯彻落实〈中共中央 国务院关于打赢脱贫攻坚战的决定〉的通知》	实行农村最低生活保障制度脱贫、开展医疗救助脱贫、特困人员救助供养政策、加大临时救助制度落实力度、做好农村“三留守”人员关爱保护工作等
2016 年 6 月	《关于实施健康扶贫工程的指导意见》	提出九大促进健康的工作任务

续表

时间	文件（会议）	相关规定
2016年9月	《关于做好农村最低生活保障制度与扶贫开发政策有效衔接的指导意见》	明确指出具体的政策衔接、对象衔接、标准衔接和管理衔接任务
2016年11月	贫困人口大病专项救治政策	建档立卡农村贫困人口患儿童先天性心脏病房间隔缺损、胃癌等9种疾病可纳入大病专项救治

资料来源：根据各部门历年发布的文件整理而成。

充分发挥社会保障的兜底功能，提供给贫困人口的救助与福利应当同时考虑本地区财政承受能力和福利在单个贫困家庭的累加程度；另外，也应当适当扩大救助的范围，注意到贫困边缘群体的基本生存和发展需求，防止出现“悬崖效应”现象的发生。与此同时，政策的衔接要做到“无缝隙”，既要防止“叠加”，又要防止“遗漏”。目前，一些地区在实践中落实社会救助和社会保障的扶贫兜底作用，如山东省实行低保、五保、大病医疗保险和临时救助同步保障，并出台规定和文件提出要兜底保障分散供养孤儿、困境儿童、低保高龄老人以及困难残疾人等特殊群体的基本生活，如此使得低保工作对象的年人均收入超过山东省扶贫标准。①

（二）与低保和扶贫开发对象关联挂钩的社会帮扶救助政策

2014年之前，扶贫开发以项目支持为主，一部分是到村的基础设施建设项目，属于全体村民共享的，而到户项目则要求资金跟着项目走，由于过去到户的发展项目支持力度并不大，再说项目也不一定会那么快地见成

① 姬升峰．社会救助政策在脱贫攻坚中如何兜底［J］．中国民政，2016，5.

效，农村贫困人口对“贫困户”的身份并不是十分在意，含金量低也是过去对建档立卡不太重视的原因之一。而低保是现金补助，农民称之为真金白银。同时，一些其他社会救助政策直接与低保身份挂钩，如医疗救助、住房救助、教育救助、临时救助和地方的一些物资救助等。一般的理解是低保对象的家计状况比普通的建档立卡贫困户更差，所以临时救助、地方性质的物资发放（救济粮、越冬衣被、越冬燃煤等）和慈善救助要更多地投向低保对象，致使低保户的含金量不断增加，这是低保政策一直比较敏感的原因之一。

《决定》颁布后，各个部门相继出台了一系列帮扶政策，这些政策的支持对象的身份不太一致，有些省份的支持对象既包括建档立卡贫困户，也包括低保户和五保户等，而有些省份的支持对象只提到建档立卡贫困户而忽略了低保户（如 2016 年云南的教育扶贫中的学费补贴政策没有包括低保户）。开发性的扶贫措施往往也没有包括低保户（实际上，即使是残疾人也会有不同程度的劳动能力）。具体实践中，如果两个群体享受到的政策支持内容有很大的不同，很容易在不同目标对象之间造成一些新的问题。反贫困整体治理水平难以提升，制度衔接不到位是其最突出的表现（见表 7–8）。①

表 7–8 不同帮扶政策对两个群体的覆盖情况

到户帮扶政策	建档立卡贫困户	低保户群体
扶贫金融贷款	重点覆盖	很少覆盖
产业扶贫	重点覆盖	很少覆盖
危房改造	覆盖	覆盖
易地扶贫搬迁	覆盖	很少

① 左停，贺莉．制度衔接与整合：农村最低生活保障与扶贫开发两项制度比较研究［J］．公共行政评论，2017，3.

续表

到户帮扶政策	建档立卡贫困户	低保户群体
教育救助	很少	覆盖
教育扶贫	覆盖	各地不一样，有的忽视低保户
医疗救助	没有	重点与低保身份挂钩
临时救助	较少	覆盖
健康扶贫	基本全覆盖	基本全覆盖
农民工就业	对跨省务工的贫困劳动力给予交通补贴	特殊岗位补贴岗位
临时物资发放	较少	较多
慈善救助	较少	较多

2015 年，习近平总书记提出实施“五个一批”解决好“怎么扶”的问题，即发展生产脱贫一批、易地搬迁脱贫一批、生态补偿脱贫一批、发展教育脱贫一批、社会保障兜底一批。2016 年，国务院印发的《规划》就包括产业脱贫、转移就业脱贫、易地搬迁脱贫、教育脱贫、健康脱贫、生态保护脱贫和兜底保障等。其中，在兜底保障方面不仅明确要完善农村最低生活保障制度，还提出贫困地区要健全特困人员救助供养制度，全面实施临时救助制度，积极推进最低生活保障制度与医疗救助、教育救助、住房救助、就业救助等专项救助制度衔接配套，推动专项救助在保障低保对象的基础上向低收入群体适当延伸，逐步形成梯度救助格局，为救助对象提供差别化的救助。

2012 年的国务院《关于进一步加强和改进最低生活保障工作的意见》提出要加强最低生活保障与其他社会救助制度的有效衔接，具体涉及医疗救助、教育救助、住房保障等社会救助政策、临时救助制度以及养老、医疗等社会保险制度。由此可见，两项制度衔接不仅仅是低保制度与扶贫开发政策的衔接，更涉及与医疗救助、教育救助、住房救助、临时救助以及社会养老保险和社会医疗保险等制度的衔接。淄博市政府根据《山东省最低生活保障管理办法》以及地区的实际情况采取了多项保障措施，使低保对象在教育、基本医疗（财政购买医疗保险）、重特大疾病救助、临时救助、惠民殡葬、危房改造、电费补贴、残疾及护理补贴、高龄老人补贴、计划生育奖扶金增加等生产、生活方方面面享有总共 33 项保障措施。

总体而言，扶贫开发挂钩的政策更倾向于能力开发和社会服务保障，而低保制度挂钩的救助政策更具有直接性转移支付特征。两项制度的挂钩政策既有重叠之处，也有相排斥之处。例如贫困对象和低保对象都可享受 3~6 个月的临时救助政策和政府财政代缴基本医疗保险的政策；贫困对象和低保对象都可领取高等教育学生补助，但补助水平有差异，低保对象为一次性救助 4000 元，而贫困对象为无差别定额补助，补助标准为每生每年 3000 元；贫困对象和低保对象都可享受残疾人救助政策，但救助水平不统一，分别为每人每月 90 元和每人每月 80 元。

案例

山东省淄博市临淄区的“精准扶贫+养老”模式

2016 年 7 月起，山东省淄博市临淄区众爱长者养护中心开始在全街道 38 个村、居（委会）推行养老服务与扶贫相融合的工作，该工作主要从两个方面开展：一方面，对本街道需要提供养老服务的老人进行摸底排查，对象为贫困户、五保户、失独家庭、重点优抚对象中 70 周岁以上的老年人，中华人民共和国成立前的老党员，百岁老人等精准养老对象 113 人，其中贫困老人 72 人。老人接受服务的方式有两种：一种是通过电话，另一种是服务人员入户为老人提供老人需要的服务。老人能够享受的服务内容多种多样，主要分为两个方面：一是生活上的照料，如洗衣、扫地、做饭、助浴理发、陪同就医、代购代办等；二是精神关怀，如护理人员经常陪老人聊天、帮助老人排解心中苦闷等。另一方面，街道从建档立卡的贫困户中，选择有劳动能力的扶贫对象（主要为妇女）开展护理技能培训，让这些贫困户作为护理人员上岗就业，为老人们提供养护服务。齐陵街道与淄博众爱长者养护中心签订了《精准养老服务协议书》，按照每照顾一位自理老人90元/月、不能自理和半自理老人130元/月标准进行补贴。淄博市临淄区齐陵街道的“养老+扶贫”模式同时解决了老人缺乏护理和扶贫对象中就业困难人群就近就业这两个问题，是将精准扶贫与精准养老相结合，形成了“精准扶贫+养老”模式。

（三）制定其他具有益贫帮扶效益的社会保障措施

为了进一步改善贫困群体的福祉，中央和各地政府提出和实践了许多面向贫困地区或贫困人群的保险和福利支持项目，实现基本公共卫生服务均等化或向贫困群体倾斜，实现义务教育、基本医疗和住房安全“三保障”。

在社会保险减贫方面，除了上文提及的医疗保险外，地方政府还积极探索其他政策性保险的减贫实践，为贫困户购买养老保险、农业保险等。例如部分东部地区地方政府还为贫困人口和低保对象提供全额或部分养老保险；河南省新县为贫困户购买农业保险，降低贫困户农业生产的风险。虽然这些措施也属于社会保险制度范畴，但由于政府部分或全部承担了贫困人口在保险中应履行的义务，从而为这些政策性保险增添了一份福利色彩。

全国绝大多数省份都设置了高龄补贴政策，只是不同地方的年龄划分与资助标准不尽相同。2009年宁夏回族自治区率先在全国建立了高龄津贴制度，随后该制度又在大多数省市地区实施（除山西、重庆、四川、贵州等少数地区外）。截至目前，全国已有26个省份出台了高龄津贴政策，20

个省份出台了养老服务补贴政策，17 个省份出台了护理补贴政策。[①] 2016 年，宁夏回族自治区 80~89 周岁城市和农村高龄老人每人每月补贴标准已分别增加到 400 元和 220 元，90 周岁以上城乡高龄老人每人每月的补贴标准已增加到 450 元。该制度主要针对 80 岁以上的老人（部分地区放宽到 80 岁以下），按照相应的梯度标准发放高龄老年补贴，在目标瞄准和补贴金额等方面表现出明显的地域性。这种拉开档次的高龄补贴实施成本相对较低，并且可以更好地瞄准救助对象，实现救助目标，对缓解农村低保对象老龄化问题发挥了重要作用。此外，一些地方还设置了能源、电力的福利补贴。

在健康福利方面，《规划》中指出，优先为建档立卡贫困人口单独建立电子健康档案和健康卡，推动基层医疗卫生机构提供基本医疗、公共卫生和健康管理等签约服务。继续实施光明工程，为贫困家庭白内障患者提供救治，费用通过医保等渠道解决，鼓励慈善组织参与。从 2016 年起，对贫困家庭患有儿童急性淋巴细胞白血病、儿童先天性心脏房间隔缺损、食管癌等疾病的患者进行集中救治。

案例

为白内障患者实施“光明工程”

2016 年，国家卫生计生委、国务院扶贫办、国家发展改革委等 15 部委制定的《关于实施健康扶贫工程的指导意见》提出，对患大病和慢性病的农村贫困人口进行分类救治。实施光明工程，为农村贫困白内障患者提供救治，救治费用通过现行医保制度等渠道解决，鼓励慈善组织参与。

---

① 民政部. 我国已有 26 个省份出台高龄津贴政策［EB/OL］.（2016-08-23）. http：//news.xinhuanet.com/politics/2016-08/23/c_1119441120.htm.

白内障是我国目前排名第一位的致盲性眼病，它严重影响了患者的身体健康和生活质量。白内障的主要症状有：视物模糊、无痛性视力下降、暂时性近视度数加深，严重者还会有单影、双影甚至多影现象。启动“光明工程”，为白内障患者实施免费复明手术，目的是为了解决白内障致盲、致贫问题。2010 年，第十五届“全国爱眼日”主题为“关注贫困人口眼健康，百万工程送光明”。卫生部和中国残联联合发布了《关于开展全国“爱眼日”活动的通知》，要求各级卫生行政部门和残联要面向基层贫弱人群，普及爱眼知识，重点宣传实施“百万贫困白内障患者复明工程”项目的成果。经确诊符合手术条件的白内障患者将获得免费手术治疗，按照 1300 元/例的标准开展，原则上采取“小切口白内障摘除加国产人工晶体植入术”。具体流程：由县残联牵头组成筛查队伍，县级医院眼科医生和各乡镇卫生院医务人员配合残联深入各乡镇、村，对白内障患者逐一进行普查、筛查、建档，摸清各乡镇白内障患者底数，尽可能让每位白内障患者享受政府免费治疗、重见光明的机会。筛查出来之后，各乡镇有计划地将患者送到县级医院眼科中心进行确诊复查，眼科中心组织为具备条件的白内障患者按限价内容实施免费复明手术。2010—2014 年，湖南省安乡县已有 2617 名贫困白内障患者重见光明。

在教育方面，《规划》指出，健全学前教育资助制度，帮助农村贫困家庭幼儿接受学前教育。为建档立卡贫困家庭学生以及非建档立卡的家庭经济困难残疾学生、农村低保家庭学生、农村特困救助供养学生实施普通高中免除学杂费。实施农村义务教育学生营养改善计划，以贫困地区和家庭经济困难学生为重点，通过农村义务教育学生营养改善计划国家试点、地方试点、社会参与等方式，逐步改善农村义务教育学生营养状况。中央财政为纳入营养改善计划国家试点的农村义务教育学生按每生每天 4 元（800 元/年）的标准提供营养膳食补助。鼓励地方开展营养改善计划地方试点，中央财政给予适当奖补。

案例

《陕西省教育扶贫实施方案》摘录

陕西省教育厅、扶贫办印发《陕西省教育扶贫实施方案》（陕教财〔2016〕29号），明确规定：（1）学前一年达到每生每年1300元的标准，免除保教费和补助公用经费；按照每生每年750元的标准，对贫困家庭幼儿、孤儿和残疾儿童接受学前教育进行资助。（2）对贫困家庭寄宿生按照每生每年小学1000元、初中1250元的标准补助生活费。实施好农村义务教育学生营养改善计划。（3）对建档立卡的贫困家庭普通高中和中等职业学校在校生免除学费，对贫困家庭普通高中学生每生每年发放2500元的助学金生活补助，对中等职业学校一、二年级在校贫困家庭学生每生每年发放2000元的助学金生活补助。对贫困家庭的中等职业学校和高等职业学校在校生，除享受国家教育资助政策外，每人再一次性给予3000元扶贫助学补助。逐步分类推进中等职业教育免除学杂费。从2016年秋季学期起，对全省普通高中学生免除学费。（4）对建档立卡的贫困家庭大学生每生每年发放6000元的助学金生活补助，学费、住宿费高出国家助学贷款限额部分，以及助学金生活补助超出国家助学金标准部分由所在高校从资助专项基金中全额补助。

为了解决住房安全，2016年7月6日，住房和城乡建设部印发《住房城乡建设事业"十三五"规划纲要》，按照优先帮助住房最危险、经济最贫困农户解决最基本安全住房的要求，加大农村危房改造力度，统筹推进农房抗震改造，基本完成现有农村危房改造任务。全国农村危房改造工作始于2008年，住房城乡建设部、国家发展改革委员会和财政部联合发布了《关于2009年扩大农村危房改造试点的指导意见》（建村〔2009〕84号）、《关于做好扩大农村危房改造试点工作的通知》（建村〔2010〕63号、建村〔2011〕62号和建村〔2012〕87号）和《关于做好农村危房改造工作的通知》（建村〔2013〕90号、建村〔2014〕76号和建村〔2015〕40号）。目前，中央补助标准为每户平均7500元，在此基础上对贫困地区每户增加1000元补助，对陆地边境县边境一线贫困农户、建筑节能示范户每户分别增加2500元补助。2016年以来，中央财政重点加大了对四类重点对象（即低保户、农村分散供养特困人员、贫困残疾人家庭和建档立卡贫困户）的危房改造支持力度。

为解决就业问题，2016年8月，人力资源和社会保障部制订《关于在打赢脱贫攻坚战中做好人力资源社会保障扶贫工作的意见》指出，“十三五”时期，通过帮助有就业意愿的建档立卡农村贫困劳动力（以下简称贫困劳动力）实现转移就业，解决1000万人脱贫。实施多项脱贫措施，包括“使每个有参加职业培训意愿的贫困劳动力每年都能接受至少1次免费就业培训”“建立和完善输出地与输入地劳务对接机制”“对跨省务工的贫困劳动力给予交通补贴”等，以期在多个方面增加就业对于贫困人口的吸引度，降低外出打工成本、提高打工收益程度。2015年5月，我国实施了农村贫困家庭新成长劳动力接受职业教育支持政策，政策规定贫困家庭学生在校期间，其家庭每年均可申请补助资金，每生每年可获得3000元左右的补助；6月，国务院印发《国务院办公厅关于支持农民工等人员返乡创业的意见》，指出要降低返乡创业门槛、落实定向减税和普遍性降费政策、加大财政支持力度、强化返乡创业金融服务、完善返乡创业园支持政策；提出鼓励农民工等人员返乡创业的三年行动计划；7月又实施“技能脱贫千校行动”，为建档立卡贫困家庭学生提供技能教育支持、职业培训、落实国家助学金、免学费政策，并制定减免学生杂费、书本费和给予生活费补助等；2016 年 8 月，人社部印发《人力资源社会保障部关于在打赢脱贫攻坚战中做好人力资源社会保障扶贫工作的意见》，提出促进贫困劳动力就业创业、加强贫困劳动力职业培训、提高贫困人口社会保险、引导各类人才服务贫困地区和提升贫困地区劳动就业和社会保障公共服务能力等；11 月，《关于开展农民工工资支付情况专项检查的通知》明确了多个专项检查阶段：分阶段专项检查、集中宣传和自查阶段（2016 年 11 月 15 日至 30 日）、执法检查阶段（2016 年 12 月 1 日至 2017 年春节前），保障农民工切实领到工资。

四、社会保障与扶贫开发衔接的平台建设

中央的提出“五个一批”的精准帮扶政策，既包括有利于增加收入的产业发展、转移就业、资产收益扶贫等帮扶政策，也包括能够减少支出的教育扶贫、健康扶贫等，增加安全性的易地扶贫搬迁政策，还包括具有兜底性质的低保救助政策。当前，民政和扶贫两个系统新出台的政策既要相互兼顾另一个群体，同时在可能的情况下又要按照中央打赢脱贫攻坚战决定的精神评估修订过去的政策（如 2014 年前制定的一些地方条例）。只有打通帮扶政策落地的“最后一公里”，才能使政策的减贫效果得到最有效发挥。因而，构建不同层次的社会保障与扶贫开发的衔接平台是必不可少的。

（一）明确对两项制度定位的理解

在脱贫攻坚过程中，社会保障，特别是与扶贫工作密切关联的项目，例如最低生活保障制度和扶贫开发政策应该聚焦在同一个群体——贫困群体，应该根据贫困群体基本需求提供相应的政策支持。贫困群体获得基本需求保障权利和发展权利是共同的、不可分离的。最低生活保障等社会救

助项目的重点是保障和实现贫困群体的基本生活需求或生存权利，扶贫开发是保障和实现贫困群体的发展权利。但由于每个家庭和个人的实际禀赋有差异，两项制度对不同农户的具体适用程度也会有差异（比如补差水平高低和扶贫开发的不同帮扶措施）。

党的十八大以来，以习近平同志为核心的党中央提出坚持以人为中心的发展思想。两项制度衔接的定位首先也应该是落实以人民为中心的发展理念，从贫困群体出发，确保贫困群体的基本需求保障的权利和发展权利都能够实现，摆脱贫困；同时强化制度协作与整合，降低政策执行的各种成本，避免出现制度之间的摩擦与资源损耗。不应将有无劳动能力（甚至是体力劳动能力）作为低保与扶贫两项制度适用的根本变量，并需要重新认识劳动能力这一概念。同时建议原则上按照对象需求实施两项制度相关联挂钩的其他帮扶救助政策，但优先考虑贫困户。

我国社会经济的基本单元是户，两项制度也都应该以户为基本瞄准单元（个别例外的可以另行讨论），两项制度应该对贫困户全覆盖。当然两项制度的政策内容不一样，对不同贫困户的适用性、适用程度会有所差异。有无劳动能力是具体扶贫项目供给时的一个考虑因素，但不应该作为低保与扶贫两项制度适用的根本变量。低保政策的重点应该是根据对象不同的贫困程度（贫困距）提供补差救助，有一定劳动能力的贫困对象也应有权利接受低保补差救助，而扶贫政策应该根据贫困户家庭的资源禀赋特点提供不同类型的扶贫项目。有一点也要充分考虑：有无劳动能力本身也是相对的，不能将劳动能力简单地等同于体力劳动能力，一个人可能不具备很强的体力劳动能力，但仍可能具有自我谋生的能力，即使是残疾人也有不同程度的发展能力。现在的一些资产收益项目等也拓宽了贫困户收益的可能性。

按照目前做法，已经脱贫的建档立卡人口仍然可以在一定时间内继续享受有关的帮扶政策，但已不具有贫困户的身份。由于低保为补差救助，在贫困标准与低保标准一致的情况下，脱贫家庭的人均收入肯定超过低保标准，所以肯定也无须施行补差救助。此外，建议今后原则上将与两项制度相挂钩的其他帮扶政策不再与两项制度简单挂钩，应按需施策，但对于贫困户应该充分优先考虑。为困难群体提供更多的服务供给是扶贫和救助两个系统都需要或者可以拓展的领域。对扶贫来讲，在开发以外也要有更多的关怀，对民政救助来讲，在现金补差之外，也要有更多的服务。

从全国的形势来看，部分已脱贫的县开始探索农村最低生活保障制度与扶贫开发政策的有效衔接，如云南省巍山县制定了《建档立卡贫困户与农村低保户“两户合一”工作方案》，通过建档立卡贫困户有进有出的动态管理和农村低保动态管理相结合，实现建档立卡贫困户与农村低保户重合。贵州省于2016年11月制定了新的《贵州省大扶贫条例》，废止了之前的《贵州省扶贫开发条例》，新旧条例的一个重要差别是不再强调扶贫对象的劳动能力，强调贫困人口，这也为制度的全面无缝隙衔接创造了有力的制度条件。

（二）社会保障与扶贫开发衔接的常态化

应逐渐形成社会保障与扶贫开发两项制度衔接的常态化机制，如扶贫系统利用扶贫开发领导小组的平台为低保群体做好转接转介工作，以扶贫政策涵盖建档立卡贫困户、未纳入建档立卡的长期低保户和困难残疾人三个群体为目标。低保系统利用社会救助联席会议的平台为建档立卡贫困群体做好转接转介工作，即使低保线达到或超过贫困线，低保对象的义务教育、基本医疗和住房安全的保障问题仍需得到持续关注。当前，根据中央要求，一些地方政府还成立了困难家庭生活救助工作领导小组，专门负责困难家庭生活救助的日常工作。作为低保制度的补充措施，困难家庭生活救助工作将在反贫困工作中发挥重要作用，这是反贫困协作治理和两项制度衔接的重要创新。①

为解决政策衔接不够、保障水平与群众需求相比存在一定差距等问题，国务院办公厅发布的《关于加强困难群众基本生活保障有关工作的通知》（国办发〔2017〕15号）指出，全国各县（市、区）都要建立健全由政府负责人牵头，民政部门负责，发展改革、教育、财政、人力资源社会保障、住房城乡建设、卫生计生、扶贫、残联等部门和单位参加的困难群众基本生活保障工作协调机制，定期研究解决本地区各类困难群众基本生活保障问题，确保党中央、国务院相关决策部署更好地落实到基层。各地区要完善“一门受理、协同办理”机制，确保困难群众求助有门、受助及时。推行政府购买社会救助服务，加强基层社会救助经办服务能力。

（三）协作管理机制和信息核查、共享平台的建设

各地在市县层次强化了扶贫开发领导小组和困难群众生活保障工作协调机制两个跨部门工作机制，在此基础上形成常设的最低生活保障制度和扶贫开发政策有效衔接工作小组。在乡镇可以考虑社会救助、扶贫开发合并办公，借鉴社会救助“一站式”服务的做法，设立“全科民生（扶贫、救助）服务管理”人员岗位，为贫困人口提供咨询、服务和管理，确保各项政策落实到位。

为提高资金使用精准度和效益，国务院办公厅制定的《关于支持贫困县开展统筹整合使用财政涉农资金试点的意见》（国办发〔2016〕22号）指出，建立有关部门广泛参与的工作协调机制，确定部门职责分工，研究纳入统筹整合使用的具体资金范围，明确对贫困地区、贫困人口的倾斜支持政策，取消限制资金统筹整合使用的管理要求，定期或不定期召开会议

① 左停，贺莉．制度衔接与整合：农村最低生活保障与扶贫开发两项制度比较研究［J］．公共行政评论，2017，3.

交流情况，解决工作中遇到的实际问题。为切实做好制度衔接工作，国务院办公厅转发民政部等部门《关于做好农村最低生活保障制度与扶贫开发政策有效衔接指导意见的通知》（国办发〔2016〕70号）指出，要进一步健全社会救助“一门受理、协同办理”工作机制，为农村低保对象和建档立卡贫困人口提供“一站式”便民服务。

在充分利用现有的跨部门工作机制的基础上，充分利用民政部门的跨系统家庭经济核查中心和扶贫建档立卡信息管理的现有建设基础，建立有关信息核查和共享平台。平台建设要考虑最大的兼容性，既需要不同部门的衔接，也需要与上级有关系统的衔接。以市为单位，建立全市范围内的信息共享平台，打破不同部门间分而治之的局面。一方面实现工作对象信息共享，降低漏失率和错识率，提高管理效率。另一方面，实现不同部门相关政策信息共享，从而有效整合扶贫办、民政、公安、教育、住建、人社、残联等部门的帮扶和救助措施和政策，将政策效益最大化，有效解决贫困户和低保户扶持政策不均衡的问题。

五、社会保障与反贫困协作治理面临的挑战

从长远的制度建设来说，社会保护安全网应该是当前和未来应对贫困的重要基础性制度措施。开发与保护两项制度的衔接互嵌，需要通过政策、对象、标准和管理方面的有效协作，减少因制度不一造成的缝隙和叠加问题，协调各方力量形成整体合力，各司其职、各展其长、责任共担的机制。

（一）扶贫开发与社会保障的衔接协作需要制度化、常态化

伴随着社会转型，贫困的多元化，需要衔接的制度安排不仅仅是扶贫开发和低保，其他方面的制度安排也需要进行常态化、制度化的衔接与分

工协作。一般来说，精准扶贫的牵头单位是当地的扶贫领导小组和扶贫办，很多政策落实都需要相关部门的支持。危房改造、易地搬迁、生态补偿、劳务输出、金融扶贫、教育、医疗和住房救助等脱贫措施需要发改、农业、林业、人力资源和社会保障、卫计、财政、民政、教育、住建等多个部门衔接，分工合作。跨部门协作是扶贫攻坚中两项制度衔接所面临的难题。中央正在要求三分之一的贫困县开展涉农资金的县级整合，就涉及条条块块的纵向衔接、横向衔接问题。这意味着既需要不同部门之间横向衔接，也包括同一部门内部自上而下的纵向衔接。

此外，我国的扶贫工作面临城镇化、工业化和现代化的挑战，贫困的解决已逐渐从满足温饱向保障长效脱贫转变，扶贫不仅是要帮助贫困户提高农产品产量，更要帮助贫困户将生产出的农产品转化为货币，提高产品的利润。因此，市场和社会组织等主体也成为贫困治理的重要力量，在贫困治理中需要各尽其才。然而，部门职能和部门利益的不同加大了部门之间的协作障碍。市场与风险共生共存，如何减少甚至消除扶贫工作中市场化运作的风险仍然是个难题。这些问题需要减贫开发与社会保护之间通过制度化、常态化的协作来改进扶贫工作的成效。

（二）树立“大扶贫”理念，创新和实施更多的社会性发展项目

扶贫开发政策要围绕贫困人口的人力资源开发、社会性和福利性基础设施建设和公共服务，增强贫困人口的人力资本和社会资本。尽管政府一直重视劳动力转移就业的工作，但应该说，这项工作在过去的定位比较低（局限于劳动力），缺少立足于创新和乡土知识的人力资源开发，简单的劳动力转移也会造成留守人口的问题，未来要重视包容性的扶贫人力资源开发。减贫政策在帮扶或者政府引导社会帮扶的同时，要避免贫困地区和贫困户的过度依赖。在熟人社会，非正规的社会网络是贫困群体首要的求救对象之一，熟人社会内部易形成一种内生力量，能带动社区内部互助性以

及激发贫困群体的自主性，但当前社区的作用和社区内部互助帮扶的作用尚未得到充分发挥。因此，在政府主导外力开展扶贫工作的同时，如何通过相关政策促进贫困地区和贫困村内部形成和谐的环境也成为重大挑战，需要考虑如何在既有条件下加强贫困人口的社会资本。

（三）社会保障的收入再分配和扶贫兜底作用需要加强

传统意义上，我国的扶贫工作强调开发，即对贫困地区的自然资源以及贫困人口的人力资源的挖掘和利用。然而，从整体上看，随着扶贫工作进展迅速，贫困人口老弱病残的剩余特征加剧，仅靠单一的开发性扶贫已难以快速有效达到脱贫目标。在当前的脱贫攻坚工作中，社会保障在扶贫工作中的作用得到前所未有的重视，已经形成了中国特色的扶贫开发和社会保障的互嵌框架。我国的社会保障体系具体包括社会保险、社会福利和社会救助等，它们在反贫困行动中具有不同的运行逻辑和不同的减贫效果。但当前社会保障的减贫作用主要集中于社会救助，对社会保险和社会福利两种见效缓慢但成效长远的保障措施重视不够。而且精准扶贫的若干个措施当中很多涉及教育救助、就业、医疗保险和最低生活保障等社会保障问题，但在具体的衔接方面需要做更多工作，既实现无缝衔接，又避免叠加重复、资源浪费。

（四）社会保障框架中需要创新和实施积极的发展型保障项目

目前，中国的社会救助体系总体属于简单、被动的保护型救助，政府通过无条件的现金转移支付能短时间内增加贫困人口的家庭收入，使贫困人口快速脱贫。但这种快速、无条件的增收方式也容易助长受助对象的依赖心理，以及边缘群体的不公平心理，具有一定的消积性；而且立足长远来看，这种帮扶方式并不具有可持续性，亟待加强积极的发展型社会救助等社会保障政策的设计和实施。所谓发展型的社会救助，其设计目的是要增加受救助对象的自我发展能力，包括提升受救助对象的人力资本、改善受救助人的发展环境、促进被救助人的社会融合、降低受救助人的各种风险，最终表现为提高受救助者从正常的社会和市场获得报酬的能力。实施发展型社会救助离不开积极的预防性社会保护。目前，多数地区实行扶贫公益性岗位措施，效果显著，既让目标群体有稳定的收入，也不断强化这一群体的某一服务技能，更让这一群体重塑自身的价值。但从全国范围来看以及扶贫工作中无条件转移支付的比重来看，扶贫公益性岗位的覆盖范围并不充分，发展型的帮扶措施也比较单一，亟待进一步的挖掘、创新和实践。

·第八章·

社会保障与减贫发展展望

在中国，社会保障体系的建设本身应是减贫发展综合目标的一个部分，同时社会保障也应是减贫发展的一种工具性方法，社会保障既能发挥反贫困的兜底作用（social protection floor），也能有效改善投资环境促进益贫发展。在宏观层面上，社会保障可以通过提高抗逆力（resilience）、现金与服务给付、增收减支、降低风险、社会包容、再分配降低社会不平等等路径，减少绝对贫困和相对贫困。在微观层面上，社会保障的增强能力的预防、风险预警、灾害预防、灾害减缓、灾害救助等环节直接或间接地服务于贫困人口。

中国在短短的30年时间内建立了一个覆盖比较完整的社会保障体系。2016年，在巴拿马召开的国际社会保障协会第32届全球大会上，中国被授予“社会保障杰出成就奖”（2014—2016）。这是对中国社会保障改革与制度建设取得卓越成就的高度认可。中国已经建立了普遍性的养老保险制度、全民医疗保险制度，而且持续多年不断提升养老金水平与医保水平。仅此两项基本制度安排，就使全世界的社会保障覆盖人口与保障水平得以大幅度提高。中国社会保障发展对世界社会保障发展的贡献，与中国经济增长对世界经济发展的贡献、中国减贫对世界减贫的贡献一样重要。中国创造了当今世界国民经济持续高速增长的奇迹，也正在创造社会保障快速发展的奇迹。①

---

① 郑功成. 中国获社保杰出成就奖实至名归［N］. 中国劳动保障报，2016-11-19（3）.

然而，衡量社会保障发展的指标主要有两个：一是覆盖人口，表明社会保障制度发展的广度；二是保障水平，表明社会保障制度发展的深度。从实现减贫发展目标的角度而言，我国的社会保障制度还存在一定差距，需要加强多样性、保护性和发展性的社会保障项目建设。

一、减贫发展视角下我国社会保障制度建设存在的差距

贫困是一个动态概念，随着社会发展程度的不同，贫困也具有不同的内涵。社会保障制度是一个国家基本的社会制度之一，具有社会安全网的功能。在当前的扶贫发展事业中，社会保障不仅仅要服务于当前贫困问题的解决，也要立足于未来。通过建立多样、立体的社会保障项目体系来有效应对长期贫困问题以及新兴贫困问题，有效预防和缓解贫困。虽然中国社会保障制度建设取得了卓越成就，但从公平与反贫困视角来看，中国的社会保障制度还存在需要完善之处。

（一）城乡二元结构和制度设计的碎片化和不均化

社会保障制度是实现收入再分配的重要工具，在缩小社会差距、促进社会公平方面发挥着重要作用。社会保障再分配功能应作为解决与相对贫困相联系的社会不平等问题的重要手段。[①] 但中国社会保障制度设计较为碎片化，这是制度建设以来就一直存在的问题，究其根本，是因为社会保障制度始终是作为一种救急补缺和经济发展附属物的制度而存在。

社会保障制度的碎片化和不均化表现为几个方面：首先，社会保障制度基本基于城乡二元结构在运行，集中表现在城乡社会保障措施差距明

① 左停. 贫困的多维性质与社会安全网视角下的反贫困创新［J］. 社会保障评论，2017，2.

显，适合农村的社会保障措施很少。这种二元结构不仅存在于按贡献收益的社会保险之中，而且也存在于社会救助以及社会福利体系之中。举例而言，在社会保险方面，农村居民适用的社会保险措施主要是“两险”——农村社会养老保险和农村合作医疗保险，这与城市居民所适用的“五险一金”——城镇居民养老保险、城镇合作医疗保险、工伤保险、失业保险、生育保险和住房公积金——有明显差距。就某一社会保障项目而言，也存在制度“碎片化”现象。例如我国的社会养老保险制度不仅有农村居民养老保险和城镇居民养老保险，而且还有企业职工保险、事业单位养老保险以及针对特殊群体的养老保险措施。而社会保障制度设计的不均化主要是社会保障水平的差异，仅有的共同适用于城乡的养老保险和医疗保险在保险水平方面还存在较大差距。虽然，2014 年年初政府提出农村居民养老保险与城镇居民养老保险并轨，建立统一的城乡居民养老保险制度，但企业职工保险、事业单位养老保险等养老保险制度仍然在运行，并且尚未建立合理的转制成本分担机制，城乡居民社会养老保险并轨后的利益矛盾还比较突出。①

其次，社会保障体系在不同的社会群体中的覆盖面和受益情况有巨大的差别，福利过剩和保护缺位的现象并存。融合性和便携性是社会保障制度的两个重要方面，高融合的社会保障制度能较好地照顾不同群体之间的利益，从而发挥促进公平的作用；社会保障制度形式上的融合性使社会保障也具有便携性，有利于制度衔接，维护特殊群体的社会保障利益。② 虽然我国社会保障制度的设立是立足于社会整体，但并不具有完全的社会融合性，制度设计的覆盖面与实际群体覆盖面并不一致，即存在理论受益群体与实际受益群体的不完全吻合。在国企、事业单位和公务员系统，社会

---

① 吴丽丽，卢成会. 城乡居民社会养老保险整合后的困境与突破探析 [J]. 内蒙古农业大学学报（社会科学版），2016，2.

② 龙玉其. 社会保障收入再分配作用的理论思辨 [J]. 理论月刊，2013，11.

保障体系通常被当作一种“享受式”的福利，而在一些逐渐涌现的，诸如失地农民、农民工以及失独老人等新型社会群体中，现行的社会保障制度作用甚微。采取打补丁式的救急措施，很容易形成“碎片式制度造成漏保——构建新的补丁式制度救急——制度进一步碎片化”的恶性循环。此外，由于制度设计不科学等问题，社会保障制度实施中存在收入分配的逆向调节问题，一些社会保障制度——如社会救助——有效缩小了社会差距，但也有一些社会保障制度明显扩大了社会差距，集中凸显在社会保险领域。

最后，社会保障制度的地区差异明显，这样的地区差异在保险收益水平、基金统筹水平、救助水平以及医疗报销类目等多方面均有所体现。

总体来看，虽然我国已经实现从计划经济时期的“单位保障制”向“低水平、广覆盖”的普惠性社会保障制度的转变，但社会保障体系内部的具体项目建设较为碎片化，城乡适用的社会保障项目也不均衡，相较于城市而言，农村社会保障制度体系很不完善。社会保障制度的碎片化和不均化不仅造成新的社会不公，影响社会稳定，还会导致社会保障制度本身的不可持续运行。① 在我国老龄化加剧的背景下，养老金的缺口表面上看是供求上的不平衡，实质上是否是由于养老基金的统筹水平过低、制度碎片化严重而导致的资金无法充分利用也未可知。

（二）社会保障制度与减贫发展的关联度不够强

为了破解新时期扶贫工作面临的难题，国家采取了许多应对方式，最为直接的措施就是加大保障性、救助性扶贫措施在扶贫工作当中的运用，

① 郑秉文．中国社保“碎片化制度”危害与“碎片化冲动”探源［J］．甘肃社会科学，2009，3．

比如在2016年为1700多万困难和重度残疾人发放生活或护理补贴等。[①]但当前农村扶贫开发中面临的贫困问题包括从过去的同质连片性转变为异质分散性、从收入型转变为支出型、从年轻并且有劳动能力者占多数转变为年老和缺乏劳动能力者占多数等。贫困的复杂性决定了贫困问题的解决需要多样化的角度和措施。社会保障是减贫的重要工具和措施。社会福利制度、社会保险制度和社会救助制度是我国社会保障体系的重要组成部分，三者的建设情况和程度存在一定差异。

相对而言，社会保险制度和社会救助制度的建设比社会福利制度的建设更为完善，社会福利制度的内容相对较少，社会服务供给不受重视，社会福利水平也相对较低，城乡之间、地区之间存在较大差异。社会保险制度是我国社会保障制度体系中的核心内容，虽然社会保险制度相对较为健全，但存在严重的城乡差异，诸多社会保险与“城市居民”或者正式职业相挂钩，实际上与农村贫困群体和无职业或者灵活就业的低收入群体关联度并不大，例如社会保险的“五险一金”。农村居民可享有的社会保险项目数量少、水平低。相对社会保险和社会福利来说，社会救助与贫困群体的关联度更大，集中表现为直接性的现金转移支付和间接性的减免费用。从减贫发展角度来看，较高水平的社会福利项目一般与正式就业岗位挂钩，穷人实际上被排斥在外。虽然扶贫工作开展以来，我国农村贫困群体能享受的与收入相关的福利内容明显丰富，但轻视其他社会福利项目的建设，例如社会服务。基本公共服务是社会福利的重要内容，农村的基本社会服务供给严重不足，社会福利的减贫作用难以生效；农村适用的社会保险项目少和水平低，极大地限制了社会保险的风险防范和减贫功能；在岗福利和现有的社会救助项目多是瞄准于生活困难群体，与减贫息息相关。

---

① 参见国务院扶贫开发领导小组. 2016年1000万贫困人口靠啥脱贫［EB/OL］.（2017-01-03）. http：//www. cpad. gov. cn/art/2017/1/3/art_56_58081. html.

社会保障追求公平与正义，旨在通过社会再分配缩小社会差距。虽然我国的社会保障制度建设不断完善，但各子制度的建设水平参差不齐，且部分制度与贫困群体的关联度不够强，部分具有减贫作用的制度实际上对贫困群体具有排斥性，其减贫效果未得到有效发挥。在脱贫攻坚期间，完善部分社会保障子制度的建设以及加强各子制度与减贫发展的关联度，是促进减贫发展的有效回应。

（三）社会保障理念和项目的积极性和发展性有待于加强

通过对部分社会保障项目的建设现状、可促进贫困者发展的程度以及该项目与发展相关联的内容进行粗略评估可发现，社会保障项目在直接性转移支付相关项目建设上较为全面。然而，能一定程度和较好促进贫困人口发展的社会保障项目的建设现状并不乐观（详见表 8-1）。虽然我国建立了以最低生活保障制度为核心的农村社会救助体系，在缓解贫困方面起到了重要作用，并且在制度建设上比其他制度略微成熟，但实际上目前我国的低保救助措施多是一种消极的救助，在激活和提升贫困群体的人力资本、促进其发展方面的作用不足且有限。

表 8-1　不同农村社会保障项目对贫困人口的发展作用的评估

类别	项目	项目覆盖	发展程度	与减贫发展关联的重点内容
社会福利	电力/高龄/农业保护等补贴	较全面	低	无直接关联
	劳动力转移培训	一般	高	提升人力资本
	医疗、教育费用减免	一般	高	提升人力资本
	免费体检/免费午餐	一般	中	改善人力资本状况，减少支出
	基本公共服务供给	较缺乏	中	改善发展环境，提供发展的基础

续表

类别	项目	项目覆盖	发展程度	与减贫发展关联的重点内容
社会保险	城乡合作医疗保险	一般	中	改善人力资本状况，减少支出
	城乡居民社会养老保险	一般	低	无直接关联
社会救助	最低生活保障制度	较全面	低	无直接关联
	公益性岗位设置	一般	高	促进劳动就业和社会融合
	教育救助	一般	中	教育投入

低保制度属于直接的现金转移支付，因此其救助金的支付具有直接性、显著性和实施成本低的特征，可以直接增加农村低保家庭的收入，进而起到缓解收入贫困的作用。其他补贴项目一般具有低水平和普惠性的特征，而低保制度补助水平相对要高，且挂钩了一系列其他社会保障政策。正是因为低保制度传递的是“现钱”，比就业或创业等其他方式更能增加收入，导致我国的社会保障产生一系列问题，对受助对象和施助对象都产生了很大影响。

第一，在社会保障体系中，我国虽已建立了一套医疗、教育等包括在内的社会保障制度，但最低生活保障制度对低保户再就业的鼓励和支持政策力度不足，容易造成救助对象就业意愿不强，出现救助依赖现象。第二，在社区内部，部分有劳动能力的救助对象“不劳而获”会引起社区内部非救助对象的心理失衡，从而影响社区救助对象与非救助对象之间的公平，引起非救助对象对救助对象的社会排斥，妨碍救助对象在所在社区的社会融合。第三，最低生活保障制度旨在通过差额补贴的方式来维持救助对象的最低生活保障。这在一定程度上会削弱救助对象的工作动机，并且该制度中缺乏职业技能培训等相关提升救助对象人力资本的措施，因此对救助对象的发展性影响不大，难以改变救助对象的贫困现状。第四，最低生活保障制度的救助对象偏移或趋于老龄化。按照官方的贫困标准计算，2014年底，全国有大约7017万贫困人口，其中绝大部分为具有一定劳动能力的人，完全缺乏劳动生存能力的人不足2000万。① 然而，农村低保人数高达5207万。由此可见在庞大的农村低保受助对象中，具有劳动能力的人也占有相当比例。第五，低保对象的识别是以家庭收入多少为主要衡量标准，但由于农户的具体收入难以精准测量，因此农村低保对象的识别较难，识别的管理成本很大，从而增加了政府的财政负担。

此外，我国目前的社会福利也突出增加收入和减少支出相关措施的实施，基本的公共服务建设相对薄弱。总体而言，我国的社会保障制度，尤其是社会救助制度在减贫中的作用更侧重于直接性的用现钱缓解收入贫困，具有一定的消极性。在增加贫困人口人力资本、激活贫困人口的能力以及促进贫困人口的社会融合等方面，缺乏足够的措施，需要探索和实践更为积极的社会保障理念和项目。

二、发展多元化的社会保障项目

致贫原因和贫困表征具有多样性，贫困人口的需求也具有多样性，要想有效缓解贫困，解决贫困人口的生存和发展问题，建设多样化的社会保障制度成为不可回避的策略选择。同时，社会保障体系是多层次的，社会福利、社会保险和社会救助是我国社会保障体系的三个组成部分，它们以不同的路径达到反贫困效果。② 社会保障的特殊属性决定了这一战略在减贫发展过程中可以发挥不可替代的作用，而多样化的社会保障项目是保证其减贫作用充分发挥的重要前提。多样化的社会保障制度不仅包括社会保

① 2014国民经济和社会发展统计公报 [R/OL]. [2015-02-26]. www.stats.gov.cn/tjsj/zxfb/201502/t20150226_685799.html

② 左停. 贫困的多维性质与社会安全网视角下的反贫困创新 [J]. 社会保障评论，2017，2.

障治理模式和供给主体的多样化，也包括社会保障具体内容的多样化。

（一）借鉴欧盟的社会保障减贫理念和治理模式

中国作为一个发展中、转型中的大国，其社会保障体系的建设不仅面临国家、市场、社会与家庭维度的平衡与选择，也面临中央、地方和基层政府作用与关系的平衡与选择。近年来，中国政府提出包括共享发展在内的新的发展理念，这要求我们要对社会保障有更新的认识和理解，也意味着社会保障要有更重要的定位。中国制度化的社会保障体系建设和发展尚且不到30年，但从全球来看，社会保障制度建设已有数百年历史，其他国家的成熟的社会保障体系和社会保障实践值得比较、借鉴和学习，其中尤其突出的是欧洲国家。

欧洲在几百年工业化之后尤其是近一百多年来，通过不断建立和完善社会保障体系，形成了现代福利国家和遵循社会团结理念、协商对话和互助共济机制的欧洲社会保障模式。欧洲各国的历史和现实充分证明了社会保障体系的巨大作用，但欧洲不同国家的制度和国情有明显差异，不同国家的社会保障制度建设也因此各有特色。不仅有西欧比较定型的成熟的社会保障体系，也有很多有价值的东欧的转型经济的社会保障体系，还有欧洲大陆的市场自由主义模式以及欧洲南部的形式主义模式等。就组织构架而言，既有中央架构，也有区域架构，还有中央架构下的地方自治；在治理形式方面，既有混合、多元管理和参与的形式，也有民粹主义与保护主义混合的形式；在责任主导方面，既有国家主导，也有市场模式，还有主动或被动的责任下移。中国人口众多，不同地区间的经济发展状况和社会环境等方面存在较大差异，单一的社会保障治理模式难以在所有地区奏效。因此，可以借鉴其他国家和地区的经验，鼓励不同地区、不同主体积极探索多样的社会保障治理路径，借助多样化的社会治理模式，强化社会保障地方实践的适应性和有效性。

（二）社会保障供给主体多元化

在社会保障领域，多元化常常与福利相挂钩，此处的福利概念更侧重于广义上的福利概念。随着经济危机的爆发，福利国家的危机也渐露端倪。面对巨大的财政压力以及萎靡不振的经济发展势态，福利多元主义应运而生，成为西方国家解决福利国家危机的重要理论。福利多元主义旨在寻找政府和市场之外的第三方主体，弥补政府和市场二元化主体的福利体系的不足。最初的福利多元主义是三角范式，后有学者不断丰富。伊瓦思（Evers A.）提出的经典福利三角范式将福利来源分为家庭（社区）、国家和市场，认为国家和市场是个人福利正式的来源，而家庭（社区）是个人福利非正式的来源。[①] 纽伯格（Chrisde Neubourg）在经典的福利三角范式基础上提出福利五元概念，将个人的福利来源分为家庭、政府、市场、会员组织和社会网络，并把这五个来源比喻为五边形。[②] 米什拉则解释“福利——满足基本需求和提供社会保障的商品和服务——有多重来源：国家、市场（包括企业）、自营组织和慈善机构，以及血缘网络（包括家庭），这是一个社会全部福利的来源”。[③] 随着我国社会保障制度的不断发展，福利多边形理论框架也逐渐渗透于我国现代社会保障体系之中。

中国的社会保障既是一种外来的移植性制度，同时也具有本土的文化和实践基础。相较于中国历史上的传统社会保障，中国当前的社会保障是一种现代化的、制度化的社会保障。中国历史上的传统社会保障实践突出表现为国家责任，是“施予者的仁政与恩赐”。[④] 而现代社会保障制度已逐

① 彭华民. 西方社会福利理论前沿［M］. 北京：中国社会出版社，2009：3-19.

② 克雷斯·德·纽伯格. 福利五边形和风险的社会化管理［J］. 韩永江，译. 社会保险研究，2003，12.

③ R. 米什拉. 资本主义社会的福利国家［M］. 郑秉文，译. 北京：法律出版社，2003：113-114.

④ 郑功成. 中国社会保障演进的历史逻辑［J］. 中国人民大学学报，2014，1.

渐向政府、市场、家庭、社会组织以及个人共同作用的多元化供给主体模式转变。但在当前社会保障兜底扶贫的背景下，社会保障各主体的功能发挥并不均衡，多元主体之间也并未建立起协调合作关系。政府既是公共利益的代表者，也是公共利益的维护者。在我国的扶贫工作中，政府的家长式贫困治理特征明显，在一些特困连片地区表现得更为明显，政府的主体性明显且不断增强，在此过程中，其他主体逐步“后退”，不同主体的供给愈发不平衡，影响减贫的长效性和可持续性。面对复杂的贫困问题、贫困群体的多样需求以及贫困群体的异质性特征，政府在积极承担公共责任的同时，也需要激活并充分发挥非营利性社会组织、市场、集体和家庭等其他主体的自身优势，将福利多边形的理论框架有机应用于社会保障的具体内容之中。例如，在解决农村贫困群体的养老问题时，需充分发挥家庭、政府、市场、集体经济组织等主体以及社会网络的作用，稳定家庭来源和集体来源，保护农民工的权益以保障其养老福利的市场来源等，从而解决农民养老福利供给仍然严重不足的问题。

（三）社会保障形式多样化

1986 年，我国扶贫开发领导小组及其办公室的建立，拉开了我国有计划、有组织、规模化、制度化的扶贫开发的序幕。一直以来，我国的扶贫策略主要是瞄准绝对贫困问题的解决，即通过增加贫困群体直接性收入，解决贫困群体的温饱问题而实现脱贫，脱贫效果显著：2010—2016 年，我国贫困人口从 16566 万减少至 4332 万，贫困发生率从 17.27%降低至 4.5%。然而，随着社会不断进步以及贫困研究的深化，我国的贫困问题也发生了变化，即从绝对贫困为主逐渐向相对贫困为主转变，表现为发展权利被剥夺、生存风险大、脆弱性较强等问题，但部分地区的绝对贫困问题依然存在。这使我国面临着消除绝对贫困和减少相对贫困的双重任务。随着第二个《扶贫开发纲要》出台，社会保障制度愈发成为解决贫困问题的重要战略。面对新的贫困特征的出现，我国的社会保障制度也有所创新，以缓解贫困。例如低保与特困供养制度能够为深度贫困群体提供长期而稳定的经济来源；社会医疗保险、大病保险和医疗救助能够大量降低因病致贫人口的医疗支出；针对不同学龄人口的教育救助能够为因学致贫人口降低教育支出并切断贫困的代际传递；社会养老保险以及在部分地区实行的高龄津贴能够缓解农村老龄化引发的经济上的问题等。但整体而言，我国的减贫措施依然是以消除绝对贫困为主，社会保障建设整体不健全，农村社会保障的问题更为突出。社会保障项目种类不足，在减贫过程中所能发挥的作用非常有限，尤其表现为农村基本的社会福利供给内容单一且不足，亟待建立起多样化的社会保障项目。

1. 超越资金给付支持，加强面向贫困人口的定向公共服务供给。社会服务是由公共部门提供的各种服务，是社会福利的重要内容之一，备受国际社会的关注。从长远角度来看，完善的社会服务能有效预防和减少贫困的发生。我国正处于扶贫攻坚阶段，主要以资金给付的形式对贫困群体进行扶持，但对于特殊贫困群体而言，经济匮乏只是个人的贫困表象，而并非是最本质性的贫困原因。对于特定贫困群体而言，脱“贫”易但脱“困”难，其主要原因在于地方基本公共服务的匮乏。农村公共服务不仅仅是满足农村居民基本生活需求，同时也为农村居民提供发展的基础和可能，赋予贫困群体平等的发展机会。农村地区薄弱的公共服务基础严重制约着地区和贫困群体的发展，因此，需要将基本公共服务均等化贯穿于社会保障建设和减贫发展的始终，加强农村医疗卫生服务、养老服务、公共文化服务等方面的服务建设，尤其是要加强贫困人口的定向的服务供给。完善基础卫生医疗服务以尽可能预防和避免贫困群体的健康问题的产生和恶化；健全的养老服务供给是应对老龄化问题的必然选择，可以借鉴福利国家的个人社会服务。由于老龄化趋势以及社会服务供给缺乏协调性等原因，第二次世界大战后，经典福利国家逐渐建立起由公共部门主导的个人社会服务。[1] 个人社会服务是由地方政府为有特殊需要的群体提供的服务，是一种定向的服务供给。此外，还要因地制宜地创新服务理念和模式以提高服务供给成效。

2. 倡导工作福利为导向的社会保障。20 世纪后半叶，特别是 90 年代以后，在社会政策和就业政策改革中，欧洲国家逐渐以就业参与、人力资源培育和家庭服务以及儿童保育为核心要素，开始从无条件资助向强调受助者义务和条件限制的社会支持政策转变，将劳动力激活、家庭支持、特殊群体救助与保护等作为重点，实施积极的社会保障政策，减少对现金给付的“硬依赖”，依靠自身力量提升自我保障水平。欧盟越来越多的国家要求受益者参加工作并以此作为交换来获得社会救助（即工作福利），如丹麦、法国、德国、荷兰、挪威都在实施具体的政策。工作福利强调凡接受政府福利补助者，必须履行政府或立法规定的与工作有关的特定义务，具有一定的强制性。这种政策通常采取工作体验的形式，即社区工作体验或者社区服务，一般包括有酬工作体验和强制性工作体验两种。引入工作福利制度后，社会福利金就由无偿给付转变为有偿领取。

西方国家进行了大量的工作福利试验和探索，也创造了相当多样的工作福利模式。美国 1996 年通过贫困家庭临时救助（Temporary Assistance for Needy Families，简称 TANF）计划。该计划要求所有接受临时援助的成年人两年后必须参加一些帮助他们进行劳动自救的活动，否则，对他们的援助将被终止。这些活动包括在公共或私人部门实际的工作，也包括工作体验、在职训练、接受如何寻找工作或为工作做好准备方面的培训、社区服务、职业教育、与就业直接相关的工作技能训练和教育等。接受临时援助两个月后，如果没有找到工作，成年接受援助者必须参加各州为他们安排

① 丰华琴. 普遍主义福利原则的实践——英国弱势群体个人社会服务体系的形成 [J]. 南京晓庄学院学报，2011，4.

的一定时间和任务的社区工作。[①] 20 世纪末，英国政府正在以公私部门之间新的伙伴关系为基础，广泛实施名为“新约”的“福利到工作”项目。“新约”面对的主要是 18~24 岁之间的年轻失业者，25 岁以上的长期失业者，单亲父母。这些救助对象可以选择在私营部门、非营利机构中工作，或者参加有酬训练和教育。1998 年，丹麦政府通过的《行动法》（The Activation Act）规定，被救助者在接受公共救助时需要定期到有关部门做出其寻工活动的汇报；拒绝参与政府规定的活动的被救助者的救助金会减少；而接受工作训练的被救助者将得到相应的工资。

3. 基本收入制度。一些西方国家推行基本收入制度。基本收入是指一个政治共同体向所有成员支付的一项收入，它以个人为基础，没有经济状况审查或工作要求，也不同于传统的将权利限定在有工作意愿范围内的最低收入保障计划，而是根据权利支付。[②] 虽然，我国有最低工资标准制度建设，地方政府也明确规定了不同工作岗位的最低工资标准。但实际上这一制度对无正规或不稳定合作关系的劳动者作用甚微，而且该制度也不适用于以计件方式结算工资的劳动者。不同于最低工资标准，基本收入制度旨在通过财富的重新分配给予公民平等且无条件的收入。美国的阿拉斯加州引入这一制度，从 1986 年开始给公众发放分红并一致延续至今。2016 年瑞士也尝试推行基本收入，向每位瑞士公民以及在瑞士居住 5 年以上、有合法身份的外国居民发放基本收入，且无任何附加条件。每名成人将领到 2500 瑞士法郎（约合 1.68 万元人民币）的固定月薪，儿童每个月也将得到 625 瑞士法郎（4200 元人民币）。虽然这一提案最后未通过公投，但公投的实际支持率超过预计支持率，是对该国社会福利建设的一次大胆尝

① 林亦府. 从“福利依赖”到“工作自救”——美国福利制度改革对中国城市低保制度可持续发展的启示 [J]. 哈尔滨工业大学学报（社会科学版），2013，1.

② 菲利普·范·派瑞斯. 基本收入：21 世纪一个朴素而伟大的思想 [J]. 成福蕊. 译. 国外理论动态，2008，6.

试。此外，芬兰、荷兰、加拿大等国家都尝试推行基本收入制度。

三、加强反贫困的社会预防与社会保护

中国的传统观念认为，城市的公共事务由国家负责解决，而农村的公共事务一般归为集体解决。中华人民共和国成立之初，国家百废待兴。为了优先发展工业和城市，国家建立起面向国家机关、企业、事业单位的职工以及城镇居民的社会保障制度。[①] 而农村的社会保障制度建设并不受重视。改革开放后，城市的社会保障制度逐步向农村推进，例如部分社会保险制度、最低生活保障制度等。然而，农村集体力量日渐式微，难以满足基数庞大的农村人口的基本需求。而我国正式的社会保障项目覆盖面不宽，对农村贫困群体有排斥性，与贫困群体的关联度不高。从整体的社会保障体系来看，仍需要加强其他具体项目与贫困群体之间的关联，尤其是需要加强社会保护政策的实施，有效解决长期性贫困和不稳定性贫困，推进反贫困的进程。

（一）社会预防和社会保护的减贫理念

贫困不仅包括收入不足所导致的经济性的贫困，而且还包括非经济性匮乏而产生的困。虽然我国贫困群体的温饱问题已基本解决，但还会因受制于其他因素而易陷于贫困陷阱。随着反贫困事业的发展，贫困群体往往已经脱“贫”却未脱“困”，具体表现为看病难、上学难、缺乏基础性公共服务、缺乏基本的发展机会等。贫困群体具有脆弱性，面对多样性、复杂性的社会风险，他们很容易就陷入“困”境，需要通过外力干预来降低贫困群体的脆弱性。预防性措施和保护性措施则是外力干预的重要手段，

---

① 刘振杰. 坎坷与辉煌：中国社会保障变迁之路［J］. 经济体制改革，2009，5.

有助于提高贫困群体应对风险的能力以及抗逆性。

相较于解决贫困事实，预防贫困的产生更能降低家庭支出和政府治理成本。预防性措施能为贫困发生树立一道基础性的防线。从我国当前的贫困状况来看，支出型贫困成为主流型贫困，支出方向集中于医疗、教育、住房、婚嫁等。通过针对性的预防措施能有效降低部分支出的可能性和提高支出水平。以医疗为例，疾病是导致农民致贫和返贫的重要原因，有效解决农村居民看病问题，就能有效缓解贫困。健康知识宣传、教育和体检等健康教育和健康干预措施有利于及时发现疾病，将疾病遏制于摇篮中，降低疾病的发生率，从而降低医疗支出。此外，逐渐显性化的老年贫困问题也值得关注。老年贫困具有相对的特殊性，这一贫困问题的解决需要放置于人的生命历程以及代际间考量，健全的农村养老制度安排是预防老年贫困的有效途径。

20 世纪 90 年代，国际上兴起社会保护（social protection）概念，并成为国际减贫话语体系的重要内容之一。2012 年 6 月，国际劳工大会通过《关于国家社会保护底线的建议书》（第 202 号）。该建议书明确了国家社会保护底线应至少包括以下四项社会保障：（1）提供一系列构成基本医疗保健的商品和服务，包括产妇护理，满足可用性、可访问性、可接受性和质量；（2）至少在国家定义的最低水平上为儿童提供基本保障，包括营养、教育、保健和其他必要的物品和服务；（3）为在工作年龄却无法赚取足够的收入，特别是为有疾病、失业、生育和伤残的人员提供至少是国家定义的最低水平的基本收入保障；（4）为老年人提供至少是国家定义的最低水平的基本收入保障。社会保护作为话语体系比社会保障更具包容性、开放性和可操作性，[①] 它可以包括多种多样、正式和非正式的保护方式，

① 唐钧. 从社会保障到社会保护：社会政策理念的演进［J］. 社会科学，2014，10.

并且突出对弱势群体进行支持的政策目标。[①] 相对而言，社会保护对低收入人群而言更具政策的可及性。社会保护是为了“应对穷人，特别是那些长期贫困的人，所面临的风险和脆弱性”。[②] 海外学者研究指出，“在保护对象被剥夺的程度达到了社会无法接受的地步时，社会保护是应对风险和劣势的有效方式。它不仅可以对付暂时性贫困，也可以降低周期性贫困人群的风险及其对消费的负面影响”。[③] 社会保护在发展中国家有保护、促进和赋权等功能，即保护贫困人口和有致贫风险的人口的基本消费；促进对人力和其他生产性资产的投资以提供贫困人口摆脱持续和代际贫困的途径。[④] 社会保护的兴起与广泛使用表明保护性的措施对于减贫发展具有重要意义，也为贫困问题的解决提供了新的政策突破口。中国的社会保障制度建设相对较晚，具有后发性，社会保护的兴起和推广对我国建立社会保障的减贫机制具有重要借鉴意义和政策启示。

（二）扩大保障范围，强化特殊群体的预防性社会保护

贫困群体具有异质性。在当前中国农村地区，城镇化的推拉效应使大量青壮年群体流出农村，农村空心化严重，留守儿童和留守老人成为农村常居群体，我国的扶贫工作面临的现实困境是，农村难以提供足够的劳动力参与农村发展。同时，儿童和老年人均属于弱势群体，其贫困特征具有一定的特殊性，因此儿童和老年人贫困问题的解决需要一定的特殊性。同时，城镇化孕育出一类特殊群体——农民工，农民工是当前脱贫的重要力量。但农民工工作的特殊性以及社会保障的缺乏，使这一群体易转化为未

---

① 尚晓援. 中国社会保护体制改革研究［M］. 北京：中国劳动社会保障出版社，2007：8.

② HOLMES R. Social Protection：Tackling Risk and Vulnerability［R］. Overseas Development Institute Annual Report 2007.

③ 李海金. 构建中国的益贫性社会保护政策框架［J］. 国家治理，2016，5.

④ BARRIENTOS A. Social protection and poverty［J］. International Journal of Social Welfare，2011，20（3）：240-249.

来的贫困群体。要想保证扶贫的可持续性，对农民工的社会预防和社会保护显得尤为重要。大量的反贫困是针对已经发生的贫困做出解决方案，但实际上还需要建立社会安全网，保护脆弱群体，防止他们陷入贫困。

1. 建立社会保护政策缓解儿童贫困问题。儿童不仅关乎家庭的发展，也关乎国家的发展。儿童贫困问题是西方国家关注的问题之一。在大多数西方国家，社会保护被视为缓解儿童贫困的有效方式，对儿童的相关保护是国际劳工组织当前建立社会保护底线的工作重点之一。多个国家建立起儿童保护体系，针对儿童提供津贴和各种照料服务，以阻断贫困的“世袭”。2007 年，世界银行在印度尼西亚实施家庭希望计划（Family Hope Program），该计划面向贫困程度较深的且有儿童的贫困家庭，每年提供 180 万印尼盾的资助，但规定了获得资助的前提条件，即贫困家庭的子女保持在校学习，并且在需要的时候到健康诊所接受必要的医疗服务（如产检、免疫等）。[①] 家庭希望计划是一种救助+疾病预防措施的创新做法，能够推进减贫发展。为缓解和预防儿童贫困问题，减少儿童因贫困而产生的社会不平等，爱尔兰国家实施多个针对性项目：儿童赡养津贴（the Child Dependent Allowance，简称 CDA）、国家儿童战略（the National Childrens Strategy，简称 NCS）、国家社会包容行动计划（the National Action Plan for Social Inclusion，简称 NAPSincl）等。

目前，我国针对贫困儿童的扶持政策集中于保障教育权利和基本健康方面，在情感关怀等其他方面的服务供给明显缺乏。我国补缺型的扶贫政策在解决儿童贫困问题上呈现滞后性，难以及时、有效地满足儿童的发展需求，需要建立周密的保护体系，有效预防和缓解儿童贫困。

2. 强化老年服务，激活家庭的保护功能。随着社会的发展，多数国家已步入老龄化阶段。根据联合国《中位生育率人口情况》的样本推断，到

① 王俊. 世界银行支持印尼贫困家庭子女接受教育 [J]. 世界教育信息，2015，18.

2050年，老年人的比例将达到21%。由于老年人逐年成为数量最多的社会群体，这种人口现象对成员国社会政策意义重大。在老龄化过程中，老年贫困现象逐渐出现并日益严重，贫困群体对照料服务的需求会持续增加，集中体现在需求覆盖、服务提供、社会设施建造和公共财政方面。欧盟从预防、主动的社会融合和干预三个方面设计和提供服务。在大多数欧洲国家，老年人服务的形式为打包服务，从主流服务到基于个人评估定制的专门服务：（1）对于健康状况非常糟糕的人来说，首先从医疗和社会方面评估其独立生活水平，然后依据评估结果，决定相关救助范围。（2）如果严重丧失能力，建议提供家庭护理；如果丧失的社会能力较重，而丧失的医学能力较轻，则提供以家庭为主的护理。（3）一般来说，在决策过程中，会考虑受益人的个人喜好，其中一些人，只要有可能，便想待在家中。

在社会政策框架内向老年人提供救助服务的目的应当是：提供有关他们发展潜力的服务，以帮助他们实现日常生活独立。中国目前虽然实施了一系列提高老人收入的政策，既有现金转移支付性的基础养老金、高龄补贴、护理补贴等，也有服务性的医养结合、长期护理等。但服务性政策还在探索之中，制度建设和实施并不成熟，而且社会保障服务如何满足生活在农村地区、生活条件非常恶劣的大约500万特困老年人的基本生存需要的问题很突出，需要政府未雨绸缪，因地制宜提出方案。

需要指出一点，家庭作为一个基本的社会单元，具有独特的保护功能。在农村地区，家庭是给孩子和老人提供保护的重要社会单位。缺乏家庭的保护，老人和孩子容易置身于危险之中。在西方国家，家庭保护政策是促进贫困家庭摆脱贫困、预防低收入家庭陷入贫困的重要手段。在我国当前的反贫困斗争中，可借鉴西方国家在家庭保护方面的经验，加大对贫困和低收入家庭的支持，强化家庭的保护功能。同时，在城镇化的影响下，青年群体抚养子女的责任部分转移至家庭老人，老人逐渐成为儿童的重要抚养者之一，因此加大对老年群体的保护和贫困预防也有利于儿童问题的解决。

3. 重视对非正规就业人群的社会保护，提升当前扶贫效果的可持续性。我国当前的农村普遍存在农民外出务工现象，外出务工也成为当前脱贫的重要手段和指标。然而农民工群体具有身份二元性和流动强的特征，虽然他们是城市化的劳动者，但却被排斥在正常的劳动保护范围之外。换言之，农民工的身份被边缘化，大多数农民工并未进入城市劳动者社会保障体系。有研究表明农民工参保的比例并不高，农民工对可参加职工养老保险的相关政策规定的总体了解程度也较低，从而出现流动农民工漏保和不参保的窘境。[①] 同时，农民工所从事的工作具有特殊性，尤其表现为就业强度大、就业环境恶劣，此类农民工工作风险相对较高，其当前的不贫困是以透支自身的身体健康为代价，一旦这一群体步入晚年，难以继续外出务工，其收入会呈现悬崖式的降低，身体疾病问题可能逐渐凸显，而低水平的农村社会保障难以满足他们晚年的生活需求。鉴于农民工的特殊性和高风险，亟待强化这一群体的社会保障建设，尤其是这一群体的职工养老保险、医疗保险和工伤保险，尽可能降低风险，避免这一群体成为未来的贫困群体，保障扶贫的可持续性。

2018 年 1 月 10 日，人社部等六部委联合印发了《关于铁路、公路、水运、水利、能源、机场工程建设项目参加工伤保险工作的通知》。该《通知》将在各类工程建设项目中流动就业的农民工纳入工伤保险保障。这对农民工群体的保护具有重要意义，但其他类型的非正规就业群体的社会保障还比较匮乏。一些发展中国家已早于我国重视对非正规就业、灵活就业等不受一般社会保障保护的就业人员的保护，其相关做法对中国有重要借鉴意义。例如南非 2002 年通过立法将失业保险扩大到家庭工人和季节性农场工人；印度 2008 年通过未组建工会的工人社会保障法案，制定扩大

① 左停，张国栋，徐小言. 流动农民工养老保险覆盖的窘境与出路 [J]. 农村经济，2015，3.

非正规部门的社会保障政策和计划；阿尔及利亚通过两项法规，将非全日制工人和家政人员纳入社会保障；墨西哥通过减免工人和雇主的缴费，实现对临时性农业工人的覆盖。①

（三）拓宽保障方式和资金支持

在发达国家，社会保护旨在维持收入和保障国民尤其是工人的生活标准；在发展中国家，社会保护重点就是为了解决贫困的原因，而不只是简单的同情。虽然发展中国家的社会保护机制建设尚且不完善，但是社会保护概念提出后，一些发展中国家积极实践，从社会保障制度的项目类型、落实机制、法律建设和财政支持等不同角度，提高社会保障的包容性、有效性和稳定性。

1. 多维度创新，使社会保障与目标群体更契合。我国的社会保障对非正规经济组织的农村人口、自谋职业者和临时工、季节工以及流动性就业人员的保障性不足，突出表现为针对性的社会保障项目的缺乏。我国可参考其他国家在社会保障方面的尝试，放宽享有社保的条件限制，创新社保措施，或者设定特殊的社会保障方案，如美国、加拿大和哥斯达黎加等国家设定非缴费型的社会保障机制等。

社会保障的落实机制是影响政策与目标群体契合的重要因素，灵活的落实机制有利于目标群体的政策获得。政策落实机制涉及发放形式和政策落实载体等。目前，我国的资金支付型的社会保障政策主要依托邮局、农村信用社等金融机构以及村集体开展；实物等其他支付型的社会保障政策主要由村委会对接目标群体。实际上，还可以根据群体特征落实社会保障政策，例如以学校类的教育机构和敬老院类的养老机构等更具群体特性的社会机构为政策落实平台和载体，保证和强化政策落实与政策目标群体的

① 闫欣. 建立国家社会保护底线［J］. 中国社会保障，2014，1.

关联性和契合度。

完备的法律建设是社会保障制度有效运行的重要保障，也是确保公民社会保障权利的重要路径。我国目前已设立了相应的社会保障法律，具体有《社会救助暂行办法》《劳动法》《劳动合同法》《劳动争议调解仲裁法》《社会保险法》《就业促进法》等。既有的社会保障法律以社会救助类和社会保险类法律为主，缺乏社会福利相关的法律规定。而且社会保险的相关法律大多还是与正规就业相关，缺乏对非正规就业群体的法律保护，也缺乏对某一具体社会保障项目以及某一类政策目标群体的社会保障权利的规定。就城乡居民基本医疗保险而言，虽然该制度遵循广覆盖的原则，但实际上部分地方的城乡居民基本医疗保险的参保率并不高，甚至在当前要求建档立卡贫困人口必须满足医疗有保障的政策环境下，某些乡镇的建档立卡贫困人口的基本医疗保险参保率不足100%。可借鉴其他国家在这方面的法律建设，例如泰国通过国家卫生保险法，从法律上保证免费医疗的全覆盖。

2. 丰富支持渠道，提升社会保障的稳定性。社会保障是一个国家基础性的社会政策，也是政府的重要社会责任和社会职能。社会保障财政支出是国家财政支出的重要部分。目前，社会保障财政支出主要由中央政府和地方政府共同承担，但我国中央政府在社会保障上的财政支出占比较低。2009年中国社会保障财政支出比重中，中央和地方的占比分别为5.1%和94.9%，中央财政占比低于倒数第二的丹麦的42.11%，更是远远低于国际货币基金组织统计的欧洲其他38个国家。[①] 中国可适当借鉴其他国家的经验，增加中央财政在社会保障财政支出中的比重，以强化中央政府的财政责任，减轻地方政府的负担。

---

① 林治芬，魏雨晨．中央和地方社会保障支出责任划分中外比较［J］．中国行政管理，2015，1.

社会保障资金主要由保障对象的缴费、雇主的缴费以及政府税收组成。一些国家尝试开征社会保障专项税收以改进原有的税收或增加新的税收，扩大社会保障的资金来源渠道。如瑞士将赌博俱乐部等的税收收入划拨给养老金和遗属养老金，增值税的4.99%拨给残疾抚恤金；阿尔及利亚石油税收的2%，烟草、进口药品以及购买游艇的税收都被划给社会保障基金。①

四、创新积极的社会保障政策

在现有的社会保障体系中，农村地区的直接性转移支付类的社会保障项目实施较为成熟，集中表现于社会救助领域。2007年，国务院发布了《关于在全国建立农村最低生活保障制度的通知》，农村最低生活保障制度在全国范围推广开来，并迅速成为中国农村最重要的民生政策之一。2015年，中共中央、国务院《关于打赢脱贫攻坚战的决定》确定最低生活保障制度为精准脱贫“五个一批”措施中的一个兜底性措施。经过近20年的推行，中国农村最低生活保障制度不断完善，受益人数不断增加。据民政部和国家统计局公布的数据，2001年农村最低生活保障人数为304.6万人，2007年增长至3566.3万人，截至2016年第一季度为4791.2万人。中国农村低保政策作为一项按需设计的社会救助政策，在缓解贫困和维护社会公平稳定等方面发挥着重要的作用。但同时，这一政策体现了事后补偿的价值观念，引发了一系列的问题。例如，救助对象产生救助依赖、非救助对象心理失衡导致对救助对象形成社会排斥、对救助对象的发展影响不足、救助对象偏移或老龄化、识别救助对象的社会成本过大导致国家财政压力持续增加等。相较于传统的社会救助，国际上更倡导一种积极的发展型社会救助，这对中国社会保障制度的完善具有重要的借鉴意义。

---

① 闰欣. 建立国家社会保护底线［J］. 中国社会保障，2014，1.

(一) 国外发展型社会救助政策实施的经验

由于体制不一，文化传统相异，以及经济社会发展状况不同，各国的社会救助政策和项目各有特色，不同国家和地区根据实际情况建立了各具特征的救助项目和制度（见表 8-2）。这些救助项目和措施对救助对象有不同程度的行为要求，进而对个体也会产生不同的发展影响。20 世纪 90 年代，受经济全球化等多种因素影响，传统的、消极的社会救助政策面临挑战，一些积极的、以促进人力资本发展为目的的、对救助对象有人类发展行为要求的制度应运而生，并产生重大影响。发展型社会救助政策理论的核心是将社会救助政策视作一种社会投资行为，重视社会救助政策与经济增长间、社会救助政策与国家可持续发展间、社会救助政策与劳动者劳动能力间的关系和相互作用。① 相对于传统的社会救助政策，发展型社会救助政策很大程度上是要增强受救助对象的自我发展能力，包括提升受救助对象的人力资本、改善其发展环境、促进其社会融合、降低其各种生活风险，最终表现为提高受救助对象从正常的社会和市场获得报酬的能力②。即在保障受救助对象生计的基础上，促使其形成从市场中获得收入的能力和结果。③ 随着各国对社会救助研究的不断深入以及受发展型社会政策理论的影响，各国形成了各具特色的发展型社会救助制度。根据受救助对象的人类发展的行为要求，社会救助政策概括来说具体可分为四种模式：有条件转移支付模式（conditional cash transfer，CCT）、工作福利模式（workfare）、无条件转移支付模式（unconditional cash transfer，UCT）和其他专

---

① 张秀兰，等. 中国发展型社会政策论纲 [M]. 北京：中国劳动社会保障出版社，2007.

② 张秀兰，等. 中国发展型社会政策论纲 [M]. 北京：中国劳动社会保障出版社，2007.

③ 张浩淼. 中国发展型社会救助制度建设——国际视野下的分析与启示 [J]. 改革与战略，2013，8.

项救助模式。①

表 8-2 不同社会救助模式的特点比较

模式	具体项目或制度	对象及条件	目标	实施地区
有条件现金转移支付	机会计划、家庭津贴计划、家庭补助项目、家庭行动项目等	低收入家庭（往往与依附儿童相联系）	增加收入促进儿童教育与健康、减少代际贫困	拉丁美洲
工作福利	工作换福利（work for welfare）	有劳动能力和劳动条件的低收入者	增加收入、同时增加工作能力和社会融合	美国、澳大利亚和英国等部分欧洲国家
无条件现金转移支付	公民红利（national dividend）	公民身份	提供基本收入、增加收入	发达国家
	基本收入（basic income）、负所得税（negative income tax）	低收入者，但与劳动相关联，有的会附以家计调查	补助低收入者，也有工作激励意义	欧美国家、新西兰
	低收入家庭补贴	低收入家庭（部分与依附儿童相联系）	提供基本收入补助，有工作激励意义	分布较为普遍
	非缴费型养老金计划	农村老年人（部分国家会附以家计调查）	提供程度不一的收入	非洲、拉丁美洲、南亚
其他专项救助	教育救助、住房救助、医疗救助等	贫困群体	改善贫困群体的生活条件	东南亚

表格来源：左停. 创新农村发展型社会救助政策——农村低保政策与其他社会救助政策发展能力视角的比较［J］. 苏州大学学报（哲学社会科学版），2016，5.

① 左停. 创新农村发展型社会救助政策——农村低保政策与其他社会救助政策发展能力视角的比较［J］. 苏州大学学报（哲学社会科学版），2016，5：1-8.

有条件现金转移支付和工作福利两种社会救助模式对救助对象都有着不同程度的发展性行为要求。按照救助内容和性质不同，发展型社会救助对救助对象的行为要求可分为两种。第一，简单的行为要求，例如有条件现金转移支付救助。所谓有条件现金转移支付救助就是通过对救助对象提供带有改善健康、接受教育等附加条件的现金补贴来提高其收入水平①。此类救助方式既注重救助对象的基本生活保障，又致力于提升救助对象的人力资本，为其脱离贫困奠定基础。目前，拉美等众多地区的政府根据自身国情制订了相应的具体政策和项目。例如，巴西实施的家庭津贴计划（Bolsa Families Program）要求，救助对象必须满足两个基本条件才可获得政府救助。一方面救助对象的家庭月收入不高于最低工资的50%，即90美元；另一方面救助对象家庭中的孩子上学出勤率不能低于85%。如此不仅能保障救助对象的基本生活，而且还拓展了救助对象家庭子女的发展机会。② 此外，墨西哥率先实施的机会计划项目，也对参与该扶贫计划的家庭提出了需保证子女定期接受教育且上学出勤率不能低于85%等多个基本条件，其目的在于通过提供附加条件的现金补助促进救助对象人力资本水平的提升。③

第二，工作性质的行为要求。工作福利模式的社会救助对救助对象有一些工作性质的行为要求，有的直接称之为工作换福利，其具体内容包括工作培训项目、工作寻找项目、资助性的私营部门工作项目、公共服务工作项目等。④ 工作福利缘起于欧美，并在这些国家普遍实施，甚至多国将

① 唐丽霞，赵丽霞，李小云. 有条件现金转移支付缓贫方案的国际经验［J］. 贵州社会科学，2012，8.

② RACHEL CASSIDY，DOMINIC ROWLAND，VALERIA BALLETTINI，HELEN COSKERAN. The Brazilian Bolsa Escola Lesson For Conditional Cash Transfer Schemes Around The World［R］. EI Agora USB，2008（2）.

③ 郑皓瑜. 墨西哥贫困人口人力资本投资的经验及对中国的启示——基于“机会计划”的分析［J］. 北京社会科学，2015，9.

④ 张敏杰. 工作福利政策对中国的启示［J］. 浙江社会科学，2006，4.

工作福利纳入相关法案中，通过强制性的法律条文推进其实施。例如，丹麦 1997 年颁发的《社会救助法案》规定，没有工作就不能接受公共津贴，只可接受地方政府安排，否则将削减 20%的津贴[①]。瑞典 1998 年颁发的《社会服务法案》首次将工作福利引进社会救助计划。此外，一些非洲国家还推行以工作换食物（work for food）的短期食物救助项目。

随着各国社会救助的不断推进，救助依赖的副作用日趋明显。授人鱼不如授之以渔，工作福利政策本质上将劳动生产与社会福利相结合，崇尚工作伦理（work ethic）这一核心价值观，即“能够工作的人决不能永远依靠福利生活，而有工作的人不能生活在贫困中”。[②] 受助者在受助过程中付出相应的劳动是工作伦理的要求。[③] 有劳动能力的受助者通过劳动回报自身所获得的救助，不仅有利于减少救助依赖现象，营造一种健康的救助氛围，而且能适当降低国家及社会的救助开支，同时还可有效提高受助者的就业能力，增强受助者的自尊心和自信心等。总而言之，国家以工作福利代替传统的社会救助，促使贫困者从福利依赖走向工作自救，有利于促进贫困者真正脱贫。

（二）创新农村发展型社会救助政策体系

当前，我国农村社会救助面临众多的挑战，消极性突出的社会救助难以有效满足社会需求和缓解社会问题，在此情况下，有必要创新农村发展型社会救助政策体系。因此，需要在简单消极的、保护性的最低生活保障制度之中以及之外积极创新发展型的社会救助项目。一方面，要充分激活贫困群体自身的潜在能力，把提高救助对象发展能力这一目标落到实处；另一方面，增加积极的救助性岗位，例如公益性岗位等。这样既能减少非

① 张敏杰．工作福利政策对中国的启示［J］．浙江社会科学，2006，4.

② 李丹．欧美国家的工作福利政策及其启示［J］．厦门大学学报（哲学社会科学版），2008，5.

③ 张敏杰．工作福利政策对中国的启示［J］．浙江社会科学，2006，4.

救助对象的负面攀比，形成良性的社会救助环境和氛围，同时也能减少公共财政压力，保证我国农村社会救助的公平和可持续发展。在以上分析的基础上，这里将我国农村发展型社会救助政策体系的战略路径创新总结为以下几个方面：

第一，稳定农村最低生活保障制度，要坚持该制度的最低需求保障性质。尽管社会上存在一些提高最低生活保障标准的呼吁，但低保的标准高低主要取决于救助对象的最低需求（甚至不是基本需求）。所谓最低需求，就是《中国农村扶贫开发纲要（2011—2020年）》提出的“不愁吃、不愁穿”，救助对象的其他需求需靠其他专项救助和临时救助来解决，如保障其义务教育、基本医疗和住房的需求。如此可以有效降低救助对象对低保的过高预期，鼓励有劳动能力的救助对象积极就业。同时，在实践中要尽量做到其他专项社会救助与低保救助脱钩，真正做到按需施救。

第二，在最低生活保障制度的具体实施过程中，政府应避免简单地按家庭人口计算低保金额，应该给儿童和老人更多的权重，将低保金额的发放与家庭中儿童和老人的相关情况挂钩，从而降低有劳动能力者获得救助份额的权重。山西部分地区出现的低保对象老龄化，甚至直接将老人安排为低保救助的对象，这种做法虽然违背政策原意，却符合当前重视老人问题的社会文化，因此具有一定的可取性。

第三，对于普通的最低生活保障对象可明确规定一些行为要求，作为被救助对象获得直接性现金转移支付的条件。虽然国外一些社会救助项目也会向救助对象提出保证子女教育等相应的行为要求，但这些要求的外部性明显，缺乏对救助对象自身的促进作用。因此，我国在设立社会救助行为条件时可兼顾外部性与内部性，可以将其与社会和环境行为相联系，例如个人卫生保洁、农村环境爱护、邻里互助、参加集体事务等。如此既可以促进被救助对象生活质量的提高，又可深化救助对象在社区中的社会融合。

第四，由于当前我国的公益性岗位设置等项目主要是针对城镇失业人员，因此社会救助部门应积极考虑在农村运用公益性岗位等积极救助措施，将社会救助与劳动相衔接。通过设置相应的公共岗位，鼓励救助对象通过就业换取救助，从而平衡受助对象权利与义务之间的关系。在农村社区设置的公益性岗位可以与农村社会发展所需相结合，因此可优先考虑在社区的居家养老服务中心、敬老院等公共服务性单位设置公共岗位，并进行与公共岗位相关的短期职业技能培训。同时，社区内部的岗位可以是半就业性、半互助性的，因此还可以将社会救助与政府购买服务相挂钩，即委托有能力的救助对象护理或照料孤寡老人、照顾或收养失依儿童等。

五、完善社会保障与扶贫开发衔接互嵌的协同治贫体制

贫困是一个复杂的、动态的、多面的客观现象。贫困的多维复杂性包括贫困表现的多维复杂性、致贫原因的多维复杂性、贫困认知的多维复杂性。贫困的多维复杂性决定了反贫困的协同治理的必要性。当前的贫困，从表征来讲，重点表现为社会性的基本需求不能得到满足，如医疗、教育等，社会性的支出贫困成为重要问题；从致贫原因来讲，风险、脆弱性、保护保障不足是贫困产生的主要原因，社会转型与市场波动双重风险下的脆弱性与保障不足成为现实瓶颈；从贫困群体来讲，贫困具有剩余贫困人口的特点，越来越向重症患者、残疾人口、文盲半文盲等人口集中。暂时性贫困容易得到解决，而长期贫困（或慢性贫困）成为反贫困的难题，与之相联系的还出现了代际贫困现象。

中国扶贫的重要特点的是开发式扶贫。但要看到目前以生产为中心的开发式扶贫能够施展的空间很有限。一是开发式扶贫在增加贫困人口的社会资本和社会安全方面的影响相当有限；二是新世纪以后贫困人口的新增

收入的主要来源是外出务工，外出务工的多少成了很多地方贫困人口脱贫与否的关键指标；三是一般的经济发展难以对剩余性质的贫困人口产生涓滴效应；四是开发式扶贫难以适用于剩余贫困人口，开发式扶贫的难度变大，边际效益变低，群体的适合性在减少。

在这一背景下，开发式扶贫必须同保护性扶贫相结合，形成反贫困的协作治理格局。中共中央、国务院《关于打赢脱贫攻坚战的决定》提出的包括发展特色产业脱贫、引导劳务输出脱贫、实施易地搬迁脱贫、结合生态保护脱贫、着力加强教育脱贫、开展医疗保险和医疗救助脱贫、实行农村最低生活保障制度兜底脱贫、探索资产收益扶贫、健全困境人口关爱服务体系等措施，就是应对当前贫困群体的多维性复杂致贫原因的协作治理的组合举措。

（一）开发与保护的制度衔接与反贫困的协作治理

传统的扶贫开发过度重视开发，而社会保障制度侧重保护。社会转型和多维贫困的现实需要要求扶贫开发强化保护功能、社会保障提升积极的、发展的功能。新时代，扶贫开发与社会保障的协作治理是历史的必然选择。具体而言就是多样制度之间的组合实施。具体就社会救助而言，由于社会救助资金、社会发展资金和其他补贴在农户手中是可以互相替代的，因此要加强社会救助制度和扶贫开发与社会保险等不同制度之间的衔接，协助、协调救助对象做好家庭理财和资金管理计划，例如设立针对贫困人群的小额贷款、担保金、农业保险等，推动救助性金融模式的发展，帮助受助对象发展家庭经济，脱贫致富。

制度的有效衔接和有机组合离不开适合的平台建设。可通过建立一站式服务的方法促进基层社会保障的协同化治理。在同一屋檐下集中不同服务的理念并不是一个新概念，这个概念起源于澳大利亚和美国，现在常用于公共行政改革。从公民的角度来看，这一概念是指公共服务的集成与合理化。与一站式服务概念相关的关键想法是，“把服务聚集到同一屋檐下，从而共担成本，方便人们在同一个地方获取一系列服务。把信息和服务集中到一个点上的理念，是一种最初应用于私营部门的商业模式，在过去几十年变得非常受欢迎。这种理念的第一个应用是超市，它允许顾客在一个地方完成所有购物活动，而不需要去不同的商店。经证实，把不同的服务集中到同一个地方的理念能够让顾客省时高效，减少了跑到不同地方的不便，同时对于服务提供商而言也具有成本效益”。在商业部门取得成功并被证实有效后，一站式服务的理念也逐渐运用到公共管理中。越来越多的国际机构（经合组织、联合国、世界银行、欧盟委员会）和国家政府相信：一站式服务是促进公民获得信息、补助与服务、减少官僚主义与昂贵流程方面的良好行政实践。在社会救助领域，一站式服务也可让不同部门和自治机构更好地交流社会保障领域的管理工作。他们可以在社会保障的协调过程中发挥重要作用。

欧盟转型国家也有一些较好的经验可以借鉴。通常，人们往往发现自己难以获得充足的信息，或对申请公共救助和支持（社会救助补助和服务）的某些复杂流程不熟悉。许多社会救助服务申请人通常不了解自己可向地方政府申请的哪类补助和服务。如果当地政府和服务提供商想确保贫困人群能够获得全方位的服务，就有必要建立协调和交流机制。一站式服务可以提高透明度，改善社会救助部门和受助者之间，以及社会救助部门内部之间的关系。这些可能是在当地社区及国家其他组织层面提供制度协调的重要元素。中国的民政部门已经实施了社会救助的一站式服务，但实际上，在农村，社会救助、社会福利、社会保险包括就业和扶贫开发是衔接在一起的，非常需要在乡镇和较大的社区层次引入和运用社会保障一站式服务平台。

此外，协作治理还要充分发挥市场、社会组织的作用，通过它们取得更专业、更有效的扶贫效果。同时还要发挥社区组织、集体经济组织和农村合作社的帮扶作用，它们是距离贫困农户最近、能产生最直接辐射作用的组织。

（二）完善基础设施和公共服务，提升贫困人口的人力资本和社会资本

健康的身体、良好的教育以及完善的保障性制度等是降低贫困人口的脆弱性的重要条件，而且在面对风险、困难、灾害的时候，贫困人口自身所拥有的社会性和福利性的基础设施是贫困人口的第一求助对象，因此，贫困地区相关基础设计和巩固建设显得尤为重要。在上文的社会福利与减贫发展的实证分析中可见，当前国家重视对水、电、路等最基础公共设施的投资，但在养老、医疗、教育等方面的投入相对不足。毋庸置疑，加强贫困地区和贫困人口的医疗、教育、住房、养老等基础设施和公共服务建设是未来扶贫工作的重要内容之一。通过公共服务均等化，保障平等的生存和发展的权益，为贫困人口的减贫发展奠定基础，助力长效脱贫和长远发展。

另外，我国针对贫困人口的就业服务存在需求与供给的不吻合，而且就业扶贫措施以促进非农就业为主。面对这一窘境，一方面，完善的基础设施为贫困群体提供基础的社会保障机会。我国未来的扶贫开发需要加强对包容性的人力资源开发的重视，需要考虑提升现状条件下的贫困人口的社会资本，以帮助贫困群体更好地应对变化的市场和社会环境。在帮扶或者政府引导社会帮扶的同时，我国的减贫政策要鼓励实施积极型、发展型的帮扶措施，避免贫困地区和贫困户的过度依赖。另一方面，在经济新常态的背景下，城市难以在短时间内解决数量庞大的贫困人口的就业问题。相对而言，农村地区的就业开发相对薄弱。新时代农村和农业被赋予了更为丰富多样的价值，部分贫困地区有地区性资源，而且非正规的社会网络也是贫困人口的重要社会资本。因此，可以充分挖掘贫困人口具有的乡土知识等资源优势，通过激发内生动力提升自身资本，创新就业形式和就业

内容，鼓励就地就业，如此也可减少“三留”人口，降低衍生问题的发生。

（三）发挥好社会保障的收入再分配和扶贫兜底作用

社会保障的再分配功能应该作为解决与相对贫困相联系的社会不平等的重要手段。社会保险、社会福利和社会救助是我国社会保障体系的三个重要组成部分，它们以不同的路径达到反贫困目的。当家庭或个人面对各种风险带来的打击时，社会福利有预防贫困的功能，它以普遍公共服务及特殊福利提高全体居民的生活质量和增强发展能力，从而产生普遍性的反贫困效果；社会保险有缓解贫困的功能，它以参保成员的互助共济降低致贫风险，获取社会保险主体制度的反贫困效果；社会救助发挥兜底作用，它通过保障贫困人群的生存和发展产生最直接的反贫困效果。当前我国已经形成了具有中国特色的扶贫开发和社会保障互嵌框架。精准扶贫的若干措施当中，很多涉及教育救助、就业、医疗保险和救助与最低生活保障等社会保障措施，但在具体的衔接方面需要做更多工作，既实现无缝衔接，又避免叠加重复。目前，已有研究表明，由于财政对社会保障的投入不足、社会保障制度覆盖面偏低和社会保障目标瞄准存在偏差等问题，社会保障进一步拉大了农村居民收入分配的差距。[①] 也有学者对我国社会保障缓解社会贫困的影响产生怀疑，这些实证性的研究和质疑之声说明我国的社会保障制度，尤其是农村社会保障制度的建设仍存在一定的缺陷，亟待完善以充分发挥其在社会财富分配中的功效，推进减贫进程。

此外，扶贫行动中，实现农村最低生活保障制度与扶贫开发两项制度有效衔接是建立社会安全网的重要内容。目前我国两项制度的标准线已趋

---

① 谢勇才，杨斌. 社会保障拉大了农村居民收入分配差距吗——来自广东省的经验证据（2002—2012）[J]. 广东财经大学学报，2015，2.

于一致，但还需要在两项制度的定位、收入内涵、相关帮扶和救助措施等方面相统一，并通过动态性的衔接方案推进两项制度实现实质上的衔接。

（四）创新发展型社会保障政策促进贫困人口社会融合且保障长效脱贫

积极设计和出台积极的发展型的社会救助和社会保障政策是应对我国当前简单被动的保护型救助的重要对策。积极拓宽有条件的转移支付和工作福利性质的扶贫公益岗位开发，既能促进贫困人口的社会参与与社会融合，也可以预防贫困的产生与脱贫人口的返贫。例如在贫困地区特别是贫困村庄，可设置一批面向贫困人口的公益性岗位，运用政府购买服务的理念和方式予以现金或实物补贴，实现贫困人口的就业和增收。扶贫公益岗位开发是提高社区建设能力、乡村治理能力和缓解贫困为一体的多元化扶贫方式，是在救济式扶贫与开发式扶贫之间探索的一种扶贫模式，不仅能促进扶贫开发的可持续性，也会对基层治理与社区建设起到一定的推动作用。

实施发展型社会救助政策离不开积极的预防性社会保护。社会保护相关部门可以通过有关条件设置健康教育、健身、疾病预防、计划免疫等相关的社会活动，鼓励或要求被救助对象积极参加这些社会活动，以增强受助者的风险抵御能力，从而最终提高贫困人口的社会参与、自我发展能力，取得事半功倍的效果。

（五）协作治贫的制度运行与管理平台建设

社会保障减贫工作常态化机制要逐渐形成，如扶贫系统利用扶贫开发领导小组的平台为低保群体做好转接转介工作，以扶贫政策涵盖建档立卡贫困户、未纳入建档立卡的长期低保户和困难残疾人三个群体为目标。当前，根据中央要求，一些地方政府还成立了困难家庭生活救助工作领导小组，专门负责困难家庭生活救助的日常工作。随着其他社会保险、社会福利等社会政策的推行，需要衔接的政策制度可能会更多，要重点建立县级制度衔接和资源整合的协调平台，强化扶贫开发领导小组和社会救助联席会议的跨部门协调的职能，解决基层存在的标准制定和人群识别的问题，做好扶贫开发、低保以及其他民生政策的制度衔接。

乡镇、村组要实现扶贫开发和低保救助等工作合并，包括整合两部门的工作人员。乡镇机构本来编制就少，通过合并这两部门的工作，成立乡镇社会发展办公室，一方面，有利于明确制度协同与人员分工；另一方面，有利于基层管理人员和农村社区社会工作能力的提高。这样才能提高标准制定和人员识别的效率，实现精准扶贫和精准救助的目标。

后　记

2015年，联合国在系统推出的《变革我们的世界：2030年可持续发展议程》报告中提出了17项可持续发展目标，其中目标之一为在全世界消除一切形式的贫困。这一目标下的第三款要求“执行适合本国国情的全民社会保障制度和措施，包括制定最低标准，到2030年在较大程度上覆盖穷人和弱势群体”。社会保障既能发挥反贫困的兜底作用，也能有效改善投资环境促进益贫发展。在宏观层面上，社会保障可以通过提高抗逆力、现金与服务给付、增收减支、降低风险、社会包容、再分配降低社会不平等路径，减少绝对贫困和相对贫困。在微观层面上，社会保障的能力增强性预防、风险预警、灾害预防、灾害减缓、灾害救助等环节等直接或间接地服务于贫困人口。

在中国当前的脱贫攻坚过程中，社会保障正成为精准扶贫、精准脱贫的主要目标和重要措施。义务教育、基本医疗和住房安全“三保障”是精准脱贫的主要目标和指标。中共中央、国务院《关于打赢脱贫攻坚战的决定》提出，医疗保障、最低生活保障、公益性岗位和教育、住房救助等成为具体扶贫措施的重要组成部分。还要求新阶段的脱贫攻坚计划要加强低保与扶贫制度之间的衔接，实现对深度贫困人口的切实兜底。社会救助制度正在逐渐增强减少支出型贫困、满足贫困者发展性需求上的作用，尤其在主要依靠市场手段帮助贫困人口增收脱贫时，建立起坚固的兜底性政策措施是防止返贫的必要条件。

本书编写的目的就是进一步对社会保障与减贫发展之间的理论逻辑和实践经验进行总结，既反映中国当前的社会保障政策的减贫发展成绩，也进一步深化对社会保障减贫发展的讨论。本书第一、二、三章叙述社会保障减贫发展的一些基本理论问题；第四、五、六章从社会保障的三个主要部分，即社会福利、社会保险、社会救助，论述社会保障的减贫发展问题；第七章论述社会保障与减贫的协作、衔接、互嵌等问题；第八章对社会保障减贫的问题、挑战和发展进行分析和展望。笔者认为，在当前的精准扶贫、精准脱贫工作中，社会保障在降低风险、减少支出、兜底保障等方面发挥了重要的、直接的乃至关键性的作用，形成了开发式扶贫与保障性扶贫并举的格局；但未来要形成社会保障减贫的新的更为积极的路径，要通过社会保障促进就业和能力发展、进而通过就业和能力发展促进减贫。本书也期望在社会保障与减贫发展的分工协作、衔接互嵌方面实现制度化和常态化，真正形成开发式扶贫与保障性扶贫并举的稳定扶贫、脱贫的长效机制。

本书的编写也是作者社会保障研究团队集体工作的成果，本书是在近年研究团队从事的一些相关课题研究成果的基础上总结完成的，近年完成和正在进行的课题包括民政部社会救助司《扶贫攻坚战略中低保兜底保障问题研究（MSJ15-11）》、国务院扶贫办信息中心《深度贫困监测及农村低保与扶贫开发两项制度衔接研究》、国家扶贫改革试验区（淄博）《农村低保制度与扶贫开发政策有效衔接》、中国-欧盟政策对话支持项目二期（EU-China Policy Dialogues Support Facility II）《社会保障减贫发展》和中欧社会保障政策改革项目（Social Protection Reform Project）《特困人员救助体系》等。研究团队的贺莉、金菁、赵梦媛、徐卫周等博士研究生先后参加了前述有关课题的研究；同时，作为本书编写人员，他们在本书编写过程中承担了大量的讨论、文献收集、基础写作、文字校对等工作。在编写过程中，国务院扶贫办全国扶贫宣传教育中心主任黄承伟研究员对本书的定位和结构提出许多具体的意见，全国扶贫宣传教育中心和湖南人民出版社还组织专家对本书的提纲、初稿、成稿进行了讨论和审阅，在此一并表示感谢。

因种种原因，本书难免存在不足，请有关专家和读者指正。

图书在版编目（CIP）数据

社会保障与减贫发展 / 左停等著. —长沙：湖南人民出版社，2018. 7
（中国扶贫攻坚前沿问题研究丛书 / 黄承伟主编）
ISBN 978-7-5561-1741-3

I. ①社… II. ①左… III. ①社会保障—研究—中国②扶贫—研究—中国 IV. ①D632.1②F126

中国版本图书馆CIP数据核字（2017）第293713号

SHEHUI BAOZHANG YU JIANPIN FAZHAN

社会保障与减贫发展

著　　者　左　停　等
责任编辑　黎红霞　李思远
装帧设计　黎　珊

出版发行　湖南人民出版社［http://www.hnppp.com］
地　　址　长沙市营盘东路3号
邮　　编　410005

印　　刷　长沙超峰印刷有限公司
版　　次　2018年7月第1版
　　　　　2018年7月第1次印刷
开　　本　710 mm × 1000 mm　1/16
印　　张　23. 75
字　　数　305千字
书　　号　ISBN 978-7-5561-1741-3
定　　价　68.00元

营销电话：0731-82683348　　（如发现印装质量问题请与出版社调换）